CHINA FINANCIAL SECURITY REPORT

中国金融安全报告

2019

金融安全协同创新中心
西南财经大学中国金融研究中心 ◎ 著

中国金融出版社

责任编辑：张菊香
责任校对：孙　蕊
责任印制：程　颖

图书在版编目（CIP）数据

中国金融安全报告 .2019/金融安全协同创新中心，西南财经大学中国金融研究中心
著 .—北京：中国金融出版社，2019.12
　　ISBN 978 - 7 -5220 - 0386 - 3

　　Ⅰ.①中…　Ⅱ.①金…②西…　Ⅲ.①金融风险—风险管理—研究报告—中国—2019
Ⅳ.①F832.1

中国版本图书馆 CIP 数据核字（2019）第 279485 号

中国金融安全报告 2019
Zhongguo Jinrong Anquan Baogao 2019

出版
发行　**中国金融出版社**
社址　　北京市丰台区益泽路 2 号
市场开发部　（010）63266347，63805472，63439533（传真）
网上书店　http：//www.chinafph.com　（010）63286832，63365686（传真）
读者服务部　（010）66070833，62568380
邮编　100071
经销　新华书店
印刷　保利达印务有限公司
尺寸　185 毫米 ×260 毫米
印张　12
字数　245 千
版次　2019 年 12 月第 1 版
印次　2019 年 12 月第 1 次印刷
定价　46.00 元
ISBN 978 - 7 -5220 - 0386 - 3
如出现印装错误本社负责调换　联系电话（010）63263947
编辑部邮箱：jiaocaiyibu@126.com

编 委 会

自　序

经过长期的培育、组建与探索，2012 年 8 月 25 日，由西南财经大学倡议并牵头，中国人民大学、武汉大学、审计署、中国银行业监督管理委员会等联合发起成立了金融安全协同创新中心。本着"深度融合、动态开放、优势互补、资源共享、持续发展"的建设原则，中心紧密结合国家金融安全领域的重大战略需求和学术前沿发展，提供高水平研究成果，推动高层次拔尖创新人才培养，提升国内金融学科实力，为中国金融业的科学发展提供智力支持。

习近平总书记在十八届中共中央政治局第四十次集体学习会议上强调"切实把维护金融安全作为治国理政的一件大事"，并在全国金融工作会议上提出"防止发生系统性金融风险是金融工作的永恒主题"，在中央财经委第一次会议上还提出"以结构性去杠杆为基本思路，地方政府和企业特别是国有企业要尽快把杠杆降下来"。为此，维护金融安全，是关系我国经济社会发展全局的一件带有战略性、根本性的大事。当前，国际国内形势正在发生着深刻的变化。从国际形势来看，第三次工业革命极大地推动了人类社会经济、政治、文化领域的变革，在世界政治多极化、经济全球化和社会信息化三大趋势的推动下，国际政治经济形势更加复杂，大国博弈更加剧烈。从国内形势来看，中国经济发展进入了新的阶段，但结构性问题仍然突出，中等收入陷阱的隐患犹存，金融体系建设还不完善，金融市场的运行机制还不健全，伴随国内经济转型所形成的系统性金融风险和区域性金融风险因素也在不断累积，这一系列因素造成了中国的金融安全形势仍然严峻。也正因为如此，如何评估我国金融风险及金融安全状态，并及时预警金融危机就显得尤为重要。

《中国金融安全报告》是金融安全协同创新中心自成立以来所开展的一项重要研究工作，自 2014 年始，每年度持续跟踪发布。报告的核心内容为编制中国金融安全指数，对中国金融安全状态进行评估，并对中国未来金融安全隐患进行分析。

在报告编制过程中，金融安全协同创新中心的十几位研究员在反复论证报告框架的基础上，分赴国内几十家重要金融机构和监管部门开展调研，在获得了大量一手信息并深刻理解各个金融领域的实际安全状况之后，开始该报告的撰写工作。其间，举行讨论会不下十几场，报告几易其稿，最终形成大家目前所看到的该报告的正式版本。

《中国金融安全报告》是一项浩大的工程，也是一项伟大的事业。它的诞生，得到了西南财经大学及协同单位的鼎力支持，也离不开业界同仁的无私帮助，在此表示感谢。我们也会将《中国金融安全报告》的编制工作长期坚持下去，协心戮力，不负众望。

目　录

第一章　金融安全评估概述

第一节　金融安全的概念及内涵

通常人们在遇到危险或感到有威胁时才会想到安全问题，所以安全概念最基本的特征就是与危险和威胁相关联。在汉语里安全的习惯用法是指一种状态，它有三个含义：没有危险、不受威胁、不出事故。按照韦伯词典关于英语 security 相关词条的解释，一方面指安全的状态，即免于危险，没有恐惧；另一方面还有维护安全的含义。二者的基本意思均为不存在威胁和危险。现实主义代表性人物阿诺德·沃尔弗斯（Arnold Wolfers）在《冲突与合作》中指出：安全在客观的意义上表明对所获得价值不存在威胁，在主观的意义上表明不存在这样的价值会受到攻击的恐惧。可见两种文化中的意思几近相同。如果将这一定义进一步分解，它应该包含这样几种构成要素：一是安全既是一种客观存在的生存状态，又是一种主观的心理反应，后者以前者的存在为基础；二是安全是一种特定的社会关系，而非孤立存在的单个形态，是主体与自然、社会发生关系的结果，离开了具体的社会活动，就无所谓安全与非安全之分；三是安全是一种实践活动，是一种有目的的自觉行为。

在国外的研究中，较少使用金融安全的概念，而更多地使用了经济安全、金融稳定、金融危机、金融主权、金融稳健等一系列相关的概念。国外对经济安全的界定存在颇多分歧，为此曼戈尔德（Mangold，1990）认为没有必要为经济安全下一个明确的定义，因为经济安全与国家利益紧密相关，界定过于宽泛，没有实际意义；界定过于狭窄，又易于忽略一些重要的议题。美国国际关系学家克劳斯和奈（Krause and Nye，1975）对经济安全的定义具有代表性：经济福利不受被严重剥夺的威胁。在少数几篇研究金融领域战略性安全的文献中，西方学者将金融的安全视为经济安全的核心组成部分，例如，亨廷顿列举了西方文明控制世界的 14 个战略要点，控制国际银行体系、控制硬通货、掌握国际资本市场分别列第一、第二和第五项，金融安全问题居于最重要的战略地位。斯蒂格利茨和格林沃尔德（Stiglitz and Greenwald，2003）将宏观金融运行的安全性问题定义为：第一，金融机构破产的重要性是第一位的，因此，宏观金融决策必须考虑对破产概率的影响。第二，面对危机，特别是在重组金融体系时，国家必须考虑重组对信用流的影响，即重组对整体社会资金运行必将产生某种影响。第三，多市场的一般均衡效应与单一市场的局部均衡效应存在差别，有必要对银行重组的经济和金融效应做全面的前瞻性分析，最大可能地提高金融体系的稳定性。斯蒂格利茨和格林沃尔德（Stiglitz and Greemwald）的观点给我们的启示是：金融安全的第一要素是金融机构的破产概率与危机救助。

在 1997 年亚洲金融危机之后，很多国内学者开始关注和研究金融安全问题，并从不同角度给金融安全概念进行界定。王元龙（1998）和梁勇（1999）分别从金融的实质角度和国际关系学角度对金融安全概念进行了界定。王元龙（1998）从金融实质角度，认为所谓金融安全，就是货币资金融通的安全，凡与货币流通及信用直接相关的经济活动都属于金融安全的范畴，一国国际收支和资本流动的各个方面，无论是对外贸易，还是利用外商直接投资、借用外债等都属于金融安全的范畴，其状况直接影响着金融安全。梁勇（1999）从国际关系学角度认为，金融安全是对"核心金融价值"的维护，包括维护价值的实际能力与对此能力的信心。"核心金融价值"是金融本身的"核心价值"，主要表现为金融财富安全、金融制度的维持和金融体系的稳定、正常运行与发展。各种经济问题首先在金融领域中积累，到金融体系无法容纳这些问题时，它们便剧烈地释放出来。金融安全程度的高低取决于国家防范和控制金融风险的能力与市场对这种能力的感觉与态度。因此，国家金融安全是指一国能够抵御内外冲击保持金融制度和金融体系正常运行和发展，即使受到冲击也能保持本国金融及经济不受重大损害，如金融财富不大量流失，金融制度与金融体系基本保持正常运行和发展的状态，维护这种状态的能力和对这种状态与维护能力的信心与主观感受，以及这种状态和能力所获得的政治、军事与经济的安全。

张幼文（1999）认为，金融安全不等于经济安全，但金融安全是经济安全的必要条件。一方面由于金融在现代市场经济中的命脉地位，使由金融系统产生的问题可能迅速成为整体经济的问题；另一方面也由于金融全球化的发展使世界局部金融问题迅速转化为全球性金融问题，从而金融安全成为经济安全的核心。刘沛（2001）认为，金融安全是指一国经济在独立发展道路上，金融运行的动态稳定状况，在此基础上从七个方面对金融稳定状态进行了说明。在前人研究基础上，王元龙（2004）对金融安全进行了重新界定，金融安全简而言之就是货币资金融通的安全，是指在金融全球化条件下，一国在其金融发展过程中具备抵御国内外各种威胁、侵袭的能力，确保金融体系、金融主权不受侵害，使金融体系保持正常运行与发展的一种态势。刘锡良（2004）认为，从金融功能的正常履行来认识金融安全，可以分成微观、中观和宏观三个层次，金融安全的主体是一国的金融系统；金融安全包括金融资产的安全、金融机构的安全和金融发展的安全。陆磊（2006）认为，对于我国这样的金融转型国家，国家金融安全还存在着更为复杂的内容，往往需要从一般均衡的角度加以认识。

国内外研究表明，金融安全是经济安全的核心组成部分，经济安全的含义更多地和经济危机、国家主权相联系。因此，在金融安全的研究中，学者们更多地借鉴经济安全的研究成果。尽管国内学者在金融安全界定上作出了努力，但这些概念过于抽象，对其内涵和外延界定也存在颇多争议，导致后续研究变得较为困难。为此，我们需对一些近似概念进行界定与梳理。

第一，金融稳定与金融稳健。中国人民银行认为金融稳定是金融体系处于能够有效发挥其关键功能的状态（《中国金融稳定报告（2005）》）。在这种状态下，宏观经济健康运行，货币和财政政策稳健有效，金融生态环境不断改善，金融机构、金融市场和金融基础设施能够发挥资源配置、风险管理、支付结算等关键功能，而且在受到内外部因素冲击时，金融体系整体上仍然能够平稳运行。刘锡良（2004）认为金融稳定是指金融体系不发生大的动荡、可以正常行使其功能；金融稳定并不必然表示安全，但不稳定就会爆发金融危机，可见金融安全的概念包括金融稳定。王元龙（2004）认为金融安全是一种动态均衡状态，而这种状态往往表现为金融稳定发展。金融稳定侧重于金融的稳定发展，不发生较大的金融动荡，强调的是静态概念；而金融安全侧重于强调一种动态的金融发展态势，包括对宏观经济体制、经济结构调整变化的动态适应。对金融稳健性的界定，远未达成共识。国际清算银行前总裁安德鲁·克罗克特（Andrew Crockett）在国际清算银行和金融稳健性论坛上把金融稳健性定义为没有不稳健性。国外一般从金融不稳健的角度对其进行定义。美国联邦储备委员会副主席罗杰·弗格森（Roger Ferguson）提出了判断或者界定金融不稳健的标准：某些重要的金融资产的价格似乎与其基础有很大脱离或国内的和国际的市场功能和信贷的可获得性都存在明显的扭曲，结果是总支出与经济的生产能力出现明显的偏离（或即将偏离）。国际货币基金组织（IMF）的金融部门评估规划（FSAPs）对金融稳健指标进行了界定，伊文恩等人（Evans et al.，2000）以及桑丹拉彻等人（Sundararajan et al.，2002）在 FSAP 的工作和 IMF 的监督指令的背景下，发展了一套金融稳健指标，并推动各国政府在对金融部门外部分析中采用这些指标（IMF，2003）。他们领导的研究小组开发出一个核心指标集和鼓励指标集，但是至今没有开发出一个衡量金融稳健性的综合指标。可见，金融稳健与金融稳定概念比较接近，前者侧重手段，后者侧重目的，精准界定其差异尚需斟酌；金融安全是一个动态的概念，比金融稳定的外延更为广泛，更能反映一国金融体系的真实运行状况。

第二，风险、危机、主权与金融安全。风险是指能用数值概率表示的随机性，侧重于不确定性和不确定性引起的不利后果（参见《新帕尔格雷夫经济学大辞典》关于风险的相关词条）。金融当局关注的焦点是负面风险而非最可能的前景，他们试图弄清楚影响稳定的潜在威胁（英格兰银行第 17 期《金融稳定报告》）。中国人民银行《中国金融稳定报告（2005）》强调金融体系的整体稳定及其关键功能的正常发挥，注重防止金融风险跨行业、跨市场、跨地区传染，核心是防范系统性风险。"系统性风险"则是指一个事件在一连串的机构和市场构成的系统中引起一系列连续损失的可能性（Kaufman，1995）。单个的金融风险并不足以使一个国家的金融体系受到很大损害，只有当单个风险迅速扩大及转移扩散演变成全局性和战略性风险，对金融体系的功能发挥造成重大影响时才能威胁到金融安全，金融危机是危害金融安全的最主要的途径（刘锡良，2004）。总体而言，金融风险与金融安全密切相关，金融风险的产生构成对金融安全的威胁，金融风险的积累和爆发造成对金融安全的损害，对金融风险的防范就是对金融安全的维护。但是，金融风险与金融安全又相互区别。金融风险主要从金融结果的不确定性的角度来探讨风险产生和防范问题，金融安全则主要从保持金融体系运行与发展的角度来探讨威胁与侵袭来自何方及如何消除。在西方经济学中，对金融危机的含义有多种表述，但最具代表性的是《新帕尔格雷夫经济学大辞典》中对金融危机的定义："全部或大部分金融指标——短期利率、资产（证券、房地产、土地）价格、商业破产数和金融机构倒闭数的急剧、短暂和超周期的恶化。"金融危机的特征是基于预期资产价格下降而大量抛出不动产或长期金融资产。金融危机一般具体表现为货币危机、债务危机与银行危机。实际上，金融危机是指一个国家的金融领域已经发生了严重的混乱和动荡，并在事实上对该国银行体系、货币金融市场、对外贸易、国际收支乃至整个国民经济造成了灾难性的影响。金融安全的反义词是金融不安全，但绝不是金融危机的爆发。金融危机根源于金融风险的集聚，是危害金融安全的极端表现，是金融不安全状况累积的爆发结果。总体来说，金融安全体现为一国金融体系的稳定运行状态，关键在于核心金融价值的维护，取决于一国政府维护或控制金融体系的能力和金融机构的竞争能力。单个金融风险不足以影响到一国金融体系的正常运行，只有当单个风险迅速扩大、转移和扩散演变成系统性风险，才能对金融体系造成重大影响，进而威胁到金融安全。金融危机是危害金融安全的极端表现，而金融主权则是国家维护金融安全的重要基础。

我们认为金融安全是一个现实命题，它既包含经济方面也包含政治方面。在分析金融安全问题的时候，我们应该坚持"以国家为中心"的现实的分析视角，特别是在涉及国家主权的部分，不能舍弃现实主义的分析手段；然而在规范要素上，中国学者则应该以中共中央于2011年9月6日在《中国的和平发展》白皮书中提出的"互信、互利、平等、协作"为核心内容的"新安全观"为基本价值取向。中共中央提出的"新安全观"是与"和谐世界"的主张一脉相承的，讨论的是人类社会终极走向。新安全观要彰显的是一种大国"有容乃大"的气质和肚量，但它并不与"国家中心"的分析视角矛盾，因为金融安全的提出本来就是以一国为基本研究单位。2014年4月15日，习近平主持召开中央国家安全委员会第一次会议，提出构建集政治安全、国土安全、军事安全、经济安全、文化安全、社会安全、科技安全、信息安全、生态安全、资源安全、核安全等于一体的国家安全体系。为此，本书在研究过程中秉承了上述"新金融安全观"的思维模式。

基于这样的认识，本书尝试性地给出金融安全的定义。金融安全是一个高度综合的概念，与金融危机、金融主权密切相关。它体现为一国金融体系的稳定运行状态，关键在于核心金融价值的维护，根本取决于一国政府维护和控制金融体系的能力。

第二节　金融安全报告文献述评

瑞典央行认为金融稳定报告的目的是识别金融体系的潜在风险，评估金融体系抵御风险的能力。金融稳定分析的内容是金融体系抵御不可预见冲击的能力，这些冲击一般是对金融性公司和金融基础设施构成影响，其中的金融基础设施是进行支付和金融产品交易必不可少的。金融系统的稳定主要依靠构成系统的机构、体系和管理安排。因为金融系统也影响或被宏观经济环境影响，不稳定的影响或冲击可能来自其内部或其外部，能相互作用引发一个比局部影响总和要大得多的整体影响。欧洲中央银行认为金融稳定的定义宽泛而复杂，并非仅指防范和化解金融危机一个方面。金融稳定概念包括积极主动维稳的定义，即保障金融系统中的一切常规业务能够在现期及可预见的将来始终安全正常运作。金融体系的稳定要求其中的各主体部门——金融机构、金融市场及金融支撑系统等——能够协同应对来自负面的干扰。金融体系的功能是连接储蓄与投资，安全有效率地重新配置资源，科学准确地进行风险评估和产品定价，以及有效地管理金融风险。此外，金融稳定还包括前瞻性要求，预防资本配置的低效和风险定价的失准对金融体系未来稳定形成威胁，进而影响整体经济的稳定。为全面描述金融系统的稳定状况，必须做好三项工作：第一，对金融体系各主体部门（金融机构、金融市场、基础设施）的健康状况进行个体和整体的评估；第二，对风险点、薄弱点及诱因进行甄别；第三，对金融系统应对危机的能力进行评价。并由整体评估的结论决定是否采取应对措施。需要明确的是，关注风险点、薄弱点及诱因并非以预测货币政策的成效为目的，而是为了找出那些潜藏的金融风险源加以防范，尽管它们离真实爆发尚有时日。

德莱尔·沃雷尔（Delisle Worrell，2004）提出了一整套的金融部门量化评估方法及应用领域。他指出学术界量化方法主要用于测算以下三个问题：金融部门稳定性、风险暴露和对冲击时的脆弱性。第一，金融稳健指标的运用：一是作为判断工具，用于对市场变化趋势、主要扰动和其他因素的判断；二是构建信号模型，用于评估金融系统的脆弱性、金融危机发生的可能性以及建立一套早期预警系统。第二，压力测试，测试金融部门对极端事件的可能性和敏感程度，以及危机在各个金融部门中的传导机制，用于衡量金融机构在危机中存活下来的能力。第三，基于模型的金融预测，衡量危机发生的可能性。为此，一个整体的金融系统评估方法应综合阐述以下四个问题：一是构建单个金融部门风险的早期预警系统；二是建立一个对金融部门进行风险预测的框架；三是阐述进行压力测试的步骤；四是在考虑银行间的风险传染基础上如何对模型进行修正。

世界银行与国际货币基金组织（World Bank & IMF，2005）编制的《金融部门评估手册》中认为：广义的金融体系稳定意味着既无大规模的金融机构倒闭，金融体系中介功能也未发生严重混乱。金融稳定可以视为金融体系在一个稳定区间内长时间安全运转的情况，当逼近区间边界时即面临不稳定，在越过区间边界时即出现了不稳定。金融稳定分析旨在识别危及金融体系稳定的因素，并据此制定适当的政策措施。其重点关注的内容是金融体系的风险敞口、风险缓冲能力及其相互联系，进而评估金融体系稳健性和脆弱性，并关注对金融稳健具有决定性影响的经济、监管和制度等因素。金融稳定的分析框架以宏观审慎监测为核心，以金融市场监测、宏观财务关系分析、宏观经济状况监测为补充。第一，金融市场监测有助于评估金融部门受某一特定冲击或组合性冲击时面临的主要风险，一般采用 EWS 模型，对金融体系带来极大冲击的可能性进行前瞻性评估；第二，宏观审慎监测旨在评估金融体系的健康状况及其对潜在冲击的脆弱性，侧重于研究国内金融体系受宏观经济冲击后的脆弱性；第三，宏观财务联系分析力图了解引发冲击的风险敞口如何通过金融体系传递到宏观经济，评估金融部门对宏观经济状况的冲击效果，所需要的数据包括各部门的资产负债表、私营部门获得融资的指标；第四，宏观经济状况的监测主要是监测金融体系对宏观经济状况的总体影响，特别是对债务可持续性的影响。

全球金融稳定报告侧重于三个领域：第一，从货币和金融状况、风险偏好等七个领域对全球金融稳定状况作出综合评估；第二，对当前重大风险银行进行专题分析；第三，提供相应政策建议。它基于货币和金融状况、风险偏好、宏观经济风险、新兴市场风险、信用风险、市场和流动性风险七个维度对全球金融稳定状况作出评价。

中国人民银行《中国金融稳定报告》基本遵循了《金融部门评估手册》的框架，内容包括宏观经济描述、银行业、证券业、保险业、金融市场、政府、企业和住户财务分析、当前在宏观审慎管理上的政策推进。基本侧重于行业的总体财务数据分析，缺少各部门的关联分析。

叶永刚等编著的《中国与全球金融风险报告》采用或有权益分析法，分公共部门、上市金融部门、上市企业部门、家户部门、综合指数比较，并在此基础上分东部、东北部、中部、西部，按省分别对风险进行分析。李孟刚主编的《中国金融产业安全报告》基于金融业细分对金融产业安全作出了评估和预警。上海财经大学的《中国金融安全报告》侧重于风险专题的研究与探讨。

第三节　本报告框架与评估方法

一、基本框架

本报告拟从经济和政治两个视角，从金融机构、金融市场、经济运行三个层次，从静态风险和动态发展两个维度，全面评估我国金融安全状态以及维护金融安全的能力。

第一，金融安全评估包括经济和政治两个视角。金融安全问题是一个综合国际政治、经济、文化诸方面的重大课题，它一方面与系统性风险、金融危机等命题相关，另一方面涉及资源配置的权力、金融自主权等方面的内容。本报告从经济与政治两个视角来对金融安全问题进行解析。经济视角重点评估金融稳健性，分析个体风险、系统性风险、金融危机的潜在可能与威胁。政治视角重点评估金融自主权，分析在金融开放的过程中如何维护自己的主权，把握开放的进程，进而在全球政治经济新秩序重构中分享最大化收益。具体来讲，金融自主权可以定义为一国享有独立自主地处理一切对内对外金融事务的权力，即表现为国家对金融体系的控制权与主导权，主要包括货币自主权、大宗商品定价权和国际金融话语权等内容。

第二，金融安全评估包括金融体系、经济运行、国际传染三个层次。我们试图在双重转型的特殊约束条件下，研究金融安全在不同层面上的相互转换与分担机制。金融体系的金融安全主要探讨经济风险如何集中于金融体系，研究金融机构个体风险如何向系统性风险转换及金融机构、金融市场之间的风险传染机制。经济层面的金融安全主要探讨金融系统性风险与经济系统风险的分担与转换机制，研究金融系统性风险向金融危机、经济危机转化的临界条件与路径。国际传染层次主要研究全球经济体在经济金融层面的溢出效应。

第三，金融安全评估包括静态风险评估与动态发展评估两个维度。前者从时间维度来监测我国金融安全的即时状态，重点描述"风险的结果"，即当前的金融风险处于一种什么样的状态；后者从动态角度描述我国维护金融安全的能力，重点描述"潜在的风险"，即从发展的眼光看有哪一些因素会潜在地危害金融稳定。

总体来看，金融安全的评估框架具体如表 1–1 所示。

表 1–1 金融安全评估框架

一级指标	二级指标	三级指标
金融稳健性	金融机构安全评估	银行业、证券业、保险业
	金融市场安全评估	股票市场、债券市场、衍生品市场
	房地产市场安全评估	房价收入比、库存消费周期、房价与 GDP 比率
	金融风险传染评估	金融机构风险传染、金融市场风险传染
	经济运行安全评估	总体经济、经济部门
	全球主要经济体溢出效应评估	实体经济溢出效应、金融市场溢出效应
金融自主权	货币自主权	货币替代率、货币政策独立性、货币国际化
	大宗商品定价权	动态比价指标
	国际金融事务话语权	国际金融组织投票权、政治全球化指数、持有美国国债占比

二、指数体系构建方法

金融安全指数合成可采用线性综合评价模型：$Y_i = \sum_{j=1}^{m} w_j X_{ij} (i = 1,2,\cdots,n; j = 1,2,\cdots, m)$。式中 X_{ij} 为第 i 个被评价对象第 j 项指标观测值，w_j 为评价指标 X_j 的权重系数，Y_i 为第 i 个被评价对象的综合值。从这个模型来看，影响综合评价结果可靠性的因素包括所选取的指标 X_j 及各指标的权数 w_j。

（一）指标筛选

除专家指标主观筛选法之外，国内学者对综合评价中筛选指标提出的方法主要集中在统计和数学方法上。

1. 主观筛选法：德尔菲（Delphi）法。在评价指标的筛选中，德尔菲法经常被提到。这是一种向专家发函、征求意见的调研方法，即评价者在所设计的调查表中列出一系列评价指标，分别征询专家的意见，然后进行统计处理，并向专家反馈结果，经过几轮咨询后，专家的意见趋于一致，从而确定出具体的评价指标体系。这种方法的优缺点都很显著，缺点就是主观性太强，缺乏客观标准，并且成本耗时高。

2. 客观筛选法。一是基于相关性分析的指标筛选方法，在筛选指标时应尽量降低入选指标之间的相关性，而相关性分析就是通过对各个评价指标间予以相关程度的分析，删除一些相关系数较大的评价指标，以期削弱重复使用评价指标所反映的信息对最终评价结果造成的负面影响。具体包括极大不相关法（又名复相关系数法）、互补相关新指标生成法等。二是基于区分度的指标筛选方法，区分度是表示指标之间的差异程度，区分度越大，表明指标的特性越大，越具有对被评价对象特征差异的鉴别能力。一般采用的方法有条件广义方差极小法、最小均方差法、极小极大离差法。三是基于回归分析的指标筛选方法，包括偏最小二乘回归法、逐步回归法等。四是基于代表性分析的指标筛选方法，包括主成分分析法、聚类分析法等。

就上述的主观、客观指标筛选法而言，专家筛选法缺乏客观性，从而降低了由此构建的评价指标体系的科学性；而上述统计方法运用于指标筛选虽都有其合理的理论依据，但由于在金融安全评价的实践中，这些方法往往只考虑了数据本身的特征，未进行经济理论的分析，这通常将造成各类评价指标分布严重的不均衡，而且指标体系的经济意义难以解释。例如，某类经济意义非常重要的指标没有入选，而其他类别的指标却非常集中，这样的指标体系用于综合评价欠缺科学性和说服力。由此来看，综合评价指标的筛选完全依靠主观方法或者客观的统计学方法都是不科学的，单纯的主观方法选择综合评价指标，往往主观随意性太强，不同的专家对代表性指标和重要性指标的看法不同，难以协调统一，而且选出的指标之间很容易存在较大的相关性或者指标的鉴别力不强。而单纯运用统计学方法也会造成前述的种种问题。所以，金融安全评估指标的筛选必须采用主客观相结合的方法，要在对金融安全理论本质认识的基础上，结合适当的统计学方法来进行筛选。

（二）指标的无量纲化处理

为了方便对指标进行加总及比较，我们需对指标进行无量纲化处理，本报告处理的方法如下。

1. 指标的同向化处理，我们均将指标处理结果变为值越大金融指数越安全。

（1）对于极小型指标 X：一般而言，在对极小型指标的原始数据进行趋势性变换时，采用下述的方式将极小型指标转化为极大型指标：①对绝对数极小型指标使用倒数法，即令 $X^* = 1/X$（$X > 0$）；②对相对数极小型指标使用差值法，即令 $X^* = 1 - X$。如果该相对数极小型指标具有一个阈值（即该指标 X 有一个允许上界 M），则也可采用令 $X^* = M - X$ 的方式以使其转化为极大型指标。

（2）对于区间型指标 X，令 $X = \begin{cases} 1 - \dfrac{q_1 - X}{\max(q_1 - m, M - q_2)}, & X < q_1 \\ 1, & q_1 \leqslant X \leqslant q_2 \\ 1 - \dfrac{X - q_2}{\max(q_1 - m, M - q_2)}, & X > q_2 \end{cases}$，式中 $[q_1, q_2]$

为指标 X 的最佳稳定区间，m 为指标 X 的一个允许下界，M 为指标 X 的一个允许上界。我们采用的惯例为最优区间为 X 的均值加减 0.3 个标准差。

2. 指标的无量纲化处理。功效系数法的基本思路是先确定每个评价指标的满意值 M_j 和不容许值 m_j，令 $X'_{ij} = 60 + \dfrac{X_{ij} - m_j}{M_j - m_j} \times 40$。这种转化能够反映出各评价指标的数值大小，可充分地体现各评价单位之间的差距，且单项评价指标值一般在 $60 \sim 100$。但须在事前确定两个对比标准，评价的参照系——满意值和不容许值，因此操作难度较大。许多综合评价问题中理论上没有明确的满意值和不容许值。实际操作时一般有如下的变通处理：（1）以历史上的最优值、最差值来代替；（2）在评价总体中分别取最优、最差的若干项数据的平均数来代替。我们进行指数处理的方法为：M 为满意值，可以采用中国历史最优值或者 OECD 最优值的 10% 分位或 20% 分位；m 为不容许值，可以采用危机国家最差值的 10% 分位或 20% 分位或者中国历史最差值。

（三）指数权重的赋予

任何评价体系都无法避免地遇到指标赋权这一难题，而多指标综合评价中指标权数的合理性、准确性直接影响评价结果的可靠性。指标权数的确定在评价指标体系中，各个评价指标在综合评价结果中的地位和作用是不一样的。有鉴于此，为了使评价的结论更具有客观性和可信性，原则上就要求应该对每一个评价指标赋以不同的权重。尽管指标权重的确定在综合评价中的意义显著，但是如何给评价指标赋权，却是一件比较困难的事情。目前，指标的赋权法有主观赋权法、客观赋权法以及建立在这两者基础之上的组合赋权三类方法。

主观赋权法是研究者根据其主观价值判断来确定各指标权数的一类方法。这类方法主要有专家赋权法、层次分析法等。各指标权重的大小取决于各专家自身的知识结构、个人喜好。客观赋权法是利用数理统计的方法将各指标值经过分析处理后得出权数的一类方法。根据数理依据，这类方法又分为熵值法、变异系数法、主成分分析法等。这类方法根据样本指标值本身的特点来进行赋权，具有较好的规范性。但其容易受到样本数据的影响，不同的样本会根据同一方法得出不同的权数。

由于权重的客观赋值方法依赖于各指标对应的历史数据，现囿于历史数据的可得性及其与金融安全理论的关联性缺乏深入论证，我们无法在事前运用客观法或组合赋权法对指标予以赋权。为此，基于文献及我们以前的理论实证研究结论，我们召集了数十位专家对权重进行了讨论并最后赋予权重。最后，我们也采用了层次分析法等对权重进行了鲁棒性测试，对金融安全指数的分位排序并不会造成影响。

（四）金融安全指数的经济学含义

金融安全指数合成后，金融安全指数越大表示越安全，一般而言：第一，低于 60 分是危机区间，对应颜色为红色；第二，$60 \sim 70$ 分是危险区域，对应颜色为橙色；第三，$70 \sim 80$ 分为风险级别可控，对应颜色为蓝色；第四，80 分以上为安全，对应颜色为绿色。

第四节　我国金融安全评估结论

一、2001—2018 年金融安全总体情况

（一）金融安全总体可控，2018 年整体金融安全情况稍有改善

1. 我国金融安全总体可控。如表 1 - 2 所示，我国金融稳健性指数在大多数年份均保持在 80 的较好水平，与此同时，我国金融自主权情况不断改善。但需要警惕的是，我国金融安全指数自 2013 年以来不断走低，存在金融安全隐患。但 2017 年金融稳健指数和金融安全指数均有较大幅度的提升，2018 年两个指数的继续上升表明我国金融安全状况有向好的趋势。

2. 我国金融安全状态可以粗略分为四个阶段：第一个阶段为 2001—2006 年，由于我国经济的快速发展、金融机构运营质量的提升及金融市场的发展，我国金融安全指数总体保持在较好水平，指数维持在 77 到 80 区间内；第二个阶段为次贷危机时期，即 2007—2009 年，由于外部环境导致经济恶化，我国金融安全指数开始从 2006 年的 78.65 恶化到 2009 年的 74.70；第三个阶段为转型阵痛期，即 2010—2016 年。一方面，2010 年由于外部经济的稳定与我国大规模刺激政策的推出，我国金融安全状况迅速好转；另一方面，我国经济增长模式变化带来的经济增长速度下滑、长期刺激政策带来的高杠杆率与金融机构稳健性下降，却导致我国金融安全指数出现趋势性下降的隐患，从 2010 年的 78.50 下降至 2016 年的 74.21，到达历史最低位。第四个阶段是从党的十九大至今，党中央在党的十九大报告中提出了中国的经济发展进入了新的阶段，我国社会主要矛盾已经转化为"人民日益增长的美好生活需要和不平衡不充分的发展之间的矛盾"。为了适应新的经济发展形势，我国在 2017 年、2018 年继续深入推进"三去一降一补"战略，实施积极稳妥去杠杆等措施。这些措施在很大程度上降低了金融系统性风险。故 2017—2018 年我国的金融稳健性以及金融安全性均有所好转，金融安全性指数逐渐回升至 76.53。

表 1 - 2　　　　　　中国金融安全指数（2001—2018 年）

年份	金融机构安全指数	金融市场安全指数	房地产市场安全指数	金融风险传染	经济运行安全指数	主要经济体溢出效应评估	金融自主权评估	金融稳健性指数[①]	金融安全指数[②]
2001	83.53	85.00	78.30	94.72	78.09	78.22	60.93	82.65	78.31
2002	81.58	85.18	81.57	96.72	77.84	75.14	61.38	82.06	77.92
2003	84.12	85.23	80.36	95.37	80.99	92.60	62.11	85.20	80.58
2004	78.03	89.87	79.90	95.05	82.59	88.31	61.25	83.04	78.69
2005	75.31	90.00	81.01	91.51	85.54	93.29	63.61	82.81	78.97
2006	75.79	77.41	83.43	88.20	87.93	89.60	66.19	81.76	78.65
2007	82.35	72.92	82.71	80.73	89.06	86.43	64.85	83.03	79.40

续表

年份	金融机构安全指数	金融市场安全指数	房地产市场安全指数	金融风险传染	经济运行安全指数	主要经济体溢出效应评估	金融自主权评估	金融稳健性指数①	金融安全指数②
2008	75.15	86.70	86.74	76.14	85.72	73.13	65.56	79.47	76.69
2009	76.06	79.04	76.70	77.38	77.50	70.79	68.24	76.31	74.70
2010	78.05	70.17	84.66	84.32	85.80	93.23	66.01	81.62	78.50
2011	84.09	74.72	85.38	80.67	82.62	82.95	68.65	82.53	79.75
2012	83.01	81.66	84.14	75.28	80.81	82.65	66.85	81.74	78.76
2013	81.37	83.91	82.49	80.31	79.39	84.11	70.43	81.51	79.29
2014	79.17	83.10	81.09	78.52	77.67	81.63	69.40	79.64	77.59
2015	78.72	63.96	76.66	75.22	75.05	81.96	69.82	76.28	74.99
2016	76.36	78.05	76.49	71.71	74.64	79.95	66.66	76.09	74.21
2017	78.62	82.77	80.24	79.73	73.08	83.90	66.33	78.73	76.25
2018	79.73	81.62	77.45	88.30	72.68	77.28	67.08	78.89	76.53

注：1. 金融稳健性指数由金融机构安全指数、金融市场安全指数、房地产市场安全指数、金融风险传染安全指数、经济运行安全指数、主要经济体溢出效应指数加权计算得出。

2. 金融安全指数由金融稳健性指数和金融自主权评估指数分别按0.8和0.2的权重加权计算得出。

3. 如图1-1所示，从金融安全的两个视角来看，我国金融稳健性指数运行周期及趋势与金融安全总体指数基本一致，成为制约我国金融安全状况的关键因素。同时，我国金融自主权在2001—2013年平稳上升，从2001年的60.93上升到2013年的70.43，自2013年到2017年，金融自主权逐渐降至66.33，在2018年略微有所回升，但是仍然明显低于2013年的最高水平，表明我国仍然需要注意金融自主权的争夺，不能放松警惕。

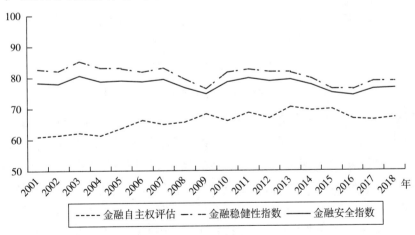

图1-1　我国金融安全总体情况（2001—2018年）

（二）银行业、保险业和证券业稳健程度继续上升

1. 中国银行业安全水平略微回暖，但仍在低位徘徊。如图1-2所示，从我国银行业风险程度的总体表现看，自2001年开始，我国银行业的风险状况受重大事件影响有一定波动，

但总体表现出持续改善趋势，并在2011年达到阶段性的最高值（88.1）。2001—2003年较为稳定，但在2004—2005年处于阶段性低点，随后逐渐上升至2011年，2012年后有小幅下降，2015—2016年到达另一个阶段性地位。银行业稳定水平在2005年遇到第一个低点，随后在2006—2014年持续增长，这段时间内银行的不良贷款率、坏账准备率、流动性、杠杆率等指标除了在2008年前后有一定幅度的回落，总体上呈现逐渐优化的态势，但在2015年股市大幅波动时再次掉头向下，直到近两年才有所恢复；另一方面，银行业发展水平走势与稳定水平走势类似，在2004—2005年的低位徘徊后逐步发力，2006—2014年同样稳健地快速增长，2015年因不利因素影响指标评分下降，但2016年后至今呈现反弹态势。尽管2016—2018年中国银行业的稳定水平从下降趋势转换为上升趋势，但是其稳定水平仍然远远低于2011年的最高值。因此，银行业的风险水平仍然处于相当高的水平，决策者不能放松对银行市场风险的注意和警惕。而从我国上市银行业风险程度的总体表现看，与全样本的银行业风险程度趋势大致相同，说明上市银行对全样本有较强的代表性，风险水平同样不容忽视。

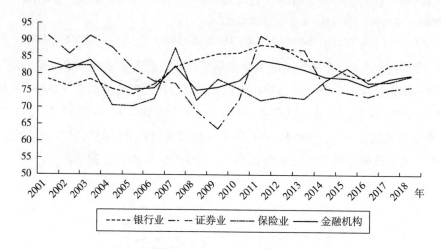

图1-2　金融机构安全指数（2001—2018年）

在宏观环境和政策等多重因素的作用下，2018年我国银行业的境内总资产为261.4万亿元，同比增长6.4%，相比于2017年8.7%的增速显著放缓。尽管受宏观经济环境影响，银行资产质量有所下降，但整体风险可控。数据显示，2018年我国银行业流动性有所下降，资本充足率下滑，同时非利息收入占比也有恶化趋势，而上市银行的不良贷款率有所升高，银行业总体的资产回报率和资本回报率近年来呈现下降态势。为抵御各类风险的发生，近年来我国商业银行加大了不良贷款的拨备及核销力度。因此，现阶段有关监管部门需主要关注流动性水平下降、资本充足率下滑、非利息收入占比下降、利润率下降及不良贷款率上升等问题。

2. 中国证券业安全状况小幅上升，但仍处于较低水平。如图1-2所示，自2000年开始，我国证券业的安全状况表现出大幅度的变化，在2000—2003年、2009—2011年这两个区间呈现上升趋势，在 2003—2009 年、2011—2016 年这两个区间呈现下降的趋势，2017 年进入新的上升阶段。从总体表现来看，安全指数在 2009 年达到历史最低水平（64.79），在此之后逐年上升，2011 年达到最高点 90.25，随后开始恶化，直到 2017 年有缓和趋势。2018 年评分分值上升至 75.16。证券行业安全程度在经历几年低谷后开始逐步提高，但总体仍处于较低水平，应对证券市场风险保持警惕。

从分项指标来看，2018 年证券业安全水平的上升主要受到以下因素的影响：（1）证券业违约风险降低。2018 年证券业的 Z 值小幅上升，证券业偿付能力增强，但从纵向来看，仍然处于历史较低水平。（2）2018 年证券业的资本充足率略微上升，但整体上看证券业的负债水平处在相对的高位。（3）2018 年证券公司代理买卖证券业务收入对营业收入的占比为 23.41%，较 2017 年下降 2.96%。这表明我国证券行业业务多元化程度稳步提高，但是近两年证券业机构的多元化进程较往年有略微放缓的趋势。此外，也要注意到其中证券业发展过程中隐藏的风险，具体表现在 2018 年证券业的平均资本收益率较 2017 年下降了近 50%，行业集中度上升到 39%，证券业应当警惕证券业盈利水平下降和行业集中度过高带来的风险（具体分析详见第二章"金融机构安全评估"证券业安全评估部分）。

3. 中国保险业安全状况好转。如图 1 - 2 所示，2018 年保险业的稳定水平较 2017 年有所上升，发展水平小幅下降，保险业机构安全总体评价情况与 2017 年相比有所上升。具体来看，自 2000 年开始，我国保险业的安全状况总体评价表现出反复波动、渐进恶化的趋势，直到 2006 年情况才有所改善，并在 2007 年达到高峰（87.76）。由于国际金融危机的影响，2008 年保险业的安全水平急剧下降，虽然 2009 年情况有所缓和，但在此之后又呈整体向下的走势，2013 年达到相对低点（72.71），之后情况又逐步改善，2018 年评分分值上升至 79.49，表明近几年保险行业安全程度有微弱的上升趋势，总体处于中等水平。

从分项指标来看，保险业安全状况有所好转主要受到以下因素的影响：（1）保险业违约风险降低。2018 年保险业 Z 值为 15.80，较 2017 年有所上升，保险业的偿付能力增强。（2）2018 年保险业平均资本充足率为 11.98%，出现较为强劲的上升态势。（3）2018 年保险密度持续增长，我国的人均保费达到 2 724.46 元/人，但是增长幅度较前几年明显放缓。此外，2018 年保险业的部分指标也表现出下降的趋势，体现出一定的风险：（1）2018 年我国的保险深度为 4.22，较 2017 年下降 5.38%，出现负增长；（2）2018 年保险业的资产规模增速继续下降至 8.63%，保险业资产规模增速放缓，市场普遍认为这是从超常发展向正常发展的回归；（3）2018 年保险业资产收益率为 1.33%，与 2017 年持平，保险业的盈利水平值得关注；（4）2018 年保险业投资资金占比为 85.15%，较 2017 年有小幅回落，但总体占比较高，表明保险业资金安全与金融市场密切相关，应警惕金融市场风险向保险业传递；（5）2018 年保险业的流动性为 3.18%，为样本期内最低水平（具体分析详见第二章"金融机构安全评估"保险业安全评估部分）。

（三）金融市场安全状况有所下降

2018 年，受到宏观经济下行以及中美贸易摩擦的影响，A 股市场市盈率下降明显，安全性提升，债券市场由于受到资金链收缩过快的影响，信用债利差走阔，整体安全性有所下滑，衍生品市场安全性基本保持不变。综合来看，2018 年金融市场安全性较 2017 年有所下降。如图 1 - 3 所示，2007 年金融市场安全综合指数达到阶段低点，这主要与当时股票市场的巨幅波动相关。与此同时，2015 年金融市场安全综合指数相对于其他年份下降明显，且与 2007 年情形有所不同，主要表现在 2015 年股票市场风险、债券市场风险、衍生品市场风险都趋于增大，从而导致金融市场安全综合指数总体下降，金融安全性下降趋势明显。2017 年全年，整体市场呈下行状态，加之金融监管力度和范围进一步加强和扩大，导致债券市场规模大幅下降，股票市场、债券市场、衍生品市场安全性均有所上升或基本保持高位水平，变化幅度极小，从而使得金融市场整体安全性总体呈现出提升趋势。

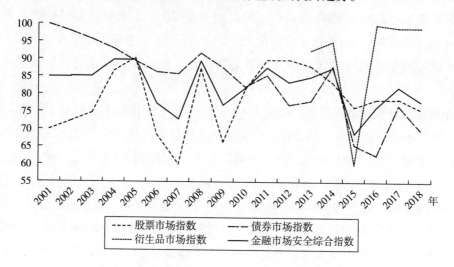

图 1 - 3　金融市场安全指数（2011—2018 年）

各项具体指标呈现如下特点：（1）股市市盈率指标从 78.80 上升至 94.32，2018 年中国股市受到宏观经济下行及中美贸易的影响，A 股市场整体股价出现显著下降，金融、周期、稳定、消费、成长类市盈率平均低于历史中位数水平，市场安全性有所上升。（2）股票市值/GDP 从 60.00 下降至 59.12，在 2018 年，市场整体表现为熊市，股市市值全年呈现下降趋势，股市安全性略微降低。（3）两融余额/A 股总市值从 72.04 上升至 73.98。（4）债券/GDP 从 76.21 上升至 77.18，2018 年，金融去杠杆政策继续实施，同时资管新规出台，债券总发行量水平基本保持不变，未偿债券存量规模与 GDP 之比有轻微下降，整体安全性保持上升趋势，上升幅度较小。（5）信用债极差从 100.00 下降至 68.96，2018 年前三个季度在紧信用环境下，金融市场震荡较为剧烈，依赖影子银行的民企融资条件恶化，市场违约事件频发，信用债利差急剧走阔，市场安全性明显降低。（6）债券市场波动率从 60.00 下降至 63.32，2018 年，整体债券收益率呈现下行行情，人民银行四次宣布定向降准，缓解资金链收缩过快带来的小微企业融资难、融资贵的问题，助力稳步推进去杠杆过程，波动率有所下降，市场安全性在一定程度上得以上升。（7）衍生品市场波动率从 99.93 下降至 99.66，2018 年股指期货波动率和国债期货波动率较 2017 年有略微上升，整体安全性略有下降，但仍保持高位。（8）衍生品市场风险价值维持在 99.00，2018 年股指期货和国债期货在 99% 置信水平下的风险价值与 2017 年基本保持一致，安全性整体维持高位不变。（9）衍生品市场预期损失从 98.96 上升至 99.00，2018 年，在国债期货和股指期货在 99% 置信水平下风险价值基本保持不变的情况下，预期损失有略微下降，说明尾部风险下降，故安全性有所上升（具体分析详见第三章"金融市场安全评估"）。

（四）房地产市场安全指数有所下降，正处于较低水平

如图 1-4 所示，2018 年房地产市场安全指数有所下降，风险有所上升。从 2008 年以来的房地产市场安全状态的演变过程来看，与 2008 年相比，2009 年房地产市场安全性大幅下滑的原因可以归为以下三点：第一，房价风险大幅上涨；第二，投资性购房需求激生，需求过旺；第三，个人房贷激增，催生房地产泡沫，加剧房地产信贷风险。2011—2015 年，我国房地产市场具体存在以下几方面风险：第一，库存压力逐年上升；第二，房地产投资风险，具体表现为房地产投资额在 GDP 中的占比过高；第三，金融机构对房地产业的资金支持程度不断增大，越来越多的资金涌入房地产市场，催生资产泡沫，加剧信贷风险。2016 年房地产市场安全水平略微下降，这是由于近年来我国全力去库存，各地土地供应大幅削减。2017 年房地产市场安全水平明显上升，这主要由于 2017 年我国限售政策推出，有效抑制了房价的快速上涨，房价收入比下降，房地产投机性需求得到进一步抑制；重点城市在严厉政策管控下，市场趋于稳定，销售面积同比增幅不断回落，成交规模明显缩减，一线城市降温最为显著。

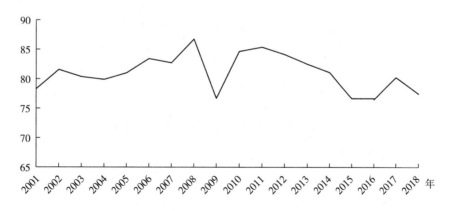

图 1-4　房地产市场安全指数（2001—2018 年）

与 2017 年相比，2018 年房地产市场安全水平有所下降，具体表现为：第一，房价增长过快，房价增长率已达 10.17%，房价收入比上涨明显，已突破 8.0，过快增长的房价推动了市场运行风险；第二，房地产开发企业开发贷款余额 2018 年为 10.19 万亿元，为历年最

高，房地产开发贷款/企业资金来源安全指数大幅下降，另外，个人住房贷款额也有所提升，信贷市场风险增加；第三，"去库存"效果较明显，较2017年，2018年商品房销售额有所提升，新开发房屋面积为209 342万平方米，库存风险降低（具体分析详见第四章"房地产市场安全评估"）。

（五）金融风险传染性降低，"控风险""严监管"初见成效

如图1-5所示，2018年的金融风险传染安全指数进一步上升，金融机构和金融市场的风险传染性进一步下降。我国金融风险传染安全指数在2000—2007年、2011—2016年两个区间内呈现下降趋势；在2008—2010年、2017—2018年两个区间内呈现上升趋势。这体现了我国金融市场在几个发展阶段的不同特点：2008年以前，我国金融体系市场化改革和全球化发展不断深入，金融机构间的业务关联和金融市场间的相互影响持续增大；2008—2010年，受国际金融危机与宏观审慎监管的影响，经济扩张速度放缓，资本需求量降低，金融机构间、金融市场间的关联程度下降；2011—2016年是我国的金融创新时期，金融市场呈现高杠杆状态，市场繁荣带来的潜在风险不断积累，金融体系表现为高关联、高集中度；2017年起，经济发展逐步进入新常态，在"控风险""严监管""去杠杆"等关键词不断落实之下，金融体系的联动性降低，风险传染性下降。

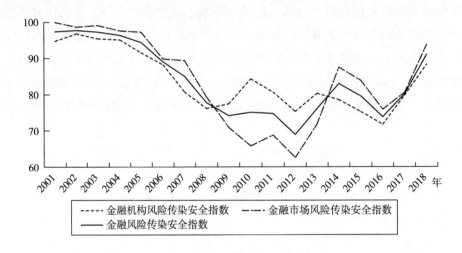

图1-5　金融风险传染安全指数（2001—2018年）

从分项指标来看，2018年的金融风险传染性的下降主要受到以下因素的影响：（1）金融机构之间的潜在传染性降低。随着2017年以来信用风险专项排查、"两会一层"风控责任落实等一系列专项治理工作的开展，2018年金融机构间的同业占款比重下降，金融机构间的相互依赖程度降低；尽管金融机构的集中度有所上升，但由于同业业务比重的大规模下降，机构间的风险传染性仍降低。（2）金融市场间的联动性降低。2018年，我国国内股票、货币、债券等主要金融市场之间收益率的相关性降低，市场与市场之间的相互影响程度减小；除此之外，国内各市场受海外市场波动的影响也呈现下降趋势，因此，市场间的联动性

整体表现为下降（具体分析详见第五章"金融风险传染安全评估"）。

（六）长期发展动能未有效改善，带动经济运行安全指数进一步下降

2018 年经济运行安全指数进一步下降，经济运行风险持续上升。从图 1-6 所展示的经济运行安全变化趋势来看，自 2001 年以来，我国经济运行安全评估状况大致可以分为四个阶段：一是 2001—2007 年，我国加入世贸组织以来，经济活力与发展动力进一步释放，经济长期发展动力与短期驱动因素逐年向好，经济运行安全指数从 2001 年的 78.09 上升至 2007 年的 89.06；二是次贷危机后，我国经济运行开始恶化，金融安全指数从 2007 年的 89.06 下降到 2009 年的 77.50；三是次贷危机后的恢复时期，受大规模刺激政策的影响，我国经济迅速好转，金融安全指数从 2009 年的 77.50 上升至 2010 年的 85.80；四是转型阵痛期导致我国经济运行恶化，从 2010 年的 85.80 迅速下降到 2018 年的 72.68，相比于 2017 年的 73.08，2018 年我国经济运行安全指数进一步下行。

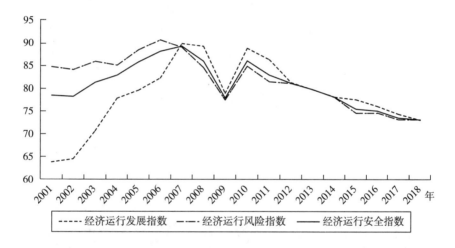

图 1-6　经济运行安全指数（2001—2018 年）

2018 年，我国经济运行风险指数基本与 2017 年持平，显示短期经济发展中的整体风险未有明显上升。但经济运行安全状况有所下降，主要是被经济运行发展指数下降所拖累，以及受到经济运行风险指数中的一些分项指数下降的影响。具体来看：（1）2018 年末，我国 16 ~ 65 岁劳动年龄人口占比和国民储蓄率延续下降趋势，全要素生产率维持在 3.8 的历史低位，经济运行发展指数进一步下降至 72.58，显示出经济长期发展动力不足，调结构的阵痛期仍在持续，经济结构转型面临困难。（2）受"去杠杆"进程影响，M_2 和社会融资规模增速的双双下滑进一步加剧了金融周期波动风险，金融周期波动风险指数从 2017 年的 84.23 下跌至 2018 年的 82.50。（3）中美贸易摩擦带来的外部环境不确定性使外需疲弱，人民币运行风险略有上升，人民币运行风险指数从 2017 年的 79.05 跌至 2018 年的 78.98。（4）虽然实体经济杠杆率在 2018 年出现向下的转折点，但整体杠杆率仍然过高，全社会结构性杠杆问题依然严峻。（5）住户部门债务水平持续上升，而人均可支配收入增速持续下

降，表明居民偿债能力下降，住户部门风险加剧。但另一方面，2018 年的短期经济运行中也存在状况有所好转的方面，如经济波动风险进一步减缓；通胀通缩风险指数上升，主因去产能后，内外需求走强带动 PPI 价格指数回归合理区间；"去杠杆"政策下杠杆率风险指数基本与 2017 年持平，金融部门及非金融企业部门杠杆率呈微幅下降（具体分析详见第六章"经济运行安全评估"）。

（七）国际主要经济体形势严峻

如图 1-7 所示，2018 年金融安全溢出效应总体指数有所下降，其中实体经济溢出效应指数基本保持稳定，而金融市场溢出效应指数有明显大幅下降，国际主要经济体形势严峻。金融安全溢出效应总体指数在 2001—2009 年呈现 M 形波动走势，在 2002 年达到低点（75.14）之后于 2003 年达到高点（92.60），2004 年有所下滑但于 2005 年达到历史峰值（93.29）。然而 2005 年之后，受到实体经济及金融市场溢出效应的共同影响，呈现持续加速下滑走势。2008 年国际金融危机席卷全球，金融市场溢出效应风险突出，引起总体指数大幅下滑（由 86.43 降至 73.13），2009 年金融市场方面虽有所缓和，但实体经济受到金融危机的重创，进一步加剧了总体风险水平，指数达到历史最低值（70.79）。金融危机影响减弱过后，2010—2018 年总体指数呈现倒 V 形走势，在 2010 年到达高点（93.23）之后呈现持续波动式下降，2018 年总体指数由 2017 年的 83.90 降至 77.28，可见国际主要经济体形势依旧严峻。

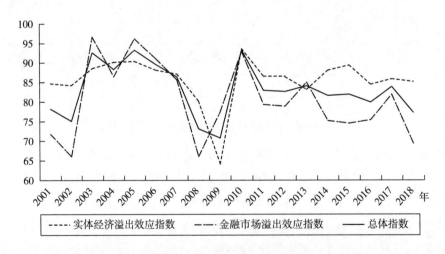

图 1-7　主要经济体溢出效应指数（2001—2018 年）

从两个分指数来看：（1）金融市场溢出效应指数与总体指数呈现高度同步的走势，但波动幅度较总体指数而言更为剧烈。其中在 2002 年及 2008 年呈现出显著风险爆发态势，这与互联网泡沫破裂的持续性影响以及欧盟地区统一货币、国际金融危机事件密切相关。而近几年，自 2010 年金融市场溢出效应指数达到高点（92.89）之后呈现大幅波动式下滑走势。2018 年指数值由 2017 年的 81.93 骤降至 69.38，逼近 2008 年的最低水平（66.05）。且从分指标来看，货币市场及资本市场的风险均有所加剧，反映出金融市场的剧烈波动及溢出效应风险的加剧态势。（2）实体经济溢出效应指数整体呈现 V 形走势，实体经济除了因受到国际金融危机重创，在 2009 年达到历史最低值（64.16）外，其余年份均保持稳定的小幅波动走势，2018 年指数值小幅下跌 0.7（85.18）保持稳定，并且其分指标投资增速（99.12）显著优于 2017 年（96.8），可见虽全球经济市场受其他政治因素影响有所波动，但资本流动仍然保持高速增长态势，主要经济体的宏观经济仍保持复苏态势，但是主要经济体 OECD 指标增速均呈现下降走势，可见经济复苏有所放缓（具体分析详见第七章"全球主要经济体对我国金融安全溢出效应评估"）。

（八）金融自主权近两年小幅回落，2018 年同比降幅减缓

如图 1-8 所示，2018 年金融自主权指数小幅上升至 67.08，安全性水平略微有所改善。从我国金融自主权得分的总体趋势看，自 2000 年开始，我国金融自主权指数表现出周期性的变化，在 2000—2006 年、2010—2013 年这两个区间呈现上升趋势，在 2006—2008 年、2013—2017 年这两个区间呈现下降趋势。从总体表现来看，该指数在 2000 年达到历史最低水平（60.79），在此之后逐年上升，2013 年达到相对高点 70.43，之后又逐年下降，2018 年评分分值上升至 67.08，有缓和趋势。我国金融自主权安全程度在经历几年低谷后开始逐步提高，但总体仍处于较低水平，应对我国大宗商品现货市场动态比价保持警惕。

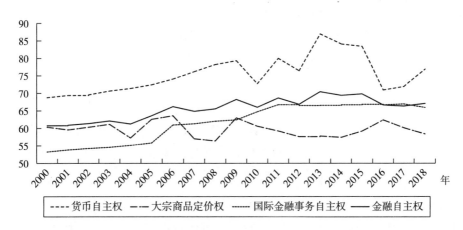

图 1-8　金融自主权指数（2001—2018 年）

从分项指标来看，2018 年金融自主权指数的小幅上升主要受到以下因素的影响：（1）我国货币自主权指数相比 2017 年（71.91）有明显上升，2018 年为 76.91，安全性上升。从数据上看，我国外币存款持有绝对量相较 2017 年降低；2018 年人民币对美元汇率小幅上升，也增强了境内货币居民和企业对人民币持有的信心，致使 2018 年我国"货币替代"的风险有所下降。另外，通过调整加快推动利率市场化改革、完善人民币汇率市场化形成机制等货币政策，我国 2018 年货币政策走向较为稳健。尽管美联储从 2016 年连续两年上调基准利率致使美元持续走强，我国货币政策独立性并未受到太大冲击，这些是我国货币

自主权指数上升的原因。（2）我国 2018 年大宗商品定价权指数相对 2017 年降低了 1.8，是一个较为明显的劣势信号。2018 年，我国铜材和铝材的动态比价 R 小于 1，在七类大宗商品中定价权表现良好，其他五项大宗商品（原油、原木、铁矿石、大豆、橡胶）的定价权劣势明显。与 2017 年相比，除了原油、原木和铜材的定价权有小幅上升外，其他大宗商品的定价权出现了不同程度的下降，这些都是我国大宗商品定价权小幅下降的明显表现。（3）自 2010 年以来，我国国际金融事务话语权指标的标准分总体稳定在 66 分左右。这与我国在三大国际金融组织的投票权以及政治全球化指数提高相关，但与我国经济实力相比，话语权还偏低（具体分析详见第八章"中国金融自主权评估"）。

二、当前我国金融安全的主要隐患

与 2017 年相比，我国当前金融风险隐患主要体现在以下方面：第一，虽然我国金融机构安全指数从 2016 年的 75.16 持续上升到 2018 年的 78.36，显示金融机构整体安全性有所上升，但从金融机构安全指数的构成来看，金融机构仍面临着诸如流动性、资金运用、结构转型等风险。第二，2018 年违约主体数量以及违约债券期数达到历史最高，金融市场在金融"严监管"及经济下行压力下，违约风险突出。第三，房地产市场安全指数受房价增速及相关贷款增速反弹影响，出现明显下降，从 2017 年的 80.24 下降至 2018 年的 77.45，显示投资性炒房现象有所扩散，市场风险有所上升；此外，未来供需不平衡也极易引发房地产企业信贷风险。第四，2018 年金融机构间集中度进一步提高，风险传染的效率更高，路径更复杂，形成了新的潜在风险点。第五，受金融市场溢出效应的影响，主要经济体溢出效应指数从 2017 年的 83.9 下降至 2018 年的 77.28，经济复苏下被低估的政治风险、资本成本上升所带来的债务压力值得重点关注。第六，较 2017 年而言，经济运行安全指数在 2018 年继续恶化，中美贸易摩擦、内需走弱、长期发展动力未有效改善等问题对经济造成下行压力，"去杠杆"给中国经济带来的一系列问题仍然严峻。第七，金融自主权评估指数基本持平，但整体而言，我国金融自主权在国际上仍处于不利地位。

（一）银行业、证券业、保险业潜在风险分析

1. 我国银行业潜在风险分析。2018 年我国银行业资本充足率、流动性处在近十年较低水平，信用违约风险较高，银行部门的资金回报率与利润率近年来同样呈现下降态势，2019 年需警惕风险进一步扩大。目前，我国银行业所面对的主要风险有以下几个方面。

（1）资本充足率水平较低，风险抵御能力不足。2009 年后银行资本充足程度有比较明显的下降趋势，2017 年降为约 7%，体现出银行整体资本充足率在两次金融风险事件后显著下滑。虽然 2018 年有所回暖，但仍处于近十年低值，潜在偿付风险和经营风险较高，反映出这段时间内银行负债端增速远超资产端增速。更进一步，监管规则对不同类型、不同规模银行的资本充足率要求一视同仁，但历史证明，中小银行在面对信用风险、流动性风险方面相较大银行存在明显弱势，中小银行倾向于通过更多的同业拆借、大额存单及其他理财产品

来解决资本金不足问题，一旦出现信用风险，中小银行可能成为引致银行整体风险水平提高的关键点。

（2）流动性水平持续下降，经营风险显著提升。一是近年来国内经济增长放缓，房地产、水泥、钢铁等行业出现产能过剩现象，相应企业经营水平下降，而大部分投资资金都来源于银行信贷，因此资金回收困难，信贷资产质量存在一定下行压力，直接影响银行资金流动性水平。二是近年来中小银行债券投资占比在未出现明显提升的同时，申请中期借贷便利消耗的优质债券有所增加，导致合格优质流动性资产不足。三是小银行主要通过期限错配获得利差，通过发行短期同业存单获取资金再购买长期的同业理财或进行其他长期投资。同业负债和包括同业存单在内的短期批发性融资稳定性通常比较差，一旦同业负债或同业存单密集到期但又无法及时筹集资金，银行将面临较大的流动性风险。

（3）信用风险频发，不良贷款率略微攀升。上市银行不良贷款率近年来呈现轻微的上升趋势，2011 年不良贷款率为 0.73%，2017 年则升至 1.60%。表面来看，全体银行业的资产质量较好，信用风险较低，但实际来看这种认识是有误区的：其一，当前中国银行业的不良资产规模庞大，高于世界金融发达国家的平均水平，而且基于监管考核的压力，中小银行机构掩盖、隐藏不良资产的情况较为普遍，难免出现一些不良资产分类不清，会计科目处理时将不良资产移到表外等违规现象，以降低不良资产率规避金融监管；其二，近年来许多中小银行股东占用、转移资金的事件频发，引致许多信用风险问题，而中小银行因为内部监管或外部约束不足导致的信用风险问题也成为威胁银行经营稳健性的重要原因。

（4）经营状况不佳，资金回报与利润显著下滑。从我们计算的 ROA 和 ROE 指标来看，我国银行业的平均资产回报率从 2011 年的 1.2% 下降至 2017 年的 0.81%，2018 年则进一步下降到 0.80%。平均资本回报率近年来的表现也同样差强人意，全体银行业的 ROE 指标从 2011 年到 2018 年下降超过 6 个百分点。同时利润率的下降虽然在近两年内有所缓和，但下降的趋势仍然比较明显，2015 年以来的多次降息使得息差缩小，伴随资产质量下行和不良率上升的压力，银行利润率出现了增速放缓甚至下滑。除此之外，一方面是金融危机之后"四万亿"财政扩张导致市场不能出清，仍然有大量资金流向夕阳行业、产能过剩国有企业，而这些行业在之后数年的经营不善使得银行难以收回贷款；另一方面是宏观经济下滑，投资回报率下降，银行资金的投资收益率同样不容乐观。预计在 2019 年，受经济大环境下行与监管要求的进一步提高（更高的资本充足率）两方面的影响，银行资金回报率与净利润增长情况将面临不小的挑战。

2. 我国证券业潜在风险分析

（1）资本收益率下降风险。2018 年证券业的平均资本收益率为 2.73%，较 2017 年下降了 50% 左右。资本收益率下降的原因在于高储蓄率和相对宽松的货币政策带来资本供给过剩，而同时投资机会相对缺乏加剧了资本收益率下降的压力。目前，由于我国经济下行压力加大，政府可能进一步采用更宽松的财政政策和货币政策，资本的供给过剩将继续加剧。另外，投资机会匮乏的问题仍然在相当长的时期存在。因此，我们预计投资收益率下降的趋势在相当长的时期内不会改变，而低的资本收益率甚至负的资本收益率将使得证券业的生存压力加大，证券业应重视收益率下滑的风险。

（2）行业业绩下滑，人员流失风险加大。2018 年，证券业 131 家券商实现营业收入 2 662.87 亿元，同比下降 14%。净利润 666.20 亿元，同比下降 41%，106 家公司实现盈利，盈利的公司数量连续三年下滑。证券行业整体收入空间收窄，券商的短期策略是削减占成本比例最高的人力成本，近两年证券从业人员开始出现下滑，经纪人数量减少，2018 年月均获批分支机构数比 2017 年下降 40%，有 18 家券商撤销了位于东北和西部地区的多家分支机构。此外，2018 年以来多家券商降低了薪资水平。随着行业中悲观情绪蔓延，证券从业人员流失的风险值得关注。

（3）中小券商收入结构转型风险。2018 年证券业的各项业务分化严重，通道型业务（经纪、投行业务）收入贡献持续下降。依靠资产负债表的重资本业务收入贡献提升。随着自营业务投资方向倾向多元化，资管业务进入优胜劣汰的发展阶段，传统的经纪业务面临的竞争日趋激烈，可能会导致以传统业务为主的券商面临收入结构转型的风险。

（4）业务创新带来新的风险。自 2012 年证券公司创新大会开始，创新成为证券行业的主旋律，但是业务创新虽然是行业发展的大势所趋，能够显著提高经营业绩，但业务模式不成熟带来的风险也不容小觑。业绩方面，布局新业务能够为证券公司创造新的利润增长点，但创新业务收入波动性较大，也可能对公司造成损失；风险方面，新业务与原有业务相互关联、交叉、渗透，风险分散效应有利于降低公司的整体风险，但同时创新业务会增加风险来源，导致公司整体风险的增加，同时创新型业务的开展使得行业面临的风险结构由原来的以市场风险为主转化为市场风险、信用风险、操作风险、流动性风险等并重，业务多元化也带来了风险的多元化。

（5）严监管下证券行业整合风险。2018 年，监管部门依然延续了强监管态势，无论是针对证券公司自身还是针对相关业务都有较多新的监管政策。在新的监管形势下，有两种趋势值得关注，一种是各证券公司对于监管要求适应的能力存在差异，从而会导致经营发展出现变化。一般而言，大券商比小券商受到的冲击更小。另一种是监管政策也会提高业务门槛，部分业务与监管评级、证券公司综合实力相关联，从而起到了扶优限劣的效果。总之，严监管政策会加强行业"马太效应"，从而促进行业整合和优胜劣汰（具体分析详见第二章"金融机构安全评估"证券业安全评估部分）。

3. 我国保险业潜在风险分析

（1）流动性风险。我国保险业的资产流动性一直呈现下降的趋势，2018 年我国保险业原保险保费收入为 38 016.62 亿元，同比增长 3.92%，原保险保费收入的同比增速较 2017 年放缓 14.24 个百分点，2018 年保险业赔款和给付支出为 12 297.87 亿元，同比增长 9.99%，同时多家险企的退保金出现快速增长。保费收入增速大幅下降，同时退保金大幅增长，满期给付总量仍处于高位，我国保险业现金流出压力持续上升，保险业应警惕行业内的流动性风险。

（2）保险业资金运用风险。2018年以来，在"去杠杆、防风险"的监管政策及市场波动加剧的背景下，保险资金运用的形势和风险发生了新变化。随着我国保险业资金配置方式越来越多样化，保险业与金融市场的关系也越来越紧密，股票市场的波动、债券市场收益率下行、信用环境严峻导致保险业资金投资收益率低，再投资风险增大，资产配置难度上升等问题，保险业应高度重视保险资金运用风险的新变化，警惕保险业资金运用的风险（具体分析详见第二章"金融机构安全评估"保险业安全评估部分）。

（二）金融市场潜在风险分析

目前，我国经济增长呈现出明显放缓趋势，加之金融依然保持"严监管"的态势，金融环境整体偏紧将可能继续导致信用风险的整体上扬，违约风险不可忽视。受到金融"去杠杆"对资金链收缩过快的影响，2018年违约主体数量以及违约债券期数达到历史最高，共涉及40家发行人，涉及违约债券106期，违约特征表现为再次违约现象明显、民企成主要违约主体、违约行业覆盖面更广。基于我国目前的债券市场违约状况及整体经济情况，信用风险主要体现在以下三个方面。

（1）经济下行促使信用风险暴露。信用风险会受到来自经济周期波动的影响，企业违约率与经济增长率具有较为显著的负相关关系。在国内经济增速回落的宏观背景下，部分中小企业或面临更大的发展压力，信用风险将有很大可能上升。

（2）金融强监管下隐藏信用风险逐步暴露。在重点防范系统性风险的整体背景下，随着金融"去杠杆"和金融强监管政策的稳步推进，特别是资管新规提出打破刚性兑付，规范资管产品投资非标资产等措施，未来非标、资金池等业务将难以继续，金融市场中部分隐藏的信用风险将逐步暴露。

（3）产能过剩行业企业面临较大信用风险。产能过剩行业方面，在宏观经济下行、产业结构调整及去产能不断推进背景下，产能过剩行业企业整体仍面临较大的信用风险，尤其是部分中下游行业企业，如化工、机械制造、电力与电网行业等，信用风险或呈现上升趋势。但另一方面，在供给侧改革效果显现以及原材料产品价格上涨的影响下，部分上游行业如煤炭、有色金属企业盈利能力和现金流出现改善，信用风险或有所下降（具体分析详见第三章"金融市场安全评估"）。

（三）房地产市场潜在风险分析

1. 个人与企业均扩大与房地产相关信贷借款导致的信贷风险增加。从个人房贷增长率与人均收入增长率比值走势来看，2018年投机性投资购买有所增加，个人住房贷款增长率有所提高。从房地产供给方来看，一方面，房地产市场供给方从信贷市场借入大量现金，新购买土地面积不断增加，未来房地产供给将不断增加；另一方面，由于政策等因素影响，房地产市场需求方不断减少贷款额，需求降低。未来供需不对等，房地产供给方融资困难程度将增加，从而导致房地产供给方资金链紧张。长此以往，房地产企业将无法回收资金，负债无法偿还，将带来市场危机，增加信贷危机。

2. 投资性炒房现象扩散，房价增长过快，房地产发展过热，投资性购房需求上升导致市场风险增加。2018年房价收入比继续上升，突破8.0，表明房地产市场泡沫增大，市场可能存在虚假繁荣。同时，房价增长率由于受到二、三线城市房地产市场"火热"影响，在2018年也表现为明显上升趋势，进一步导致房价增长率与GDP增长率比值也有所上升。在房产调控并未明显放松的背景下，房价增速大幅上升表明投资性炒房现象有所扩散，投资性购房需求的上升进一步增加市场风险（具体分析详见第四章"房地产市场安全评估"）。

（四）金融风险传染潜在风险分析

第一，信用风险过度集中，金融结构不合理。尽管金融机构间相互依赖程度在2018年有所下降，但网络结构依赖于少数重要性节点的现象进一步加剧。特别是系统重要性银行在银行网络中的加权中心度远超其他，居于主导地位。这使得我国金融机构的网络结构稳定度缺失，具有"稳健而脆弱"（robust but fragile）的倾向：大部分小型金融机构连通性较低，在系统中不具有举足轻重的地位，当风险影响这些不重要的节点时，风险大面积传染的可能性就会较低，此时金融系统是比较稳健的；但一旦冲击影响了高关联机构，整个金融体系就会遭到严重破坏，此时系统是脆弱的。

第二，风险传染效率提高，风险交叉传染依旧。国内各市场之间的风险传染持续时间有减少的趋势，即风险传染的效率近年来有所提高。此外，不仅金融市场间存在风险传染，金融与地产、金融与实体等跨行业、跨部门的风险传染问题同样需要关注。

第三，风险传染路径复杂，风险救助方案尚不明确。考虑金融风险传染的内在机理，其中经济层面的关联性是其传染基础；除此之外，投资者情绪也是风险跨市场传染的重要原因；近年来，伴随金融科技飞速发展而新生的不确定性因素更是推动了风险的传染。因此，风险传染的路径是多维、交互、复杂的，尽管近年来风险传染性整体呈下降趋势，但传染的路径日益复杂。风险救助是在发生系统性风险时，通过外部机构向系统中除初始违约者以外的参与者注入资金，以在一定程度上防止出现进一步违约，提高参与者持有的流动性水平和流动性缓冲能力，避免出现流动性正缺口，从而防止风险的进一步出现和传染。由于我国缺乏大型系统性风险的救助经验，且我国金融体系具有自身独特的性质，国际现有救助方案不能直接借鉴。因此，我国仍需加强对大型系统性风险发生后的救助方案的思考（具体分析详见第五章"金融风险传染安全评估"）。

（五）经济运行潜在风险分析

1. 需求端持续走弱，经济短期下行压力凸显。从需求的角度看，首先，随着人均可支配收入增速降低，年内社会消费品零售总额增速也同比回落至9.0%，显示消费需求有所走弱。其次，全年基建投资（不含电力）同比增长3.8%，大幅低于2017年的19%。投资因受基建投资拖累，对GDP贡献率下降到32.4%，且短期内难以大幅上涨。虽然第四季度宏观政策转向稳增长，基建补短板开始提速，但地方政府融资途径和债务规模仍然受到严监管，基建对固定资产投资的带动作用有限；限购等房地产调控政策没有明显放松，房地产销售增速进一步放缓，市场情绪转冷将带动房地产开发投资增速趋缓；受工业企业利润走低及去库存周期影响，企业生产投资动力也会有所下降，制造业投资或民间投资有可能继续走弱。此外，受中美贸易摩擦影响，2018 年中国对美出口同比增速为 6.73%，较 2017 年下降 2.55%。中美贸易摩擦、全球增速放缓等外部不确定性或致外需疲软。无论是内部还是外部，需求都可能延续 2018 年走弱趋势，对我国经济造成一定的下行压力。

2. 长期发展动力未有效改善，对经济的拉动作用有限。从经济增长的长期动力来看，劳动力占比和国民总储蓄率持续恶化，分别下降至 71.82% 和 45.30%；全要素生产率维持在 3.8 的较低水平，显示拉动经济增长的新动能还未完全形成。而以信息技术为代表的新经济增长动能依然较为快速的增长，2018 年信息传输、软件和信息技术服务业累计同比增长 30.7%，但整体规模有限，虽然增强了宏观经济的韧性，但是对于经济增长的整体贡献度还是有限的，产业结构调整在一定程度上陷入困境。

3. 中美贸易摩擦前景不明，带动人民币运行风险上升。2018 年人民币运行风险略有上升，主要来源于中国出口美国增速下滑所致。随着关税的正式实施，在内外部需求走弱、"抢出口"效应减退等影响下，第四季度我国进出口同比增速与前三季度相比有明显下滑，年内走势表现为前高后低，中美贸易摩擦影响渐显。叠加欧元区、日本等经济动能趋缓等因素，外部基本面趋弱，逐渐传导至内部基本面偏弱。另外，在中美贸易摩擦、美联储加息背景下，国家立足稳定国内经济增长目标并未跟随加息，中美货币政策分化，人民币兑美元汇率波动加剧。人民币从 2018 年 5 月开始对美元开启一轮较明显的贬值，美元对人民币中间价由 6.36 单边升至 6.94，并创下 2 年以来的新高。人民银行已于 8 月 6 日起，将远期售汇业务的外汇风险准备金率从零调整为 20%，开始逆周期调节。在中美贸易摩擦下，外部基本面趋弱，国内经济下行，以及美元指数强势，均会加剧我国人民币运行风险。

4. 债务问题的结构性矛盾依然突出。根据国家资产负债表中心的测算，全社会杠杆率在 2016 年达到了峰值 3.08 倍，在之后的 2017 年和 2018 年出现了少量的下降，但下降幅度并不明显。全社会居高不下的债务水平，依然是我国经济运行中的重要安全隐患。从国际比较来看，中国债务问题的结构性矛盾较为突出。中国实体经济部门的债务杠杆率并不高，总杠杆率为 243.7%，显著高于新兴市场 183.1% 的债务杠杆率，但略低于发达国家平均 259.5% 的杠杆率。居民部门的杠杆率为 53.2%，高于新兴市场 39.9% 的平均水平，低于发达经济体 72.1% 的平均水平。但是由于中国居民部门债务大部分来源于住房按揭贷款，中低收入家庭承担了大部分债务，整体偿债能力有限，在经济下行压力下未来违约风险上升。政府部门的杠杆率为 36.95%，低于新兴市场 47.7% 的平均水平，也低于发达经济体 98.2% 的平均水平，整体水平不高，但是其中地方政府债务占整个政府部门债务的 55.26%，地方政府债务风险依然严峻。近年来，非金融企业部门的杠杆率大幅提高，与 GDP 的比值高达

153.55%，不但显著高于新兴市场 95.5% 的平均水平，也显著高于发达经济体 89.2% 的平均水平。截至 2018 年末，地方政府债务占政府部门总债务的比例为 55.26%，债务规模不断攀升。2018 年中由于减税降费的存在，财政赤字在后半年有了较大的增长。尽管近年来，国家层面出台了一系列政策，如严禁政府实施隐性担保，但是就本书测算地方政府债务规模的结果来看，依然没有起到实质性的控制作用，地方债务累积扩大了结构性矛盾，地方政府负债整体上降低了社会投资效率和经济增长质量，扩大了经济发展的结构性矛盾。除此之外，居高不下的地方债务积累了庞大的金融风险，地方政府通过对控股或全资的地方金融机构的行政干预，借款垫付地方债务是转轨时期各地普遍存在的现象，地方债务向金融机构转移导致地方金融机构财务状况恶化，金融风险累积（具体分析详见第六章"经济运行安全评估"）。

（六）全球主要经济体对我国金融安全的潜在风险分析

1. 美国面临系统性风险上升以及债市风险加剧。美国优先理念将加剧其系统性风险。2018 年美国挑起的全球贸易摩擦如预期发展，已引发的贸易摩擦争端将招致其他国家对美国的反制与报复，冲击其经济增长。全球贸易摩擦促使全球系统性风险水平提升，重创各国贸易发展。而其试图实现在高科技领域的垄断，也将限制美国在该领域的发展，并对相关科技企业造成较大负面影响。全球贸易战、外交战等外部风险对美国金融市场的影响不可估量。

在金融市场上，美联储成功退出定量宽松货币政策并通过持续加息接近货币政策中性，但是巨额的债务压力依然存在。尽管先前美国股市的优异表现吸引大量全球资金流入支持，但是利率的上升使得新增债务的利息成本上升，债务压力增大，而收益率上升导致债券持有机构盈利下降，债市面临挑战。除此之外，经济增长放缓、美联储加息导致融资成本上升、企业盈利增速下降，又将给股市带来巨大的冲击挑战。特朗普政府财政刺激方案的增长持续性能力也有待关注。

2. 日本面临出口放缓及高负债压力。日本经济发展将严重受到贸易保护主义及贸易摩擦的影响。作为高度依赖出口，外向型经济特征的日本，国际局势的变动影响将被有所放大，出口放缓将成为拖累其经济增长的主要因素。此外，高负债压力、超定量宽松的货币政策将加剧金融市场风险。2019 年对经济增长的政策支持将导致更多债务和金融失衡，加大日本陷入更深衰退的风险，除此之外，日本人口老龄化严重的现状，使得日本国内消费市场潜力大大降低。

3. 欧元区面临政治风险及债务压力。政治问题是欧元区面临的突出问题之一。意大利民粹主义蔓延扩散、英国和欧盟达成的脱欧协议未获得英国议会下院通过、法国的"黄背心"运动蔓延等，使得欧盟的离心趋势和欧洲国家的逆全球化趋势可能加强，地缘政治压力也有所加大。除此之外，外部经济增速放缓，债务压力也会进一步阻碍欧盟经济的发展。全球经济增速放缓对于欧元区的重债国而言，在定量宽松货币政策和负利率政策的压力下，政策空间较小，经济停滞增长的风险加剧（具体分析详见第七章"全球主要经济体对我国金融安全溢出效应评估"）。

（七）金融自主权潜在风险分析

1. 大宗货物定价权缺失。自 2000 年以来，我国的大宗货物定价权评分一直较低。从动态比价指标上看，我国大宗商品定价权得分呈现周期性波动，但波动幅度较缓，虽然在 2009 年有所增长，但始终在等权线的下方。2017 年有短暂的改善，但 2018 年又有小幅降低，这主要缘于市场不景气和国际大宗商品价格的下跌。整体来看，我国多种大宗商品均面临着定价权缺失的局面，我国大宗商品定价权现状不容乐观。此外，现货市场和期货市场发展的诸多不足也制约着我国加快提升国际大宗商品定价权的步伐，且这种现状在一段时期内还将持续下去，如何利用大宗货物杠杆趋利避害突破定价权瓶颈是目前亟待解决的问题。

2. 国际经济话语权有待加强。金融自主权的另一个关键指标"国际金融事务自主权"，2018 年得分与 2017 年相比也出现了小幅下降。主要因为 2018 年受到美国政策的影响，中国持有美国国债份额下降至 17.9%。同时，我国在 IMF 与世界银行的投票权在 2018 年也均出现明显下降。在两方面综合影响下，国际金融话语权得分有所降低，显示金融话语权进一步被削弱。虽然我国目前的经济实力在全球各国中名列前茅，"一带一路"促使我国国际影响力不断提升，但 IMF 和世界银行基本上还是以美国为主导的机构，美国在两个组织中都拥有一票否决权，而我国的利益诉求还无法从现有的投票权中得到体现。我国日益增长的国际政治影响力与较弱的国际经济话语权形成不平衡现状，而受到 2018 年中美贸易摩擦影响，这种不平衡的表现日益明显，我国的国际经济话语权在政治压力的挤压下面临着巨大压力（具体分析详见第八章"中国金融自主权评估"）。

第二章 金融机构安全评估

第一节 银行业安全评估

一、评估体系与指数构建

（一）引言

针对银行业的金融安全评估，我们根据银行业的业务特点，从稳定和发展两个角度综合评估银行业的金融安全，结合数据的可获得性和可比性，构建适用的评估指数。本部分分别以全体银行及上市银行为考察对象，分别计算其指数水平，数据主要来源于 BVD 数据库。

（二）指标体系

我们分别使用五个不同指标来反映中国银行市场的稳定水平和发展水平（详见表2－1）。具体来说，衡量稳定水平包括以下几个指标。

Z 值：作为银行学研究文献中常用的体现金融稳定的指标之一，Z 值的经济学解释为银行距离倒闭的距离。Z 值越高，反映银行倒闭的风险越低。

不良贷款率：不良贷款率被定义为不能按时归还利息和本金的贷款占贷款余额的比率。该比率越高，反映银行面临的资产损失风险越大。

坏账准备金率：银行坏账准备金对贷款余额的比率。一般认为，银行风险上升时，银行拨备的坏账准备金也相应增加。

流动性：该流动性被定义为银行持有的流动资产对总资产的比率。该值越高，反映出银行拥有更多的流动资产用于可能出现的银行挤兑压力，因此风险程度越低。

杠杆率：我们使用所有者权益对资产的比率来反映银行的杠杆率。该指标越高，反映银行的杠杆风险越低。同时，很多文献指出，银行的自有资本率越高，其向风险更高的客户提供贷款的动机越低，审慎程度越高。

衡量发展水平包括以下几个指标。

资产回报率：即税后利润对总资产的比率。该指标被普遍用于衡量银行的盈利能力，该指标越高，银行的资产利用效果越好，银行信贷被有效配置。

资本回报率：即税后利润对银行所有者权益的比率。该指标越高，表明银行资本的利用效率越高。

非利息收入比：该指标衡量银行经营范围（或者说收入渠道）的多样化程度。如果非利息收入升高，显示银行业对传统业务的依赖程度降低，呈现更为稳健的多样化发展。

非存款负债比：该指标体现银行融资对传统储蓄的依赖，该比率上升，意味着银行融资渠道的多样化。对包括我国在内的诸多发展中国家而言，现阶段以上两个指标上升，意味着银行业的发展逐渐从传统存贷款服务，向更为多元化的阶段发展，体现发展水平的提高。

赫氏指数（HHI）：该指标为银行市场份额（以银行资产占市场总资产的比率为衡量）平方后加总。HHI 越高，显示银行市场集中程度越高，竞争程度越低。尽管银行学研究文献中也使用其他反映市场竞争程度的指标（如 Panzar‐Rosse H 指数、Lerner 指数、Boone 指数等），但 HHI 依然是最常用的反映市场结构和市场竞争的指标之一。我们认为，集中程度越低、竞争程度越高，对我国和其他发展中国家而言，说明发展水平越高。

表 2-1　　　　　　　　　　　　指标名称、定义、判断标准及来源

指标体系	指标名称	指标定义	判断标准	来源
银行业稳定水平	Z 值	$[(ROA+EA)/\sigma(ROA)]$	Z 值越高，倒闭风险越低	BVD 数据库
	不良贷款率	不良贷款/总贷款余额	不良贷款率越低，风险越低	BVD 数据库
	坏账准备金率	坏账准备金/贷款余额	坏账准备金率越高，风险越高	BVD 数据库
	流动性	流动资产/总资产	流动性越高，风险越低	BVD 数据库
	杠杆率	所有者权益/总资产	杠杆率越高，杠杆风险越低	BVD 数据库
银行业发展水平	资产回报率	税后利润/所有者权益	ROA 越高，资产利用效率越高	BVD 数据库
	资本回报率	税后利润/所有者权益	ROE 越高，资本利用效率越高	BVD 数据库
	非利息收入比	非利息收入/营运收入	非利息收入比越高，发展越多样化	BVD 数据库
	非存款负债比	非存款负债/总负债	非存款负债比越高，发展越多元化	BVD 数据库
	赫式指数	加总银行市场份额平方	HHI 指数越高，竞争程度越低	BVD 数据库

二、银行业安全评估：基于全样本的数据分析

我们通过表 2-2 报告以上指标在 2001—2018 年的变化。

表 2-2　　　　　中国银行业各项金融稳定与发展指标情况（2001—2018 年）

年份	Z 值	不良贷款率（%）	坏账准备金率（%）	流动性（%）	杠杆率（%）	资产回报率（%）	资本回报率（%）	非利息收入比（%）	非存款负债比（%）	HHI
2001	18.98	14.02	2.17	22.54	9.37	0.49	8.84	8.51	18.96	0.16
2002	18.15	12.98	2.17	19.25	7.82	0.40	8.67	11.65	21.43	0.15
2003	22.15	10.13	1.88	17.81	7.52	0.41	9.44	11.66	17.45	0.14

年份	Z值	不良贷款率（%）	坏账准备金率（%）	流动性（%）	杠杆率（%）	资产回报率（%）	资本回报率（%）	非利息收入比（%）	非存款负债比（%）	HHI
2004	17.38	6.62	2.08	17.71	5.79	0.47	10.81	8.51	15.45	0.12
2005	8.74	5.22	2.06	19.88	5.22	0.59	11.83	8.50	12.74	0.12
2006	9.65	3.56	2.05	19.89	5.85	0.72	12.83	7.70	17.27	0.12
2007	10.22	2.30	2.02	22.80	6.97	0.93	15.89	8.32	19.83	0.11
2008	11.29	1.77	2.25	25.08	7.79	1.13	17.35	8.43	18.18	0.10
2009	12.61	1.29	2.15	26.59	9.29	0.92	13.72	9.04	15.28	0.10
2010	12.07	0.91	2.17	29.82	8.00	1.05	15.47	9.60	15.88	0.09
2011	15.52	0.75	2.30	31.44	8.21	1.20	16.88	8.59	18.29	0.08
2012	16.61	0.77	2.41	29.96	8.26	1.11	15.61	8.24	21.11	0.08
2013	17.16	0.99	2.89	25.28	7.30	1.12	15.98	16.36	18.44	0.10
2014	18.68	1.25	3.10	22.13	7.65	1.13	15.44	17.79	19.34	0.09
2015	13.72	1.63	3.32	18.00	7.44	0.92	12.77	20.62	22.61	0.08
2016	13.28	1.66	3.51	14.62	7.09	0.85	12.00	24.74	25.94	0.08
2017	26.36	1.62	3.41	12.90	7.32	0.81	11.45	24.86	30.49	0.06
2018	29.78	1.63	3.39	12.52	7.60	0.80	10.69	23.91	29.48	0.06

　　为了更直观地观察每一分指标在2001—2018年的变化，我们在对指标进行同向化处理后，使用功效系数法对其进行转化，在分别计算银行业稳定水平和银行业发展水平的均值后，我们按70:30的权重算得对银行风险程度的总体评价，分值越高代表安全程度越高、风险水平越低。

　　具体结果如表2-3所示：从我国银行业风险程度的总体表现看，自2001年开始，我国银行业的风险状况受重大事件影响有一定波动，但总体表现出持续改善趋势。2001—2003年较为稳定，但在2004—2005年，由于大量银行设立，各项指标尚未完善，因此Z值及总体指数处于阶段性低点，紧接着2008年由于国际金融危机，因而安全指数增长速度显著放缓，个别指标下滑，经历2009—2011年的上升区间后，2012年后有小幅下降。因2015年股灾，银行业整体经营明显下滑，收益率波动率显著分化，因此2015—2016年再次到达另一个阶段性低位，尽管2017年情况有所好转，但总体评价分值低于2008年的水平，显示银行业风险程度又出现上升苗头，应当引起决策者对银行市场风险的注意和警惕。以上评价是我国银行业风险水平相对自身变化的纵向比较，下面，我们关注我国的上市银行的风险水平。

表 2 - 3　　　中国银行业各项金融稳定与发展指标评分（2001—2018 年）

年份	银行业稳定水平						银行业发展水平						总体评价
	Z 值	不良贷款率	坏账准备金率	流动性	杠杆率	均值	资产回报率	资本回报率	非利息收入比	非存款负债比	HHI	均值	
2001	79.47	65.77	92.84	81.18	100.00	83.85	64.58	67.08	63.56	74.02	60.00	65.85	78.45
2002	77.89	68.45	92.81	74.23	84.99	79.67	60.00	66.45	70.55	79.60	64.78	68.27	76.25
2003	85.48	75.81	100.00	71.18	82.18	82.93	60.71	69.43	70.58	70.62	68.85	68.04	78.46
2004	76.42	84.86	95.18	70.98	65.44	78.58	63.43	74.71	63.55	66.11	74.21	68.40	75.52
2005	60.00	88.46	95.71	75.55	60.00	75.94	69.48	78.64	63.54	60.00	75.47	69.43	73.99
2006	61.73	92.75	95.92	75.59	66.08	78.41	75.80	82.53	61.75	70.22	77.25	73.51	76.94
2007	62.81	96.00	96.57	81.73	76.82	82.79	86.62	94.36	63.13	75.98	81.83	80.38	82.07
2008	64.85	97.36	90.83	86.56	84.70	84.86	96.87	100.00	63.37	72.26	83.31	83.16	84.35
2009	67.35	98.62	93.43	89.75	99.16	89.66	85.90	85.99	64.74	65.74	84.87	77.45	86.00
2010	66.32	99.58	92.92	96.57	86.78	88.44	92.72	92.73	65.99	67.09	87.88	81.28	86.29
2011	72.88	100.00	89.77	100.00	88.77	90.28	100.00	98.20	63.73	72.51	90.11	84.91	88.67
2012	74.95	99.94	87.04	96.87	89.26	89.61	95.49	93.30	62.96	78.87	92.12	84.55	88.09
2013	76.01	99.38	75.27	86.98	80.04	83.53	96.11	94.70	81.05	72.85	84.30	85.80	84.22
2014	78.90	98.72	69.95	80.31	83.42	82.26	96.49	92.63	84.23	74.88	87.17	87.08	83.71
2015	69.46	97.74	64.63	71.58	81.41	76.96	86.32	82.30	90.54	82.23	92.01	86.68	79.88
2016	68.63	97.64	60.00	64.44	78.01	73.74	82.73	79.32	99.72	89.74	94.03	89.11	78.35
2017	93.49	97.76	62.44	60.82	80.25	78.95	80.55	77.21	100.00	100.00	100.00	91.55	82.73
2018	100.00	97.72	62.94	60.00	82.91	80.72	80.28	74.26	97.86	97.72	100.00	90.03	83.51

三、银行业安全评估：基于上市银行数据的分析

下面我们关注我国的上市商业银行，作为我国银行业的代表，截至 2018 年底共有 31 家银行在沪深两个证券交易所上市，其中不仅包括工行、农行、中行、建行、交行五大国有大型商业银行，还包括了中信、光大等股份制商业银行，以及北京银行、宁波银行等城市商业银行。作为银行业中资产状况较好的代表，我们对其进行专门的观察和分析。表 2 - 4 具体展示了上市银行各项指标数值。

表 2 - 4　　　中国上市银行各项金融稳定与发展指标情况（2001—2018 年）

年份	Z 值	不良贷款率（%）	坏账准备金率（%）	流动性（%）	杠杆率（%）	资产回报率（%）	资本回报率（%）	非利息收入比（%）	非存款负债比（%）
2001	11.48	14.90	2.42	22.13	5.46	0.50	11.24	7.67	19.33
2002	12.26	11.61	3.15	20.01	5.17	0.38	10.98	9.85	16.59
2003	17.00	9.35	3.22	18.78	5.66	0.43	12.11	7.59	15.55
2004	15.30	6.44	4.27	18.08	4.94	0.57	14.13	5.48	10.44

年份	Z值	不良贷款率（%）	坏账准备金率（%）	流动性（%）	杠杆率（%）	资产回报率（%）	资本回报率（%）	非利息收入比（%）	非存款负债比（%）
2005	11.51	5.12	2.74	21.27	6.66	0.99	9.67	7.97	8.35
2006	10.98	4.69	2.69	22.54	6.64	0.83	7.29	6.93	9.12
2007	10.68	3.54	3.42	23.26	7.06	1.19	19.64	5.80	13.99
2008	11.11	1.72	2.63	25.93	7.51	1.27	18.47	7.82	13.32
2009	9.99	1.34	2.26	25.10	7.03	1.05	18.41	10.09	13.43
2010	11.92	0.89	2.27	23.27	7.58	1.36	20.19	10.39	14.38
2011	14.85	0.73	2.40	25.32	7.69	1.31	20.15	8.71	18.26
2012	13.06	0.84	2.61	24.47	6.17	1.20	19.33	7.75	22.22
2013	16.50	0.92	2.61	20.00	6.90	1.19	18.37	13.76	21.71
2014	17.57	1.15	2.76	16.56	7.12	1.13	16.93	16.06	22.06
2015	13.45	1.45	3.05	13.49	7.18	1.03	14.98	17.45	25.46
2016	13.41	1.55	3.12	10.56	7.10	0.92	13.35	20.10	29.66
2017	27.20	1.60	3.05	8.49	7.51	0.88	12.14	24.95	29.32
2018	30.05	1.48	3.38	10.06	7.62	0.86	11.94	23.64	32.07

同样为了更清晰地展示各年度上市银行指标的水平，我们在对指标进行同向化处理后，使用功效系数法对其进行转化，在分别计算银行业稳定水平和银行业发展水平的均值后，我们按70:30的权重算得对上市银行风险程度的总体评价，分值越高代表安全程度越高、风险水平越低，结果如表2-5所示。

表2-5　　　中国上市银行各项金融稳定与发展指标评分（2001—2018年）

年份	银行业稳定水平						银行业发展水平					总体评价
	Z值	不良贷款率	坏账准备金率	流动性	杠杆率	均值	资产回报率	资本回报率	非利息收入比	非存款负债比	均值	
2001	62.97	63.71	77.34	89.38	67.60	72.20	65.12	72.27	64.52	78.52	70.11	71.57
2002	64.52	72.14	70.52	84.82	63.35	71.07	60.00	71.44	68.97	73.89	68.58	70.32
2003	73.99	77.93	69.84	82.18	70.55	74.90	62.17	74.95	64.34	72.15	68.40	72.95
2004	70.60	85.37	60.00	80.66	60.00	71.33	67.85	81.22	60.00	63.52	68.15	70.37
2005	63.03	88.76	74.38	87.53	85.05	79.75	84.80	67.39	65.12	60.00	69.33	76.62
2006	61.97	89.86	74.85	90.27	84.78	80.35	78.21	60.00	62.99	61.29	65.62	75.93
2007	61.37	92.81	68.00	91.82	90.85	80.97	93.01	98.29	60.67	69.52	80.37	80.79
2008	62.23	97.45	75.37	97.58	97.36	86.00	96.07	94.66	64.81	68.38	80.98	84.49
2009	60.00	98.43	78.88	95.79	90.43	84.71	87.34	94.49	69.48	68.57	79.97	83.29
2010	63.84	99.57	78.70	91.85	98.36	86.46	100.00	100.00	70.09	70.17	85.07	86.04
2011	69.70	100.00	77.49	96.25	100.00	88.69	97.91	99.88	66.64	76.72	85.29	87.67

续表

年份	银行业稳定水平						银行业发展水平					总体评价
	Z 值	不良贷款率	坏账准备金率	流动性	杠杆率	均值	资产回报率	资本回报率	非利息收入比	非存款负债比	均值	
2012	66.13	99.71	75.52	94.43	77.94	82.74	93.18	97.34	64.67	83.38	84.64	83.31
2013	72.98	99.50	75.60	84.80	88.55	84.29	93.10	94.35	77.01	82.54	86.75	85.02
2014	75.11	98.92	74.16	77.39	91.74	83.46	90.69	89.89	81.74	83.12	86.36	84.33
2015	66.91	98.15	71.42	70.77	92.55	79.96	86.44	83.84	84.60	88.85	85.93	81.75
2016	66.82	97.88	70.75	64.46	91.36	78.25	82.17	78.79	90.04	95.94	86.73	80.80
2017	94.31	97.75	71.47	60.00	97.33	84.17	80.56	75.06	100.00	95.36	87.74	85.24
2018	100.00	98.06	68.39	63.38	98.95	85.76	79.61	74.42	97.30	100.00	87.83	86.38

从我国上市银行业风险程度的总体表现看，与全样本的银行业风险程度趋势大致相同，说明上市银行对全样本有较强的代表性。自2001年开始，我国上市银行总体的风险状况受重大事件影响有一定波动，但总体表现出持续改善趋势，并在2011年达到阶段性的最高值（87.27）。2001—2003年较为稳定，但在2004—2005年处于阶段性低点，但随后快速上升并超过前值，2011年达到最高点，2012年后有小幅下降，2015—2016年到达另一个阶段性低位，至2017年，总体评价分值甚至低于2008年的水平，显示出银行业风险程度又出现上升苗头，应当引起决策者对银行市场风险的注意和警惕。下面，我们通过各具体指标来分析我国的上市银行与全样本银行业的对比情况。

四、银行业安全评估：全样本与上市银行数据的比较分析

（一）中国银行业稳定水平分析

我们首先用Z值观察银行市场的稳定程度。Z值是银行学文献中经常使用的一种衡量银行稳定的指标，其具体构建为

$$Z = \frac{ROA + EA}{\sigma(ROA)}$$

其中，ROA 代表各银行的平均资产回报率（%）。EA 代表平均资本充足率（%），我们使用所有者权益（equity）对总资产的比率进行估算。$\sigma(ROA)$ 代表各年度银行 ROA 数据的标准差。没有采用常见的风险加权资产是为了克服资产风险的估计受资产规模较大的银行权重影响，可能出现低估银行业整体风险的问题。根据黄隽和章艳红（2010）[1]、乔尔·休斯敦

---

① 黄隽，章艳红. 商业银行的风险：规模和非利息收入——以美国为例 [J]. 金融研究，2010 (6)：75 - 90.

（Joel F. Houston，2010）[1]、李世平（2018）[2] 等人对 Z 值使用方法及其对其他前人使用 Z 值
使用方法的总结，Z 值中的 σ（ROA）计算方法并不唯一，在不同数量的样本、不同时间区
间情况下的使用有所差异，结合实际数据情况，为最大限度地保留样本信息，σ（ROA）采
取的是三年移动标准差计算方法，即 σ（ROA）n 等于 $n-2$、$n-1$、n 年对应所有银行 ROA
值的共同计算标准差，σ（ROA）$n+1$ 等于 $n-1$、n、$n+1$ 年对应所有银行 ROA 值的共同
计算标准差，依此类推（计算过程中为了尽可能保留数据样本，只剔除了前 5% 和后 5% 的
值）。上市银行 Z 值计算中的 σ（ROA）则统一对应当年值。

　　图 2-1 为我国银行业 Z 值在 2001—2018 年的变化情况。

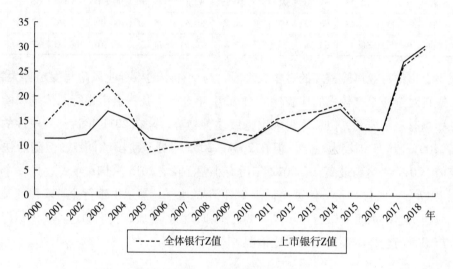

图 2-1　银行业 Z 值（2001—2018 年）

　　由图 2-1 可看出，银行总体 Z 值于 2005 年达到最低值，上市公司 Z 值也较之前大幅下
降，但随后二者开始稳健上升。2005 年之后，Z 值总体表现出升高的趋势，但在 2015—
2016 年，Z 值下探至阶段性最低值，近 3 年来又重新增长至近 20 年的最高值。我们根据
Z 值的构成，发现其波动受到 ROA 和 EA 的共同影响，由于 Z 值采用的是近 3 年的移动标准
差计算，因而 2016 年收益率水平改善后，2017 年 Z 值才显示出显著上升。再者，2018 年银
行业资产回报率标准差较 2017 年、2016 年值下降幅度较大，Z 值因而在 2017 年快速增长的
基础上继续爬升。在与我国上市银行平均 Z 值的比较中，我们发现，上市银行的 Z 值相较于
银行全体较为平稳，表明上市企业在风险压力下的经营治理更加稳健。

　　我们接下来使用更为传统的银行不良贷款率观察银行的稳定程度。如图 2-2 所示，不
良贷款率的趋势变化显得更为明显，反映出持续改善的过程，从 2001 年中国银行业平均不

　　① Houston J F, Lin C, Lin P, et al. Creditor rights, information sharing, and bank risk taking [J]. *Journal of Financial Economics*, 2010.

　　② 李世平，孟庆竹 . 中国非上市银行经营风险度量——基于 Z - score 方法 [J]. 山东财经大学学报，2018，30（3）：61 - 71.

良贷款率高达约 14.02% ，逐年减少到 2011 年平均不足 1% ，体现出我国银行业改革中呆坏账剥离对银行风险的显著改善，以及银行对不良贷款风险控制水平的逐步提高。但是，2011—2016 年我国银行业的平均不良贷款率呈现轻微的上升趋势，到 2016 年为 1.66% ，反映出银行贷款风险可能由于经济下行的压力而增大，到 2017 年不良贷款率略微有所改善，下降为 0.88% 。上市银行的不良贷款率在绝大部分年间与全体银行业平均值持平，特别是 2008 年以后，趋势保持一致，2017 年以后才出现分化。2018 年，上市银行平均不良贷款率为 1.48% ，低于银行业平均水平 1.63% ，且呈现下降趋势。

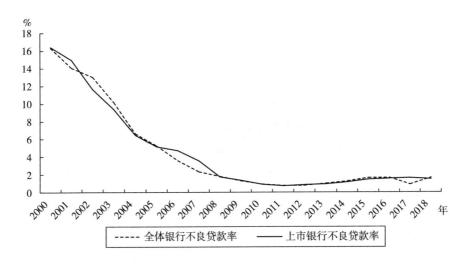

图 2－2　银行业不良贷款率（2001—2018 年）

由图 2－3 可知，我国银行业的坏账准备金率基本稳定在 2%～3% 。但自 2009 年后，我国的坏账准备金率逐渐升高，到 2017 年上升到 3.20% 。这一趋势表现出银行面临的潜在风险可能上升，迫使银行提高坏账准备金，但同时也表现出银行应对可能出现的损失的能力有所增强。在坏账准备金率方面，上市银行和银行业平均水平在近年来非常相似，这说明在这一方面上市银行对我国银行业的普遍情况有较高的代表性。在金融危机之前，上市银行坏账准备金率远远大于银行业平均水平，由于在 2009 年之前我国的上市银行数量较少，上市银行坏账准备金率的变化趋势与全体银行业有较大差异。

观察图 2－4，银行业的平均流动性经历先下降再上升而后又下降的变化，特别是 2004 年到 2011 年，流动性表现出持续上升，反映出银行资产并未过度集中于风险更高的贷款，同时体现出银行有更多的资源可以满足储户提取存款的需求。另外，流动资产比重的提升，有利于银行获得更为安全稳定的收益，同时降低银行的融资成本。但 2012 年后，银行业的平均流动性出现明显的下降，到 2017 年持续下降至 10.68% 。上市银行平均流动性自 2012 年起也呈现逐年下降态势，且上市银行的流动性水平低于全体银行业平均水平。2017 年，上市银行流动资产占总资产的比率为 8.49% ，而银行业的平均流动性为 10.68% ，这说明上市银行可能拥有更多流动性风险相对更高的资产。经历了 2017 年

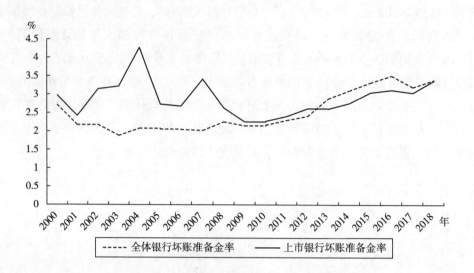

图 2 - 3　银行坏账准备金率（2001—2018 年）

的阶段性低点后，2018 年银行业的流动性水平略微反弹，主要得益于 2018 年经济下行时期国家较为宽松的流动性货币政策［多次降准和开展中期借贷便利（MLF）、常备借贷便利（SLF）释放流动性］。

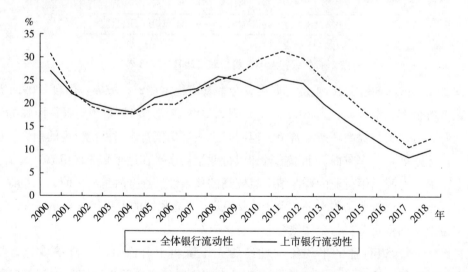

图 2 - 4　银行业流动性（2001—2018 年）

　　与许多研究文献一致，我们使用杠杆率衡量银行业的资本充足程度，参照图 2 - 5，我们发现银行业平均杠杆率总体上表现出先下降后升高的趋势，特别是在 2005—2009 年中国银行业的杠杆率从 5.22% 上升到 9.29%，反映出银行对于负债的依赖程度下降，而使用自有资本提供信贷的能力上升。但是，2009 年后银行资本充足程度有比较明显的下降趋势，2017 年为 7.02%。大多数年份，上市银行的资本充足程度明显低于银行业平均水平，近十年来只在 2017 年实现反超。以杠杆率作为衡量,上市银行资本充足程度平均为 7.51%,而同期我国银行业的平均水平为 7.32%。但在 2018 年两者又同时到达同一水平,分别为 7.62% 和 7.60%。自资管新规实施以来,监管机构不断出台监管措施,监管力度持续升级,银行表外非标准负债业务(理财产品、信托计划、委托贷款等)发展势头有望得到控制,银行业负债水平下降,杠杆率得以提升,这对于防控系统性金融风险至关重要。

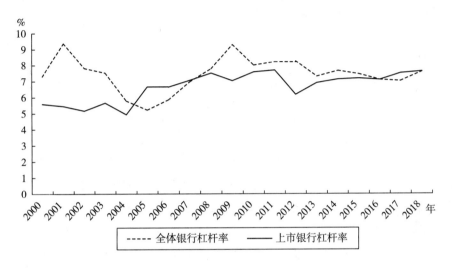

图 2-5 银行业杠杆率 (2001—2018 年)

(二)中国银行业发展水平分析

下面我们讨论中国银行业发展程度的变化。为了避免使用单一指标可能带来的偏误,我们同样使用五个分指标衡量银行业各方面的发展水平。

首先,我们使用的分指标是银行资产回报率(ROA),我们按银行资产的大小对每家银行的资产回报率进行加权,从而算得银行业的加权平均资产回报率。平均资产回报率越高,反映银行业的经营状况和盈利水平越高。

图 2-6 显示,2000 年至 2010 年,我们发现银行业平均资产回报率表现出持续上升的趋势,显示出银行经营状况的改善,使得资产得以更有效地被利用,为银行制造更高的收益。但是在 2010 年后,平均资产回报率的上升势头趋缓甚至略有下降,显示出银行收益较以往有所降低。受 2015 年人民银行五次降息并开放存款利率浮动区间上限的影响,市场利率中枢下行,导致银行业存款付息率较之前年度大幅下降。同时,随着我国利率市场化进程持续推进,以及受 2016 年 5 月 1 日的"营改增"政策等多因素影响,银行业生息资产收益率水平也大幅下降。在流动性稳定以及市场竞争加剧的环境下,商业银行的利差空间被逐步压缩。2016 年下降至 0.85%,为自 2009 年后的最低水平,在 2017 年上半年的短暂回升后又继续下降至 2018 年的 0.80%。上市银行的资产回报率趋势与整个银行业相一致,绝对值始终领先于银行业整体。但受经济下行大环境的影响,预计全行业及上市银行的加权平均资产回报率可能都将进一步下滑。

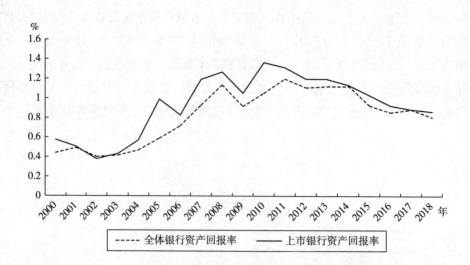

图 2 - 6　银行业加权平均资产回报率（2001—2018 年）

由图 2 - 7 可知，总体上看，平均资本回报率与平均资产回报率的趋势较为相似，都在 2010 年之前表现出上升的趋势，而之后出现明显的下降，显示出银行业经营状况出现持续恶化，2016 年下降至 12.00%，2017 年为 11.45%，2018 年更是进一步下滑至 10.69%。以上两个指标显示，就银行业的经营收益而言，我国银行业近年来走势持续下降，主要原因在于受金融脱媒、息差收窄的影响，银行盈利能力下降。上市银行营业收入微幅增长甚至负增长。

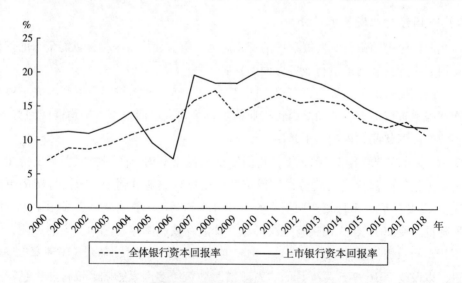

图 2 - 7　银行业加权平均资本回报率（2001—2018 年）

其次，我们使用非利息收入占总收入的比率来观察银行经营范围的多样化程度。更高的非利息收入，可以被理解为银行对传统业务的依赖程度降低，呈现更为稳健的多样化发展。

通过图 2 - 8 我们发现，我国银行业的平均非利息收入占比，总体趋势在 2012 年以前围绕着大约 10% 的中间值上下波动，这被解释为我国银行业依然高度依赖传统的贷款业务，利息收入是银行的主要收入来源，而非传统业务对银行收入的贡献则较为有限。但自 2012 年起，该指标逐年上升，全体银行非利息收入占比至 2016 年达到 24.74%，主要原因在于为缓解盈利能力下降的压力，银行业盈利结构逐步由以传统公司业务为主向公司业务、零售业务和金融市场业务平衡发展转变，因而非利息收入占比显著提升。随着社会财富的增加，居民和企业对于资金管理和金融交易的需求快速增长，推动银行创新产品和服务日益丰富，加之利率市场化、互联网金融背景下商业银行存在向轻型银行转型的内在要求，银行中间业务持续增长。在信息科技高速发展和金融需求多样化态势下，未来中间业务创新将推陈出新，"大投行"业务将继续快速发展，托管服务将逐步多元化，理财业务逐步向开放式净值型产品加快转换，中间业务将成为我国商业银行新的盈利增长点。但 2017 年全体银行非利息收入比下降为 20.24%，上市银行平均值在 2017 年达到 24.95%。在 2018 年，经历了阵痛后全体银行的非利息收入比重新上升，这显示出我国全体银行在逐步拓宽盈利方式，对传统贷款业务依赖性有所降低；而因为股市不景气，2018 年上市银行数值有所回落。就非利息收入占总收入这一比率而言，我们发现在金融危机之后，上市银行的非利息收入占比低于银行业平均水平。以 2016 年为例，上市银行非利息收入比为 17.45%，而银行业平均水平则为 24.74%。虽然在 2017 年发生阶段性反转，但在 2018 年又回到之前的趋势水平上。

图 2-8 银行业非利息收入占比（2001—2018 年）

根据图 2-9，在 2010 年前非存款负债比存在一些阶段性的波动，但 2010 年后逐年上升。2017 年，该指标上升至 30.49%，较 2010 年的 15.88% 上升了约 15 个百分点，反映出现阶段存款依然是我国银行业获得融资的主要来源，银行通过非存款方式获得融资的程度尽管有所上升，但依然处于较低水平，从这一侧面反映出非存款融资的途径还没有得到很好的运用。我们发现在 2012 年之前，大多数时间上市银行的该指标都低于银行业的平均水平。而自 2012 年之后，上市银行非存款负债占比显著高于银行业平均水平。

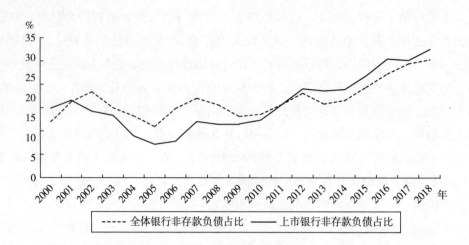

图 2 - 9　银行业非存款负债占比（2001—2018 年）

此外，我们通过观察银行市场结构，即集中程度，分析银行业的发展情况。如果集中程度降低，可能反映出竞争程度的上升，资源可能由于竞争的升高而得到更优化的配置。我们使用银行业赫氏指数（HHI），即对银行资产占市场总资产的比率求平方后加总，反映市场集中程度。我国银行业内多种形式的金融机构并存。自加入世贸组织后，我国银行业于2006 年底对外资银行全面开放。目前，外资银行在我国省市普遍设立营业机构，形成具有一定覆盖面和市场深度的总行、分行、支行服务网络。在外资银行在国内快速布局的同时，银监会积极推动民营银行试点工作，不断提升银行业对内开放水平。民营银行试点始于2014 年，首批设立五家，分别为网商银行、微众银行、民商银行、华瑞银行、金城银行。2015 年，银监会表示对民营银行申设不再设限，按照"成熟一家设立一家"的原则推进新设民营银行的工作。2016—2018 年，重庆富民银行、四川新网银行、湖南三湘银行等多家民营银行相继获批，未来将会有更多民营资本进入银行业。HHI 指数持续降低的趋势也表现出近 18 年间，我国大银行市场份额减少而中小银行市场份额相对上升，市场竞争程度不断提高（见图 2 - 10）。

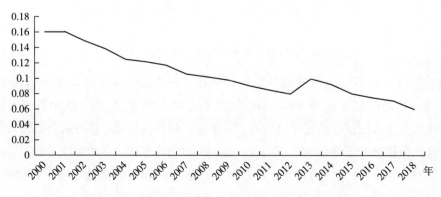

图 2 - 10　银行业赫氏指数（HHI）（2001—2018 年）

综合以上分析，我们认为，总体而言，中国银行业的风险水平在 2018 年较 2017 年有所改善；但就各个衡量稳定和发展的分指标而言，我们发现银行业流动性、资本充足率在 2018 年趋势仍不理想；同时全体银行业的资产收益率、资本收益率、利润率、非利息收入占比、非存款负债比、赫氏指数相比 2017 年也有所下降。

五、中国银行业潜在风险隐患分析

银行业作为国民经济核心产业，与宏观经济发展具有高度相关性。近年来，我国宏观经济发展步入"新常态"，经济增长速度自然放缓，但随着结构转型、深化改革等措施的推进，我国宏观经济将逐步探底企稳，在合理的增速区间内保持可持续发展。2018 年我国国内生产总值（GDP）为 90.03 万亿元，比 2017 年增长 6.6%，人均国内生产总值（人均 GDP）为 6.46 万元，比 2017 年增长 11%，虽相较 2011 年之前有明显下降，但仍处于近年来均衡水平，说明我国经济正处于底部企稳阶段。随着宏观经济增速的放缓，我国银行业正由过去十余年规模、利润高速增长的扩张期，进入规模、利润中高速增长的"新常态"，经营情况总体保持平稳。中国人民银行实施稳健中性的货币政策，相机提高公开市场操作、中期借贷便利（MLF）、常备借贷便利（SLF）利率，市场利率有所上行。监管部门把防控金融风险放到更加重要的位置，对银行业金融机构开展专项治理，金融监管趋严。

2018 年被称为资管元年，4 月资管新规、10 月理财业务管理办法以及《商业银行理财子公司管理办法》三大理财监管文件相继落地，改变了银行理财业务的生态。首先，资管新规打破了刚性兑付，只有非保本理财产品才是真正意义上的资管产品；其次，禁止资金池业务，降低期限错配，旨在防范银行业的流动性风险传导；再者，消除多层嵌套，金融机构不得为其他金融机构的资产管理产品提供规避投资范围、杠杆约束等监管要求的通道服务；最后，统一规范了投资渠道、杠杆比例等监管指标，是规范银行业开展非存贷业务的一记重拳。

在宏观环境和政策等多重因素的作用下，2018 年我国银行业资产规模继续稳步增长，但增长速度呈下降趋势。尽管受宏观经济环境影响，银行资产质量有所下降，但整体风险可控。数据显示，2018 年我国银行业流动性有所下降，同时非利息收入占比也有恶化趋势，而上市银行的不良贷款率有所升高，银行业的资产回报率和资本回报率近年来呈现下降态势。为抵御各类风险的发生，近年来我国商业银行加大了不良贷款的拨备及核销力度。以上都是我国银行业在 2017 年、2018 年凸显出的风险，需要在 2019 年警惕进一步恶化。目前，我国银行业所面对的主要风险集中在以下几个方面。

（一）资本充足率处于低位

我们使用杠杆率衡量银行业的资本充足程度，发现银行业平均杠杆率总体上表现出先下降后升高的趋势，特别是在 2005—2009 年中国银行业的杠杆率从 5.22% 上升到 9.29%，反映出银行对于负债的依赖程度下降，而使用自有资本提供信贷的能力上升，此时期资本充足率状况良好。但是，2009 年后银行资本充足程度有比较明显的下降趋势，2017 年降为约 7%，体现出银行整体资本充足率在两次金融风险事件①后显著下滑，潜在偿付风险和经营风险提高，2018 年略微回暖，但资本充足率水平仍处于低位。此外，监管规则对不同类型、不同规模银行的资本充足率要求一视同仁，但历史证明，中小银行在面对信用风险、流动性风险方面相较大银行明显弱势，倾向于更多的同业拆借、大额存单及其他理财产品来度过危机，又进一步加重潜在信用风险。

（二）流动性水平下降

根据我们上面的指标变化，可以看到，2012 年后，银行业的平均流动性出现明显下降，由 2012 年的 29.96% 持续下降至 2018 年的 12.52%，流动性指标以每年 3% 左右的速度恶化，成为近年来银行业风险的主要因素。流动性下跌背后的原因是多层次的。

其一，从资产端来看，截至 2018 年 12 月末，中国银行业境内总资产达 261.4 万亿元（人民币，下同），同比增长 6.4%，高于流动性资产增速 6.1%，一方面近年来中小银行债券投资占比在未出现明显提升的同时，申请中期借贷便利消耗的优质债券有所增加，导致合格优质流动性资产不足；另一方面是存贷款期限错配造成长期流动性安排调节难度加大。此外，虽然 2018 年推出了资管新规，但在推行初期，非标资产（银行理财产品、信托计划等）存量较大，净值化管理进程过程艰巨，偿付难度高，资产变现困难，进一步导致资产流动性下降。

其二，从负债端来看，根据人民银行公布的数据，截至 2018 年 12 月末，银行业境内总负债为 239.9 万亿元，同比增长 6%。其中，各项存款 164.2 万亿元，同比增长 6.7%。同业负债规模从 2017 年的 13.63% 增长至 2018 年的 14.12%。为了缓解存款增长压力，商业银行加大了同业存款、拆入资金、卖出回购等主动负债力度。中小银行主要通过期限错配获得利差，通过发行短期同业存单获取资金再购买长期的同业理财或进行其他长期投资。一般情况下，包括同业负债和同业存单在内的短期批发性融资稳定性比较差，一旦同业负债或同业存单密集到期但又无法及时筹集资金，银行将面临较大的流动性风险。

其三，近年来，国内经济增长放缓，房地产、水泥、钢铁等行业出现产能过剩现象，而大部分投资资金都来源于银行信贷，具有很高的信用风险。随着行业进行周期性调整以及市场需求发生变化，信贷资产质量存在一定下行压力，资金回收困难，将对银行的流动性造成一定影响。

（三）不良贷款率上升

上市银行不良贷款率近年来呈现轻微的上升趋势，2011 年不良贷款率为 0.73%，2017 年则升至 1.60%。从表面来看，全体银行业的资产质量较好，但从实际来看，这种认识是有误区的：其一，当前中国银行业的不良资产规模庞大，高于世界金融发达国家的平均水平，而且银行机构还存在隐藏不良资产的情况。其二，中国国有控股大型商业银行及股份制

---

① 即 2008 年国际金融危机和 2015 年中国股票市场大幅波动。

银行等主要的商业银行均已上市，基于股东考核及监管考核的双重压力，难免出现一些不良资产分类不清、会计科目处理不当及将不良资产移到表外等违规现象，以降低不良资产率规避金融监管。其三，中国银行业的表外理财资金数额仍然较大，影子银行的不良资产规模也加剧了风险。近年来，信托兑付危机频发，涉案金额越来越大，影子银行的资产质量堪忧，金融监管机构需要对银行隐匿不良资产的情况加强监管。

而 2018 年以来不良贷款率的攀升，主要源于城商行和农商行不良贷款率攀升的带动，其中，城商行第三季度末不良贷款率为 1.67%，较 2017 年末上升 15 个基点；农商行第三季度末不良贷款率为 4.23%，较 2017 年末上升 107 个基点。纵观 2017 年至 2018 年，虽然信贷风险仍有暴露，整体信贷资产质量继续下滑，但风险暴露已经放缓。总体上，全体银行与上市银行总体不良贷款率的上涨相较 2015 年信贷风险显著爆发的趋势得到了一定的缓解。

（四）经营能力下降

从我们计算的 ROA 和 ROE 指标来看，我国银行业的平均资产回报率从 2011 年的 1.2% 下降至 2017 年的 0.81%，2018 年则进一步下降至 0.80%，而上市银行也呈现出 1.31% 至 0.86% 的直线下降趋势。平均资本回报率近年来的表现也同样差强人意，全体银行业的 ROE 指标从 2011 年到 2018 年下降超过 6 个百分点，上市银行的资本回报率更是从 20.15% 跌落至 11.94%。同时虽然利润率的下降在近两年内有所缓和，但下降的趋势仍然比较明显，2015 年以来的多次降息使得息差缩小，伴随资产质量下行和不良率上升的压力，银行利润率出现了增速放缓甚至下滑。此外，金融危机之后"四万亿"财政扩张导致市场不能出清，仍然有大量资金流向夕阳行业、产能过剩行业，而这些行业在之后数年的经营不善使得银行难以收回贷款，甚至由于政策原因银行持续向相关企业输血，这些国有企业的经营状况不佳，进一步降低了上市银行的盈利水平。

预计在 2019 年，受经济大环境下行与监管要求的进一步提高（更高的资本充足率）两方面的影响，银行净利润增长情况将面临不小的挑战。

（五）非利息收入占比下降

2017 年以来，监管趋严对银行中间业务收入的负面影响较大，主要影响因素包括费转息的收入确认变化、理财规模增长放缓带来的中间业务收入下降以及"营改增"、减税让利、保险新政等政策变化。同时，我们也应该注意，上市银行的收入结构正在持续转变。2018 年上半年，各行的手续费及佣金净收入占比均低于 35%，与 2017 年同期相比，仅平安银行、光大银行、兴业银行、交通银行占比提升，其他银行均有所下降。特别地，工行、建行、农行、中行四大行的手续费及佣金净收入占比均低于 25%，处于同业最低值且呈下降趋势。但情况在 2018 年下半年略微发生好转，2018 年前三季度，行业非息收入加快增长，实现同比增长 10.73%，手续费及佣金收入同比增长 2.11%，相较第二季度增速分别提高了 4.27 个、1.08 个百分点，主要在新会计准则影响下，其他非息收入增长较快带动非息收入改善。未来随着存贷款利率受降息影响的基本释放以及"营改增"等因素的逐步减弱，如果同业利率没有大幅上行，预计2019年银行非利息收入下降的势头将得到扭转。

回顾2018年，"去杠杆、强监管"淡化至"稳杠杆"，影子银行活动受到规制。另外根据公告日期，2018年人民银行五次降低了存款准备金率，共3.5个百分点，保证了偏宽松的流动性，银行体系资金充裕，资金成本降低，市场利率普遍下行，十年期国债收益率比2017年下降了70多个基点。利率下行引导企业融资成本也相应降低，2018年下半年，监管通过"三箭齐发"，在贷款投放、民企债券发行、民企股权融资工具方面加强了对小微和民营企业融资支持。

综上所述，2018年中国银行业在强监管下，虽然在流动性、盈利性及资产质量方面均存在一定压力，但风险总体可控。根据当前形势，中国金融行业增加值占国内生产总值的比例已达高位，长期高速且粗放的发展，滋生出了程度不一的风险隐患。近些年来，从暴露出来的风险案例可以看出，影子银行业务是导致资金脱实向虚的罪魁祸首。各种金融产品层层嵌套，多种业务模式叠床架屋，服务实体经济渐行渐远，金融风险慢慢集聚。要想防止"黑天鹅"飞舞，避免"灰犀牛"冲撞，就必须切实加强和改善金融监管，进一步打破理财产品的刚性兑付，实现净值化管理，严格控制期限套利和设立资金池行为，实施穿透式、逆周期的宏观审慎动态监管。所以，未来强监管仍将是我国金融政策主旋律，将对银行业发展产生重要影响。人民银行货币政策保持稳健中性，金融市场利率有所上移，强监管下的风险管理意识加强将使商业银行放缓信贷扩张速度，且金融监管加强带来的监管成本上升将继续制约银行盈利能力，但在结构性改革的阵痛过后，银行业未来有望在不断蓄力中迎来更广阔的发展空间。

第二节　证券业安全评估

一、评估体系与指数构建

（一）引言

针对证券业的金融安全评估，我们根据证券业的业务特点，从稳定和发展两个角度综合评估证券业的金融安全，结合数据的可获得性和可比性，构建适用的评估指数。本部分以证券公司为考察对象，出于对数据可获得性因素的考虑，我们将以国内A股上市的证券公司为样本考察我国证券业的金融安全问题，数据主要来源于国泰安数据库（CSMAR）和中国证券业协会。

（二）指标体系

我们使用不同指标来反映中国证券业的稳定水平和发展水平，指标定义及数据来源详见表2-6。具体来说，衡量稳定水平的指标包括Z值和资本充足率，具体解释如下。

Z值：为考察证券业的破产风险，我们采用与评估银行业破产风险相同的方法，即计算证券业的 Z 值。Z 值的经济学解释为公司距离破产的距离，Z 值越高，表示证券公司越稳定，反映其面临的违约或破产风险越低。

资本充足率：所有者权益对总资产的比率，又称资本与资产总额比率，反映证券公司自有资本占总资产的比重。该比率把资本金需要量与证券公司的全部资产等相联系，衡量证券业的财务风险。一般而言，该指标越高，反映公司抵御风险的能力越高。

衡量发展水平的指标包括资本收益率、业务多元化程度和市场集中度，具体解释如下。

资本收益率：净利润与股东权益的比值，又称股东权益报酬率。该指标反映公司以自有资本获得收益的能力。该指标越高，表明证券公司自有资本的利用效率越高，证券业的发展水平也就越高。

业务多元化程度：证券业代理买卖证券业务收入与营业收入的比值。该指标越低，说明证券业发展越脱离传统证券经纪业务，通过业务创新实现多样化经营和差异化竞争的趋势，行业发展指数也就越高。由于数据可得性，该指标从 2007 年开始统计。

市场集中度（CR5）：市场前五大证券公司资产总额占市场总资产的比值。CR5 越低，表明证券市场集中程度越低，竞争程度越高。低集中程度、高竞争程度，表示证券业发展的进步。由于数据可得性，该指标从 2007 年开始统计。

表 2-6   证券业安全评估指标定义及来源

指标体系	指标名称	指标定义	判断标准	数据来源
证券业稳定水平	Z 值	$[(ROA+CAR)/\sigma(ROA)]$	越高越好	CSMAR
	资本充足率	所有者权益（总资本）/总资产	越高越好	CSMAR
证券业发展水平	资本收益率	净利润/股东权益	越高越好	CSMAR
	业务多元化程度	代理买卖证券收入/营业收入	越低越好	中国证券业协会
	市场集中度	前五大证券公司资产总额/市场总资产	越低越好	中国证券业协会

二、证券业安全评估

我们通过表 2-7 报告以上指标在 2000—2018 年的变化。

表 2-7   中国证券业各项稳定与发展指标（2000—2018 年）

年份	Z 值	资本充足率	资本收益率	业务多元化程度	市场集中度
2000	2.62	0.41	0.01		
2001	3.29	0.52	0.02		
2002	2.93	0.49	−0.04		
2003	3.29	0.51	0.02		
2004	3.18	0.51	−0.05		
2005	2.71	0.46	−0.10		
2006	1.68	0.36	0.07		
2007	2.29	0.30	0.32	0.75	0.28

续表

年份	Z值	资本充足率	资本收益率	业务多元化程度	市场集中度
2008	1.30	0.23	0.16	0.71	0.28
2009	1.15	0.16	0.15	0.69	0.32
2010	1.50	0.21	0.12	0.55	0.25
2011	3.41	0.40	0.06	0.51	0.27
2012	2.57	0.41	0.02	0.39	0.28
2013	2.87	0.41	0.07	0.48	0.31
2014	1.80	0.27	0.04	0.40	0.31
2015	1.81	0.24	0.24	0.47	0.30
2016	1.80	0.27	0.08	0.32	0.40
2017	1.83	0.28	0.06	0.26	0.38
2018	1.87	0.29	0.03	0.23	0.39

接下来我们计算行业的稳定指数与发展指数，以及合成的行业安全指数。在合成行业安全指数时，我们首先对指标进行同向化处理（即将业务多元化程度和市场集中度指标的判断标准转换为越高越好），然后运用功效系数法对所有指标进行转化，在分别计算出行业稳定指数和行业发展指数后，按 70∶30 的权重计算证券行业安全程度的总指数，分值越高代表我国证券行业安全程度越高、风险水平越低，具体结果如表 2-8 所示。

表 2-8　　　　　　中国证券业各项稳定与发展指标评分（2000—2018 年）

年份	证券业稳定水平指标		均值	证券业发展水平指标			均值	总指数
	Z值	资本充足率		资本收益率	业务多元化程度	市场集中度		
2000	86.04	87.55	86.79	69.98			69.98	81.75
2001	97.85	100.00	98.93	70.62			70.62	90.43
2002	91.53	97.21	94.37	65.03			65.03	85.57
2003	97.91	99.51	98.71	71.23			71.23	90.47
2004	96.00	98.51	97.25	64.80			64.80	87.52
2005	87.56	93.95	90.75	60.00			60.00	81.53
2006	69.46	82.38	75.92	75.70			75.50	75.79
2007	80.14	75.18	77.66	100.00	60.00	92.39	84.13	79.60
2008	62.76	67.81	65.28	84.73	63.49	91.35	79.85	69.66
2009	60.00	60.00	60.00	83.39	64.65	79.87	75.97	64.79
2010	66.24	65.21	65.73	80.36	75.51	100.00	85.29	71.59
2011	100.00	87.02	93.51	75.03	78.86	94.05	82.65	90.25
2012	85.16	88.26	86.71	70.92	87.97	91.52	83.47	85.74
2013	90.49	87.49	88.99	75.60	81.19	84.66	80.48	86.44
2014	71.55	72.01	71.78	73.10	86.89	83.04	81.01	74.55

续表

年份	证券业稳定水平指标		均值	证券业发展水平指标			均值	总指数
	Z值	资本充足率		资本收益率	业务多元化程度	市场集中度		
2015	71.68	69.04	70.36	91.92	81.88	86.36	86.72	75.27
2016	71.46	72.38	71.92	76.62	93.26	60.00	76.63	73.33
2017	72.14	73.27	72.71	75.01	97.71	65.79	79.50	74.75
2018	72.71	74.65	73.68	71.79	100.00	64.02	78.60	75.16

从我国证券业安全的总指数看，自2000年开始，我国证券业的安全状况表现出周期性的变化，在2000—2003年、2009—2011年这两个区间呈现上升趋势，而在2003—2009年、2011—2016年这两个区间呈现下降的趋势，而2017年进入新的上升阶段。从具体数据来看，证券业安全总指数在2009年达到历史最低水平（64.79），在此之后逐年上升，2011年达到最高点91.25，2012年起开始恶化，直到2017年有缓和趋势。2018年总指数评分分值上升至75.16，处于周期性上升阶段，但总体仍处于较低水平，决策者应对证券市场风险保持警惕。

以上是从纵向的角度评价我国证券业安全水平的变化，下面我们结合具体指标逐一观察。

（一）中国证券业稳定水平分析

我们首先用Z值观察证券市场的稳定程度。Z值是公司研究中经常使用的一种衡量公司稳定的指标，其具体构建为

$$Z = \frac{ROA + CAR}{\sigma(ROA)}$$

其中，ROA代表各公司的年平均资产收益率，CAR代表年平均资本充足率，$\sigma(ROA)$代表整个样本期ROA数据的标准差。Z值的计算公式为资产收益率（ROA）和资本充足率（CAR）之和与资产收益率（ROA）标准差的比值，表示证券公司自有资本不能偿付利润损失的概率的倒数。由于总体样本较少，计算资产收益率的标准差时，我们采用Beck和Laeven（2010）方法，计算整个样本期的ROA的标准差。图2-11为我国证券业平均Z值在2001—2018年的变化情况。

从图2-11可以看出，Z值总体呈现大幅波动的特征，2001—2009年，Z值表现出较为明显的下降趋势，表明证券业稳定程度持续恶化，至2009年达到最低值，2010年起，Z值出现明显上涨，证券业的稳定程度有所改善，这种稳定程度的改善在2011年达到一个阶段的最高值，此后一直到2014年，Z值除了在2013年小幅上升外，总体呈现下降趋势，证券业稳定程度继续恶化。2015—2018年，Z值呈现十分缓慢上升趋势，但仍然处于历史较低水平。我们根据Z值的构成，发现2015—2018年的缓慢上升是受到CAR小幅上升影响，反映出自2015年以来证券业的杠杆风险缓慢改善。

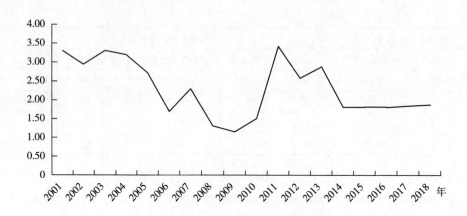

图 2 - 11　证券业 Z 值（2001—2018 年）

　　进一步地，我们考察证券业的资本充足率水平。由图 2 - 12 可以看出，自 2001 年以来，证券业的资本充足率总体上表现出下降的趋势。2001—2009 年，资本充足率持续下降至最低点（0.16），证券业杠杆风险持续增加，2010—2012 年从 0.16 快速上升到 0.41，反映出证券公司对于负债的依赖程度下降，使用自有资本提供信贷的能力上升。但是，2013 年后证券资本充足程度再次呈现剧烈下降趋势，并且在 2015 年下降至阶段性低点（0.24）。虽然 2018 年相对于 2015 年有连续回升，但从整体上看仍然显示出证券业的负债水平处在一个相对的高位。

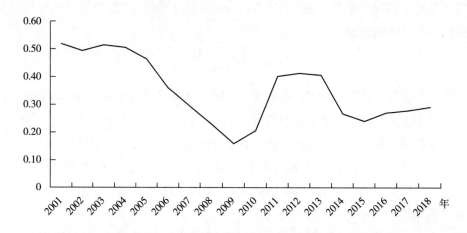

图 2 - 12　证券业资本充足率（2001—2018 年）

　　（二）中国证券业发展水平分析

　　下面我们讨论中国证券业发展程度的变化。为了避免使用单一指标可能带来的偏误，我们使用三个分指标衡量证券业各方面的发展水平。

　　我们第一个使用的分指标是证券公司资本收益率，指标越高，反映证券业的经营状况和盈利水平越好。

由图 2-13 可以看出，证券业的平均资本收益率呈现出宽幅震荡的趋势，反映出证券业经营状况和盈利水平的不稳定性。资本收益率自 2005 年跌入谷底以后呈上升趋势，在 2007 年达到历史相对高点后迅速回落，在 2012 年达到阶段性低点后又开始呈现上升态势，在 2015 年达到峰值后资本收益率迅速回落，至 2018 年证券业的平均资本收益率为 2.73%，较 2017 年下降了 50% 左右。

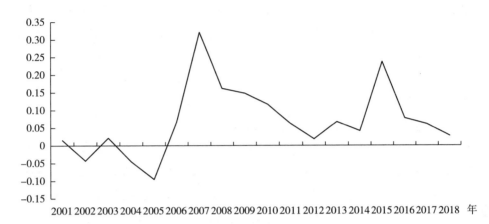

图 2-13 证券业资本收益率（2001—2018 年）

第二个我们考察的是代理买卖证券收入占比，以此衡量证券业的业务多元化水平。近年来，随着金融衍生品市场的不断发展以及互联网金融的兴起，证券公司加快了业务多元化的脚步。如图 2-14 所示，2007—2018 年，证券公司代理买卖证券业务收入对营业收入的占比除了 2012—2015 年在 45% 附近震荡外，总体呈现明显下降趋势，至 2018 年占比下降到 23.41%，表明我国证券行业业务多元化程度稳步提高。从图中进一步可以看到，近两年证券业的多元化进程较往年有略微放缓的趋势。2012 年 5 月召开的证券公司创新发展研讨会指出，当前我国证券行业的金融创新迎来了历史最好时期。经过三年时间的调整，我国证券业的多元化程度自 2015 年以来显著提高。

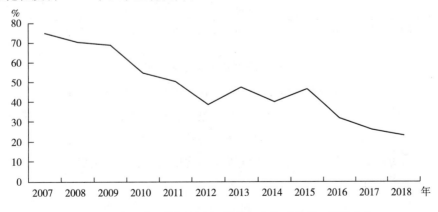

图 2-14 证券业代理买卖证券收入占比（2007—2018 年）

我国证券业多元化发展的动因来自多方面。首先，我国多层次资本市场体系的不断完善给证券业带来巨大的机会，投行业务、衍生品业务、境外业务等新业务的业绩逐步增加。其次，长期以来，我国证券行业面临内外部双重竞争。国内方面，由于证券业的主要功能是为证券投资提供交易通道与交易平台，因此各证券公司业务和产品的同质性非常强，这导致同业竞争对行业的持续发展造成不利影响。近年来，随着网上证券交易的日益普及，以及互联网证券的深入发展，交易佣金呈现出明显的下降趋势，这迫使证券公司必须开拓更广阔和更细分的业务领域。国外方面，随着中国加入世贸组织，中国证券业还面临激烈的外部竞争，一些国际著名证券公司如高盛、瑞银等在中国设立合资公司，行业竞争格局进一步变化。激烈的竞争环境也迫使国内券商多元化发展，寻求新的机会和盈利模式。最后，证券行业多元化业务结构和多元化收入有利于提升证券公司业绩的稳定性。

第三个分指标是证券业的市场集中度，我们考察了自 2007 年以来按资产总额排序的前5 家证券公司资产总额占全行业总资产比例的时序变化。如图 2 – 15 所示，2007—2018 年行业集中度总体呈现上升的趋势，从 28% 上升到 39%，说明我国证券业市场集中度较高。自2015 年以来，在从严监管、加快开放的趋势下，具备资本实力、创新能力的大券商占据更大优势，证券业集中度进入新一轮的快速提升。2018 年，我国证券业总资产排名前五的证券公司的资产总额占整个行业的 38.68%，较 2017 年上涨近一个百分点，证券业市场延续集中化趋势。

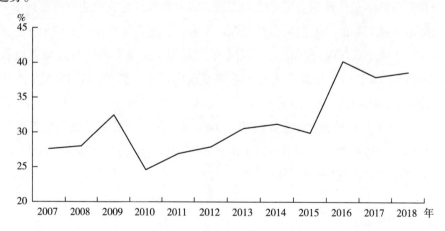

图 2 – 15　证券业市场集中度（2007—2018 年）

我国证券业经过综合整顿治理和实施分类监管，逐步步入良性发展的轨道，各家证券公司的资本实力稳步提高。但总体上国内证券公司数量、营业部众多，资产规模偏小，竞争较为激烈。2006 年起，证监会实行以净资本为核心的风险监管体系，各种新业务的开展也对净资本规模提出更高的要求，这有利于各种资源向规模较大、资产优良的优质券商集中，从而导致行业集中度提高。

三、中国证券业潜在风险分析

2018 年，证券业 131 家券商实现营业收入 2 662.87 亿元，同比下降 14%。净利润 666.20 亿元，同比下降 41%，106 家公司实现盈利，实现盈利的公司数量处于历史较低水平。2018 年证券行业稳定指数和发展指数较 2017 年均有所上升，因此证券行业安全指数也相较 2017 年上升。分析证券业稳定指数和发展指数的具体指标后，我们认为当前和未来的行业风险主要源于以下几方面。

（一）资本收益率下降风险

2018 年证券业的平均资本收益率为 2.73%，较 2017 年下降了 50% 左右。资本收益率在 2018 年的急剧下降意味着巨大风险来临的可能性剧增。资本收益率的下降原因在于高储蓄率和相对宽松的货币政策带来资本供给过剩，而同时投资机会相对缺乏加剧了资本收益率下降的压力。投资机会的相对缺乏来源于我国经济的结构性过剩，虽然我国已经淘汰了部分落后产能，但是根本性的矛盾没有得到解决。我国现在的现实情况不同于 2008 年之前的情况，在 2008 年前我国可以通过加大财政投入，比如加大基础设施的建设来消除经济危机。而通过 40 年来的大规模的包括基础设施建设在内的建设，我们目前能投入的有盈利的建设项目已经不多了。例如，从我国经济的长期发展和普惠发展的角度，我国的高铁建设是非常必要的，但是短期来看，盈利的高铁项目只有京沪高铁。因此政府通过大规格地建设高铁来提高资本收益率的想法不可行。目前，由于我国经济下行压力加大，政府可能进一步采用更宽松的财政政策和货币政策，资本的供给过剩将继续加剧。而另一方面，投资机会的匮乏的问题仍然在相当长的时期存在。因此，我们预计投资收益率下降的趋势在相当长的时期内不会改变，而低的资本收益率甚至负的资本收益率将使得证券业的生存压力加大，证券行业应重视收益率下滑的风险。

（二）行业业绩下滑，人员流失风险

2017 年以来 A 股市场表现不佳，波动加剧，市场增长放缓导致交易和融资总量萎缩。2018 年经纪业务佣金率较 2017 年略有下降，首次公开募股（IPO）费率同样下降，业务量和费率双重下跌导致证券行业整体收入空间收窄。面对缩小的盈利空间，券商的短期策略是削减占成本比例最高的人力成本，近两年证券从业人员开始出现下滑，经纪人数量减少，2018 年月均获批分支机构数比 2017 年下降 40%，有 18 家券商撤销了位于东北和西部地区的多家分支机构，此外，2018 年以来多家券商降低了薪资水平。随着行业中悲观情绪蔓延，证券从业人员流失而风险值得关注。

（三）收入结构转型风险

2018 年证券业的各项业务分化严重，自营业务和资管业务有所上升，传统的经纪业务和投行业务有较大幅度的下降。2018 年，证券行业分业务收入居于前三的依次为自营、经纪和资管业务，占总营收的比重分别为 30.05%、23.41% 和 9.71%，经纪业务占比连续两年跌至第二位。

传统的经纪业务市场竞争环境激烈，佣金率的下降对经纪业务造成一定负面影响。并且2018年权益市场回暖，整体的自营投资环境向好，因此大部分券商在权益资产配置规模上同比提升，因而导致经纪业务占比下降。从而通道型业务（经纪、投行业务）收入贡献持续下降。依靠资产负债表的重资本业务收入贡献提升。随着自营业务投资方向倾向多元化，资管业务进入优胜劣汰的发展阶段，传统的经纪业务面临的竞争日趋激烈，可能会导致以传统业务为主的券商面临收入结构转型的风险。

（四）业务创新带来新的风险

自2012年证券公司创新大会开始，创新成为证券行业的主旋律，各项新业务层出不穷，成为驱动行业发展的原动力。但业务创新对于证券公司而言是一把"双刃剑"，业务创新虽然是行业发展的大势所趋，能够显著提高经营业绩，但业务模式不成熟带来的风险也不容小觑。业绩方面，布局新业务能够为证券公司创造新的利润增长点，但同时创新业务收入波动性较大，也可能对公司造成损失；风险方面，新业务与原有业务相互关联、交叉、渗透，风险分散效应有利于降低公司的整体风险，但同时创新业务会增加风险来源，导致公司整体风险的增加，同时创新型业务的开展使得行业面临的风险结构由原来的以市场风险为主转化为市场风险、信用风险、操作风险、流动性风险等并重，所以业务多元化也带来了风险的多元化。

以股票质押业务为例，2012年我国推出股票质押业务试点，股票质押业务的推出拓展了市场的融资渠道，是证券市场支持实体经济发展的重要途径。但2018年以来股票市场出现大幅波动，股票质押业务风险相继暴露，民营上市公司股东没有充足的资金进行补充质押，证券公司资产减值损失计提规模大幅提高，导致证券公司总体风险水平上升。因此，创新伴随着风险，证券公司在开展新业务的过程中应注意风险防范。

（五）严监管下证券行业整合风险

2018年，监管部门依然延续了强监管态势，无论是针对证券公司自身还是针对相关业务都有较多新的监管政策，这是证券业的"新常态"，对证券公司的合规风险管理提出了更高的要求。

证券公司监管方面主要聚焦证券业开放、证券公司股东规范、证券公司设立海外机构监管以及强化证券公司从业人员廉洁。业务监管方面，证监会主要侧重了资管业务、投行业务的监管。在新的监管形势下，有两种趋势值得关注：一种是各证券公司对于监管要求适应的能力存在差异，从而会导致经营发展出现变化，一般而言，大券商会比小券商受到的冲击更小；另一种是监管政策也会提高业务门槛，部分业务与监管评级、证券公司综合实力向关联，从而起到了扶优限劣的效果。总之，严监管政策会加强行业"马太效应"，从而促进行业整合和优胜劣汰。

此外，严厉的金融监管可能对资本市场活跃度和融资量造成影响，进而证券公司要警惕流动性等风险。

第三节　保险业安全评估

一、评估体系与指数构建

（一）引言

针对保险业的金融安全评估，我们根据保险机构的业务特点，从稳定和发展两个角度综合考虑，结合数据的可获得性和可比性，构建了适用的评估指数。本部分以保险公司为考察对象。但由于数据的可获得性问题，我们将以国内 A 股上市的保险公司作为替代。数据主要来源于 CSMAR、保监会、各上市公司的历年财务年报和 IPO 招股说明书中披露的数据，并对数据的一致性和有效性问题做了必要的处理。对于早期的数据，则根据历年《中国金融年鉴》公布的保险公司经营数据做了补充与调整。

（二）指标体系

我们使用不同指标来反映中国保险业的稳定水平和发展水平，指标定义及来源详见表 2-9。具体来说，衡量稳定水平包括以下几个指标。

Z 值：为考察保险业的破产风险，我们采用与评估银行业破产风险相同的方法，即计算保险业的 Z 值。Z 值的经济学解释为公司距离破产的距离，Z 值越高，表示保险公司越稳定，反映其面临的违约或破产风险越低。

资本充足率：所有者权益对总资产的比率，又称资本与资产总额比率，反映保险公司自有资本占总资产的比重。该比率把资本金需要量与保险公司的全部资产等相联系，衡量保险业的财务风险。一般而言，该指标越高，反映公司抵御风险的能力越高。

流动性：现金及现金等价物与总资产的比值，反映保险公司的流动性。流动性越高，公司抵御风险的能力越高。

在发展指数上，其构成包括以下几个指标。

保险密度：保费收入与人口的比值，也称人均保费，反映了一国居民参加保险的程度，是对保险业整体发展水平的衡量。保险密度越大，行业发展指数越高。

保险深度：保费收入占国内生产总值的比值，反映了保险业在国民经济中的地位和发展状况。保险深度越大，行业发展指数越高。

规模增速：保险业资产总额增长率，反映保险业发展速度。规模增速越快，行业发展指数越高。

投资资金占比：保险业投资组合占资金运用总额的比率，反映了保险业资金运用对投资的依赖，指标越高说明对存款依赖越低，行业发展指数越高。

资产收益率：净利润与总资产的比值，反映行业的盈利能力。资产收益率越高，行业发展指数越高。

表 2 - 9　　　　　　　　　保险业安全评估指标定义及数据来源

指标体系	指标名称	指标定义	判断标准	数据来源
保险业稳定水平	Z 值	$[(ROA + CAR)/\sigma(ROA)]$	越高越好	CSMAR
	资本充足率	所有者权益（总资本）/总资产	越高越好	CSMAR
	流动性	现金及现价等物/总资产	越高越好	CSMAR
保险业发展水平	保险密度	保费总收入/总人口	越高越好	保监会、RESSET
	保险深度	保费总收入/国内生产总值	越高越好	保监会、RESSET
	规模增速	资产总额增长率	越高越好	保监会
	投资资金占比	投资/资金运用总额	越高越好	保监会
	资产收益率	税后利润/总资产	越高越好	CSMAR

二、保险业安全评估

我们通过表 2 - 10 报告以上指标在 2000—2018 年的变化。

表 2 - 10　　　　　　　中国保险业各项稳定与发展指标（2000—2018 年）

年份	Z 值	资本充足率（%）	资产流动性（%）	保险密度（元/人）	保险深度（%）	规模增速（%）	资产收益率（%）	投资资金占（%）
2000	16.94	13.16	40.24	125.91	1.59	22.82	1.11	51.34
2001	15.96	12.15	42.24	165.27	1.90	26.52	1.30	47.01
2002	14.90	11.18	45.67	237.69	2.51	29.30	1.37	45.28
2003	14.33	11.50	48.81	300.28	2.82	28.82	0.57	45.70
2004	9.25	7.90	39.37	332.19	2.67	23.04	- 0.11	53.48
2005	9.79	7.72	31.39	376.83	2.63	22.15	0.53	62.92
2006	12.98	10.04	10.88	429.18	2.57	22.83	0.90	66.33
2007	20.26	14.90	9.67	532.49	2.60	31.97	2.18	75.61
2008	13.05	10.59	7.01	736.74	3.06	13.21	0.41	73.53
2009	16.12	11.85	7.61	834.57	3.20	17.76	1.73	71.89
2010	14.43	10.49	6.36	1 083.44	3.53	19.51	1.66	69.79
2011	13.29	9.93	5.10	1 064.26	2.94	16.06	1.26	68.03
2012	13.64	10.56	6.29	1 143.83	2.88	18.23	0.93	65.79
2013	13.77	10.36	3.93	1 265.67	2.90	11.27	1.24	70.55
2014	15.97	11.92	3.39	1 479.35	3.16	18.41	1.54	72.88
2015	17.46	12.79	3.77	1 766.49	3.54	17.80	1.92	78.22
2016	14.47	11.05	3.94	2 239.02	4.18	18.24	1.14	81.45
2017	14.67	11.03	3.50	2 631.58	4.46	9.74	1.33	87.08
2018	15.80	11.98	3.18	2 724.46	4.22	8.63	1.33	85.15

接下来我们计算行业的稳定指数与发展指数，在合成行业安全指数时，我们首先运用功效系数法对所有指标进行转化，在分别计算出行业稳定指数和行业发展指数后，按70:30的权重计算保险行业安全程度的总体评价，分值越高代表安全程度越高，具体结果如表2-11所示。

表2-11　　　　　　　　中国保险业各项稳定与发展指标评分（2000—2018年）

年份	保险业稳定水平指标			均值	保险业发展水平指标					均值	总体评价
	Z值	资本充足率	资产流动性		保险密度	保险深度	规模增速	资产收益率	投资资金占比		
2000	87.93	90.31	92.49	89.12	60.00	60.00	84.31	81.38	65.80	70.30	83.47
2001	84.39	84.70	94.24	84.54	60.61	64.34	90.65	84.61	61.65	72.37	80.89
2002	80.53	79.29	97.25	85.69	61.72	72.80	95.42	85.94	60.00	75.18	82.53
2003	78.46	81.08	100.00	86.51	62.68	77.20	94.59	71.91	60.40	73.36	82.57
2004	60.00	60.99	91.73	70.91	63.18	75.03	84.69	60.00	67.85	70.15	70.68
2005	61.98	60.00	84.73	68.90	63.86	74.50	83.17	71.15	76.88	73.91	70.41
2006	73.55	72.93	66.75	71.08	64.67	73.67	84.34	77.56	80.14	76.08	72.58
2007	100.00	100.00	65.68	88.56	66.26	74.15	100.00	100.00	89.03	85.89	87.76
2008	73.82	76.00	63.35	71.06	69.40	80.57	67.85	69.00	87.03	74.77	72.17
2009	84.95	83.00	63.88	77.28	70.91	82.39	75.65	92.25	85.46	81.33	78.49
2010	78.80	75.46	62.78	72.35	74.74	86.99	78.64	90.96	83.46	82.96	75.53
2011	74.67	72.35	61.67	69.56	74.44	78.81	72.73	83.95	81.77	78.34	72.20
2012	75.94	75.84	62.72	71.50	75.67	77.93	76.45	78.15	79.63	77.57	73.32
2013	76.43	74.71	60.65	70.59	77.54	78.33	64.52	83.66	84.18	77.65	72.71
2014	84.41	83.39	60.18	75.99	80.83	81.83	76.76	88.81	86.41	82.93	78.08
2015	89.82	88.28	60.52	79.54	85.25	87.20	75.72	95.45	91.52	87.03	81.79
2016	78.95	78.57	60.66	72.73	92.53	96.18	76.47	81.79	94.61	88.31	77.40
2017	79.69	78.46	60.28	72.81	98.57	100.00	61.91	85.14	100.00	89.12	77.70
2018	83.77	83.73	60.00	75.83	100.00	96.73	60.00	85.17	98.15	88.01	79.49

从表2-11可知，2018年保险业的稳定水平较2017年有所上升，发展水平小幅下降，保险业机构安全总体评价情况较2017年相比有所上升。从我国保险业安全程度的总体表现看，自2000年开始，我国保险业的安全状况表现出反复波动、渐进恶化的趋势，直到2006年情况才有所改善，在2007年急剧升高并达到高峰（87.76）。由于金融危机的影响，2008年保险业的安全水平急剧下降，虽然2009年情况有所缓和，但在此之后又呈整体向下的走势，2013年达到相对低点（72.71），之后情况又逐步改善，2018年评分分值上升至79.49，近几年保险行业安全程度有微弱的上升趋势，处于中等水平。以上评价是我国保险业风险水平相对自身变化的纵向比较，下面我们结合具体指标逐一观察。

（一）中国保险业稳定水平分析

我们首先用 Z 值观察保险业的稳定程度。Z 值是公司金融文献中经常使用的一种衡量公司稳定的指标，其具体构建为

$$Z = \frac{ROA + CAR}{\sigma(ROA)}$$

其中，*ROA* 代表各公司的年平均资产收益，*CAR* 代表年平均资本充足率，$\sigma(ROA)$ 代表整个样本期 *ROA* 数据的标准差。Z 值的计算公式为资产收益率（ROA）和资本充足率（CAR）之和与资产收益率（ROA）标准差的比值，表示保险公司自有资本不能偿付利润损失的概率的倒数。由于总体样本较少，计算资产收益率的标准差时，我们采用 Beck 和 Laeven（2010）方法，计算整个样本期的 ROA 的标准差。图 2 – 16 为我国保险业平均 Z 值在 2001—2018 年的变化情况。

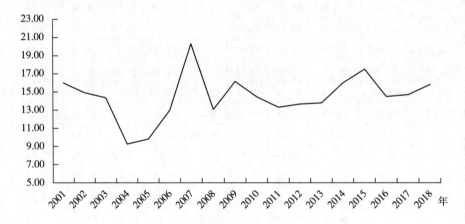

图 2 – 16 保险业 Z 值（2001—2018 年）

由图 2 – 16 可以看出，保险业 Z 值总体呈现出震荡的走势。2001—2004 年，Z 值表现出快速下降趋势，于 2004 年达到历史最低，随后三年急剧上升，于 2007 年达到最高值。2008 年受到国际金融危机的影响，Z 值迅速回落。2009 年，Z 回升至相对高点，而 2010 年起又不断下行，至 2013 年达到阶段性低点，随后几年一直在该水平波动，2018 年出现小幅上升趋势。我们根据 Z 值的构成发现最近三年的资本充足率呈小幅上升趋势，反映出近三年保险业抵御风险能力增强。

其次，我们对 2002—2018 年保险业的资本充足率进行具体分析。由图 2 – 17 可以发现，保险业平均资本充足率总体上表现出震荡的趋势。具体来看，从 2001—2005 年，保险业资本充足率呈现明显下降趋势，随后两年急剧上升，在 2007 年上升到历年最高水平，受金融危机的影响，2008 年保险业的资本充足率水平急剧下降，2009 年短暂回升后，自 2010 年起，行业资本充足率呈现波动趋势，直至 2014 年资本充足率才较前一年有所回升。经历了 2015 年至 2017 年三连降后，2018 年再一次出现了较为强劲的上升态势，保险业资本充足率

较 2017 年上升了 8.61%，表明保险行业抗风险能力有所增强。

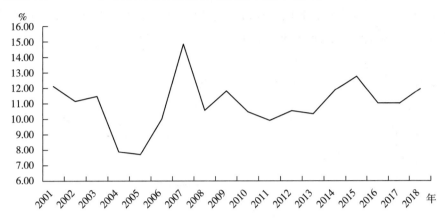

图 2-17 保险业资本充足率（2001—2018 年）

最后，我们具体分析衡量保险业稳定水平的最后一个分指标——保险业的资产流动性。由图 2-18 可以看出，我国保险业的流动性总体上呈现非常明显的下降趋势。具体来看，在 2003 年保险业的流动性有小幅上升后，从 2004 年起，我国保险业的流动性显示出持续大幅下降的态势，2008 年起，下降幅度有所降低，我国保险业的流动性一直在 5% 附近波动。2018 年达到样本期内最低水平，为 3.18%。

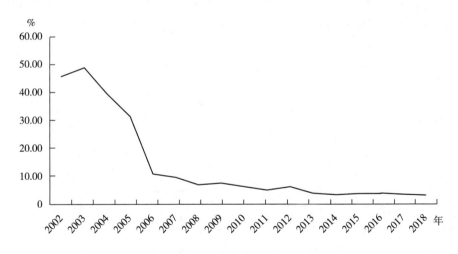

图 2-18 保险业资产流动性（2002—2018 年）

（二）中国保险业发展水平分析

下面我们讨论中国保险业发展程度的变化。为了避免使用单一指标可能带来的偏误，我们同样使用几个分指标衡量保险业各方面的发展水平。我们第一个使用的分指标是保险密度，指标越高，反映我国居民参加保险的程度越大。

从图 2-19 可以看出，从整体走势来看，保险密度呈现持续增长态势，并且每年增长的幅度也呈现上涨的趋势，但是 2018 年的增长幅度明显放缓。至 2018 年，我国的人均保费达到 2 724.46 元/人，纵向来看，我国保险市场运行稳中有进。横向来看，我国的保险密度高于亚洲平均水平，但低于全球水平 50% 左右。

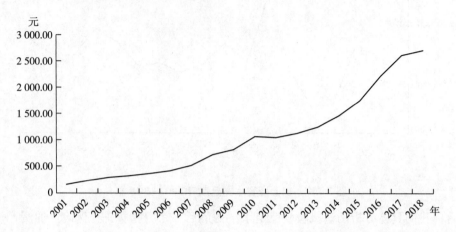

图 2 - 19　保险密度（2001—2018 年）

其次，我们具体分析 2001—2018 年我国保险深度的发展变化情况。从图 2 - 20 可以看出，我国的保险深度呈现周期性上升的趋势。2018 年我国的保险深度为 4.22%，较 2017 年下降 5.38%，出现负增长。从整体走势来看，保险深度波动较大，于 2003—2007 年和 2010—2012 年两个阶段出现负增长，2013 年起进入新一轮的增长期，2018 年进入一轮负增长阶段。

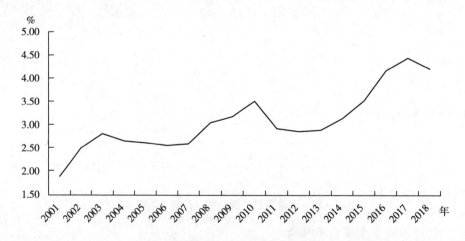

图 2 - 20　保险深度（2001—2018 年）

再次，我们考察保险业的资产规模增速，以此来分析我国保险业规模的发展状况。由图 2 - 21可以看出，我国保险业的资产规模增速总体呈现出下降趋势且波动较大。2007 年的保险业资产规模较 2006 年增长近 31.97%，2008 年受金融危机影响增速放缓至 13.21%，除了 2013 年增速突然下降至 11.27% 外，2009—2016 年，每年保持在 17% 左右的增速。由于保险业近几年监管趋严，保险业面临结构性转型，2017 年保险业资产规模增速下降至个位数，2018 年增速继续下降至 8.63%，保险业资产规模增速放缓。行业增速放慢未必是坏事，也有可能是一种从超常规发展向正常发展的回归。

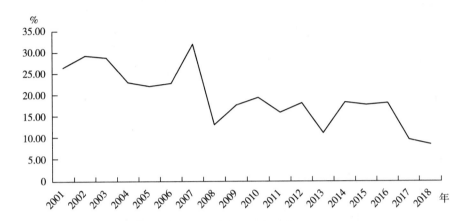

图 2 - 21　保险业资产规模增速（2001—2018 年）

构成保险业发展水平的第四个分指标为保险业的年均资产收益率。由图 2 - 22 可以看出，保险业年均资产收益率总体呈现出宽幅震荡的趋势。2001—2004 年资产收益率呈急剧下降趋势，2004 年保险业平均总资产收益率为负值。2005—2012 年，资产收益率变化呈 M 形，分别在 2007 年和 2009 年达到顶点，2008 年出现阶段性的低点，2013 年起出现连续两年的上涨之后在 2015 年达到阶段性顶点，2016 年资产收益率下降至 1.14%，2017 年行业资产收益率小幅上升，2018 年保险业资产收益率水平基本与 2017 年持平。

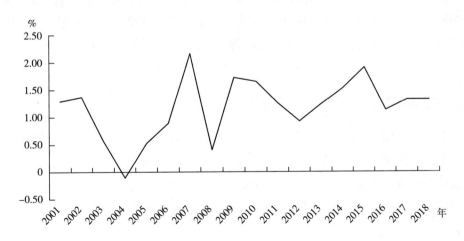

图 2 - 22　保险业年均资产收益率（2001—2018 年）

最后，我们具体分析 2001—2018 年保险业的投资资金占比的变化情况。由图 2 - 23 可以看出，保险业投资资金占比总体呈现上升的趋势。从 2004 年起保险业投资资金占比就高于50%，说明投资规模要大于银行存款。2007年的投资占比甚至达到了75.61%，之后则一直稳定在70%左右，在2012年回落至65.79%，此后又逐年上涨。2017年投资占比达到历史新高87.08%。2018年投资占比为85.15%，较2017年有小幅回落。

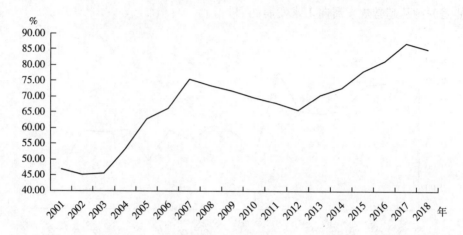

图2-23 保险业投资资金占比（2001—2018年）

基于中国金融市场和保险公司资产规模的快速发展，为了更好地在资产保值与资产增值之间寻求更好的平衡，监管部门也在不断优化保险公司在资金运用方面的规定，即在风险可控的前提下，鼓励不断拓宽保险资金运用的渠道和范围，充分发挥保险资金长期性和稳定性的优势，为国民经济建设提供资金支持。2014年以前，保监会陆续出台一系列规定，允许保险资金投资于股票、基金、国家级重点基础设施项目、商业银行股权、不动产、股指期货等金融衍生产品等金融资产。2014年，保监会又出台一系列规定，允许保险资金投资于创业板上市公司股票、集合资金信托计划、企业优先股、创业投资基金、集合资金信托计划、企业优先股、创业投资基金。由此可见，投资在资金运用方面扮演着越来越重要的角色，投资规模的不断扩大使保险公司的盈利能力和利用市场化产品进行风险管理的能力有显著提升。同时，如果资金运用不当，也可能会带来更高的市场风险。

三、中国保险业潜在风险隐患分析

回顾2018年保险业发展的若干重要事件，可以分为几类：一是监管机构层面，中国银保监会成立；二是保险监管政策层面，包括保险业对外开放提速、保险公司治理监管持续规范；三是保险政策创新层面，包括税延养老保险、环境污染强制责任保险、关税保证保险的落地；四是保险司法解释层面，《保险法》司法解释第4号发布等，总体来说，2018年是保险业发展重要的一年。

从数据来看，2018年原保险保费收入3.8万亿元，同比增长3.92%。5家上市保险公司中国平安、中国人寿、中国太保、新华保险和中国人保2018年合计实现营收2.63万亿元，同比增长5.5%，实现归母净利润1 581.90亿元，同比微增0.1%。2018年保险行业稳定指数和发展指数均有所上升，因此保险行业安全指数也有所上升。从上文对各指标的分析中，我们认为当前和未来保险业的风险主要源于以下几个方面。

（一）流动性风险

由图2-18可以看出，我国保险业的资产流动性一直呈现下降的趋势，保险行业流动性风险隐患显现。2018年我国保险业原保险保费收入38 016.62亿元，同比增长3.92%，2017年，保险业原保险保费收入36 581.01亿元，同比增长18.16%，2018年原保险保费收入的同比增速放缓了14.24个百分点。同时，2018年保险业赔款和给付支出12 297.87亿元，同比增长9.99%，其中，产险业务赔款5 897.32亿元，同比增长15.92%；寿险业务给付4 388.52亿元，同比下降4.07%；健康险业务赔款和给付1 744.34亿元，同比增长34.72%；意外险业务赔款267.70亿元，同比增长19.68%。退保金方面，据非上市保险公司披露的财报，多家险企的退保金出现快速增长。例如，2018年北大方正人寿退保金支出达4.09亿元，同比增加247%；2018年华夏保险退保金为73.1亿元，同比增长218.4%，2018年民生人寿退保金为37.52亿元，与2017年的17.89亿元相比增长了109%。保费收入增速大幅下降，同时退保金大幅增长，满期给付总量仍处于高位，我国保险业现金流出压力持续上升。

2018年普华永道发布的《2018保险公司全面风险管理与资产负债管理调查报告》也指出，流动性风险超过操作风险成为2018年受访机构第二大薄弱的子风险领域。保险业应对行业流动性风险引起高度重视。

（二）保险业资金运用风险

2018年以来，在"去杠杆、防风险"的监管政策及市场波动加剧的背景下，保险资金运用的形势和风险发生了新变化。资本收益率常年徘徊在低水平，保险业资金运用面临着优质资源匮乏的风险。

随着我国保险行业资金配置方式越来越多样化，保险行业与金融市场的关系也越来越紧密。保险行业应高度关注资金运用风险发生的新变化和新特点。首先，受经济去杠杆、中美贸易摩擦、人民币贬值等因素的影响，2018年中国股票市场的重要指数连续下跌，保险行业投资股票亏损明显，但由于行业中大部分公司配置股票占比较低，行业整体面临的股市波动风险相对可控。其次，债券市场收益率的降低导致再投资风险。当前债券市场收益率下行，寿险公司面临大量到期资金再投资风险和新增资金配置难问题。最后，信用环境严峻加大保险资产配置难度。在经济去杠杆和金融监管不断深化的背景下，保险资金投资债券和非标产品面临的信用环境严峻，部分投资产品和投资项目面临收益无法实现甚至本金安全难以保证的风险。在长时间积累的地方债务风险叠加的影响下，保险资产的配置难度不断增加，规避风险与提高收益率的矛盾更加突出。保险业应高度重视保险资金运用风险的新特点和新变化，警惕保险业资金运用的风险。

第三章 金融市场安全评估

第一节 评估体系和指数构建

金融市场的构成十分复杂，它是由许多不同的市场组成的一个庞大体系。有的观点认为，金融市场是借助金融工具实现金融交易的各种机制、过程和场所的关系总和（王国刚，2013）。金融市场的发展一方面能够迅速有效地引导资金合理流动，提高资金配置效率；另一方面又具有定价功能，且金融市场价格的波动和变化促进了金融工具的创新，在实现风险分散和风险转移的同时也可能加大市场的波动性，使得金融市场的安全性有所下降。根据不同的角度，金融市场可以划分为不同的种类。从经营场所可以分为有形市场和无形市场；从交易性质可以分为发行市场和流通市场；从交割期限可以分为现货市场和期货市场；从融资交易期限可以分为资本市场和货币市场；从融资方式可以分为直接融资市场和间接融资市场；从交易标的物和交易对象可以分为货币市场、股票市场、债券市场、衍生品市场、外汇市场、票据市场、贴现市场、保险市场、黄金市场等。其中，最常见的划分方式是按照交易标的物和交易对象进行划分。

基于以上对金融市场的认识，同时考虑到在我国金融市场中的影响力以及数据的可获得性，本报告主要从股票市场、债券市场、金融衍生品市场等方面开展我国金融市场的安全性评估工作。

一、股票市场

自 1990 年上海证券交易所成立以来，我国的股票市场历经近 30 年的高速发展，基本建立了以沪深 A 股市场为主体的多层次交易市场。根据 Wind 统计，截至 2017 年底，我国沪深 A 股市场中上市公司超过 3 400 家，市值规模超过 60 万亿元，已经成为全球最大的股票交易市场之一。

与西方发达国家不同，我国股票市场中的散户比例较高，而机构比例较低。相较于债券市场和衍生品市场，普通居民对股票市场更为熟悉、参与度更高，股票市场价格波动对居民财富和社会稳定的影响也更大，使得其安全性受到全社会的广泛关注。因此，在上述背景下，研究我国股票市场的安全性显得非常有意义。

目前，理论界和实务界从不同的角度选取、创建了大量指标来衡量我国股票市场的安全性。本报告从最基本的估值角度出发，选取使用频率最高、估值效果最好的股市市盈率和股市市值与 GDP 之比，共同衡量我国股票市场的安全性。

（一）股市市盈率

股票市场的整体市盈率大致可以判断某一时期市场价格的合理性。具体而言，股市市盈率越高，说明股价与公司收益之间的差距越大，价格高估的风险越大，降低了股市的安全性，反之则相反。本报告将当年各季度的上证综指、深证成指、中小板指和创业板指市盈率按市场规模进行加权平均，进而计算各季度的均值作为当年股市市盈率的测度指标。

（二）股市市值/GDP

股票市场的总市值衡量一国虚拟经济的规模，而 GDP 则代表着一国实体经济的规模。因此，股市市值与 GDP 之比可以度量一国经济证券化的程度。该指标越高，说明股票市场的泡沫化越严重，安全性越低。本报告用当年各季度股票市场总市值与 GDP 之比的均值作为对应的衡量指标。

（三）融资融券余额/A 股总市值

股票市场融资融券交易是一项具有重要意义的创新交易机制。通过融资融券余额与 A 股总市值之比的计算，衡量股票市场的市场活跃程度，以及潜在的杠杆交易风险、强制平仓风险以及总体市场风险程度。该指标越高，说明融资融券余额占 A 股总市值的比重越大，安全性越低。本报告用当年各季度的融资融券余额与 A 股总市值之比作为对应的衡量指标。

二、债券市场

由于我国债券市场的准入门槛较高使得债券市场中机构投资者占主体，而个人投资者很少。这一特点对我国的债券市场造成了正反两方面的影响：一方面，相较于个人投资者，机构投资者掌握更多的价格信息和专业知识，其交易行为更加理性，减少了市场交易噪声，使得债券市场的特征如期限结构、收益率曲线包含了丰富的市场信息；另一方面，由于缺少个人投资者，我国债券市场的交易很不活跃，这不仅可能造成交易价格的失真，也会限制我国债券市场发展。

作为我国资本市场的重要组成部分，债券市场的发展受到政府部门的高度重视和大力支持。从总体上看，虽然目前我国债券市场的发行规模和存量规模都已十分庞大，但由于其准入门槛高、监管严格、运作规范，因此债券市场的整体风险较小，安全性较高。值得注意的是，随着未来我国经济步入"新常态"，经济增速逐渐放缓和结构性调整加快，会使得一些传统产业、过剩产业面临转型压力，这会影响相关行业债券的安全性。因此，债券特别是风险债券的安全性，是未来相当长一段时间内，理论界和实务界需要高度关注的问题。

不同类型的债券在信用风险上存在明显差异。国债、金融债有政府、金融机构作担保，风险很低；企业债需要发展改革委逐一审批并严格监管，风险较小；而公司债由企业自主确定其发债规模和兑付方式，因此风险相对较高。本报告将重点关注风险较高的公司债，通过公司债发行利率的变化情况来衡量我国债券市场潜在的风险，并以此制定相应的安全性指标。具体而言，本报告利用低信用级别公司债与高信用级别公司债的发行利差、债券存量规模与 GDP 之比，综合衡量我国债券市场的安全性。值得注意的是，由于我国公司债的历史不长（首只公司债出现在 2007 年），因此对应指标的时间趋势尚不明显，只能反映出相邻年份的变化情况。

（一）低信用级别公司债与高信用级别公司债的发行利差

不同信用级别的公司债在发行利率上有明显的差异。一般而言，低信用级别公司债的发行利率要高于高信用级别公司债的发行利率，并且两者的差异越大，说明市场认为低信用级别公司债的违约风险越大，债券市场的安全性越低。因此，低信用级别公司债与高信用级别公司债之间的发行利差，是从同品种债券的角度衡量了我国债券市场的安全性。考虑到目前我国公司债的信用评级普遍较高（最低的信用评级是 A 级），且低信用评级的公司债数量十分有限，因此本报告将 AA 级以下（不含 AA 级）的公司债均视为低信用评级的公司债，而将 AAA 级的公司债视为高信用评级的公司债，用当年度低信用评级公司债的规模加权发行利率与高信用评级公司债的规模加权发行利率之差作为对应的指标[①]。

（二）债券存量规模/GDP

虽然目前我国债券的质量普遍较高，并未发生大规模违约事件，但随着债券存量规模的扩大，会增加未来的偿债负担和压力，进而降低债券市场的安全性。因此，本报告用当年各季度各类未偿债券的存量规模与 GDP 之比的均值衡量债券市场的偿债负担，其值越大，债券市场的安全性就越低。

（三）债券市场波动率

债券市场的波动性，通常指债券价格或者债券收益率的波动现象。它能够反映债券的真实价值和收益的稳定情况。债券的波动具有均值回归性、传导性、记忆性、尖峰厚尾性和非对称性等特征。本报告用当年各季度债券现期收益率情况衡量债券市场的波动情况，其值越大，说明债券市场安全性越低。

三、金融衍生品市场

金融衍生品是指以杠杆或信用交易为特征，在传统金融产品（如股票、债券、货币、金融市场指数等）基础上派生出来的具有新价值的金融工具，如期货合约、期权合约、互换及远期协议合约等；而金融衍生品市场则是由一组规则、一批组织和一系列产权所有者构

---

① 为了排除期限因素的影响，这里的公司债发行利率首先减去了发行日同期限国债收益率，使得不同期限的公司债具有可比性。

成的一套市场机制。金融衍生品市场具有风险转移、价格发现、增强市场流动等功能，能提高市场效率、分散风险以及稳定市场。

我国金融衍生品市场主要包括互换市场、远期市场、期货市场和期权市场等，而期货和期权市场的发展尤为市场所关注。2010 年 4 月 16 日，首批 4 个沪深 300 股指期货挂牌交易，这意味着我国金融期货在沉寂了近 15 年后再次登上金融市场舞台；2015 年 4 月 16 日，上证 50 以及中证 500 股指期货开始上市交易；2013 年 9 月 6 日，国债期货正式在中国金融期货交易所上市交易；2015 年 2 月 9 日，中国证监会批准上海证券交易所开展股票期权交易试点，试点产品为上证 50ETF 期权，至此，中国期权市场开始启动。

由于期权市场发展较晚，无法有效进行安全性评估，因此对于衍生品市场，本报告重点关注期货市场的安全性。基于相关文献和数据可得性，本报告将针对 5 年期国债期货和沪深 300 股指期货开展安全性评估工作，使用三类指标衡量衍生品市场的安全性，分别是波动率、风险价值 VaR 值以及预期损失 ES 值。

（一）波动率

波动率是对投资标的资产回报率变化幅度的衡量，从统计角度看，是资产回报率的标准差，其值越大，表明相应标的资产回报率变化幅度越大，整体风险水平也就越高，也即表明金融安全性越低。国债期货和股指期货的波动率都以年为单位使用日度数据进行测算。首先，基于两类产品的上市和交割特性，本报告使用当月主力合约数据进行计算进而实现交易日期的无缝连接[①]。一般而言，持仓量和成交量最大的合约是市场上最活跃的合约，因而构成主力合约。其次，国债期货和股指期货均按照保证金交易，其杠杆特性导致收益与风险也成倍放大，为体现期货合约的杠杆特性，本报告使用的日度收益率均利用杠杆进行加权。由于实际杠杆率数据无法获得，本报告使用的加权杠杆均为名义杠杆，即以中国金融期货交易所（以下简称中金所）公布的最低保证金获得；此外中金所公布的最低保证金随交易日期和市场行情而变，因而名义杠杆率也随之作出调整。

（二）风险价值 VaR 值

现今的金融创新加大了市场波动性，使得市场风险成为金融风险管理的重点，为了对市场风险采取合理手段进行研究和管理，风险价值 VaR 理论应运而生并得到广泛推广与应用。由于金融标的资产收益率一般具有尖峰后尾特征，并不服从正态分布，因此对分布的尾部研究尤为重要；传统的 VaR 计算方法需要事先获得收益率分布，与实际数据拟合时通常对分布的中部拟合较好而对尾部拟合不好，因此可能造成无法准确预测在历史数据中未曾发生过的极端风险情形。在对 VaR 进行计算的多种统计方法中，极值理论可以不考虑分布假设问

[①] 例如 5 年期国债期货合约主要包括四类产品，即 3 月、6 月、9 月、12 月合约，因此当月主力合约也产生在四类产品中；以 2014 年为例，1 月至 3 月 14 日使用 3 月合约数据、3 月 15 日至 6 月 13 日使用 6 月合约数据，依此类推，进而完成全年度国债期货合约数据的构造。沪深 300 股指期货合约产品包括当月、下月以及随后两个季度月，因此对于股指期货合约，均以当月合约作为主力合约。

题，因而能够很好地处理风险量化分析中的厚尾问题。本报告使用极值理论中的超阈值 POT 模型对两类期货产品进行 VaR 计算，其中使用日对数收益率的负值，即对多头头寸进行 VaR 度量，并使用 99% 置信水平下的 VaR 值；同样地，日度收益率数据利用了杠杆进行加权。风险价值越大，表明出现极端风险的概率越高，即金融安全性越低。

（三）预期损失 VaR 值

尽管 VaR 是理论界与实务界用于风险度量的一个有效工具，但其也有不足之处。一方面其未考虑一旦非正常情况出现时极端损失的严重程度而低估实际损失；另一方面其不满足次可加性，违背了以分散化投资来降低投资组合风险的初衷。为衡量衍生品市场的安全性，本报告还计算了预期损失 ES 值，由于 ES 在 VaR 的基础上进一步考虑了出现极端风险情况时的平均损失程度且满足次可加性，因此可以更完整地衡量相应标的金融资产出现极端损失的风险。对于 ES 值的计算同样利用超阈值 POT 的方法进行建模，日度收益率数据利用杠杆进行加权，且只对多头头寸进行 ES 度量，并使用 99% 置信水平下的 ES 值。预期损失值越大，表明出现极端风险的概率越高，即金融安全性越低。

四、指标体系汇总

将上述指标总结如表 3-1 所示，即为本报告提出的金融市场安全评估体系。

表 3-1　　　　　　　　　　　金融市场安全评估指标体系

一级指标	二级指标	三级指标
金融市场安全	股票市场	股市市盈率
		股市市值/GDP
		融资融券余额/A 股总市值
	债券市场	低信用级别公司债与高信用级别公司债的发行利差
		债券存量规模/GDP
		债券市场波动率
	金融衍生品市场	波动率
		风险价值 VaR 值
		预期损失 ES 值

五、指数构建及说明

（一）数据来源和指标说明

首先，金融市场安全性评估面临的主要困难是数据问题，其中，股票市场的数据可得性较强，债券市场和衍生品市场的数据可得性较差，在综合分析指标的代表性、经济含义以及数据可得性的基础上，本报告确定了如表 3-2 所示的指标体系。

其次，在时间长度的选择上，股票市场和债券市场的某些指标数据计算起始时间以

2000 年为起点，最终指标可得数据的时间大多在 2000 年之后。最终指数的编制将基于年度数据，不足一年的数据按年度数据处理。

表 3 – 2 指标及数据说明

指标	数据来源	指标说明
股市市盈率	Wind 数据库，年度	当年各季度的上证综指、深证成指、中小板指和创业板指市盈率按市场规模进行加权平均，进而得到均值指标
股市市值/GDP	Wind 数据库，年度	当年各季度股票市场总市值与 GDP 之比的均值
融资融券余额/A 股总市值	Wind 数据库，年度	当年各季度的融资融券余额与 A 股总市值之比
低信用级别公司债与高信用级别公司债的发行利差	Wind 数据库，年度	当年度低信用评级公司债的规模加权发行利率与高信用评级公司债的规模加权发行利率之差
债券存量规模/GDP	Wind 数据库，年度	当年各季度各类未偿债券的存量规模与 GDP 之比的均值
债券市场波动率	国泰安，Wind 数据库，年度	当年各月债券现期收益率
波动率	中金所，Wind 数据库，年度	以日度收益率测算的年度标准差
风险价值 VaR 值	中金所，Wind 数据库，年度	依据极值理论 POT 模型计算的多头头寸 VaR 值
预期损失 ES 值	中金所，Wind 数据库，年度	依据极值理论 POT 模型计算的多头头寸 ES 值

（二）指数构建方法

以上数据均先进行同向化处理后，再用功效系数法进行标准化。在所有标准化后的指标中，指标值越高代表安全性越好，指标值越低代表安全性越差。在此基础上，将股市市盈率、股票市值/GDP 和两融余额/A 股总市值三项指标按照 0.33、0.33、0.33 的权重加权构成股票市场指数，将债券/GDP、信用债利差和债券市场波动率三项指标按照 0.33、0.33、0.33 的权重加权构成债券市场指数。同时，分别将国债期货和股指期货功效系数法下的波动率、风险价值 VaR 和预期损失 ES 取均值，得到加权汇总功效系数法下的波动率、风险价值 VaR 和预期损失 ES，再将加权汇总功效系数法下的三项指标按照 0.2、0.4、0.4 的权重加权构成衍生品市场指数。最后，我们将股票市场指数、债券市场指数和衍生品市场指数加权平均得到金融市场安全综合指标，在 2013 年之前，权重为 0.5、0.5；2013 年之后，为 0.4、0.4、0.2。

第二节 评估结果与分析

表 3 – 3 和表 3 – 4 分别是股票市场、债券市场安全指标和衍生品市场安全指标。2018 年相较于 2017 年，衡量股票市场、债券市场、金融衍生品市场的安全指标中分别有两个上升；整体上看，股票市场和金融衍生品市场安全指标呈现上升趋势，债券市场呈下降趋势，债券市场的安全性值得关注。下文我们将具体分析股票市场安全指标、债券市场安全指标和衍生品市场安全指标以及金融市场安全指标的变化。

表 3 - 3　　　　　股票市场和债券市场安全指标汇总（2001—2018 年）

年份	股市市盈率	股票市值/GDP	两融余额/A股总市值	债券/GDP	信用债极差	债券市场波动率	股票市场指数	债券市场指数
2001	66.04	73.96		100.00			70.00	100.00
2002	65.70	79.03		98.00			72.36	98.00
2003	69.91	79.52		95.74			74.72	95.74
2004	84.87	88.50		93.06			86.68	93.06
2005	80.81	100.00		89.58			90.41	89.58
2006	63.79	73.15		86.35			68.47	86.35
2007	60.00	60.00		85.83			60.00	85.83
2008	100.00	74.58		83.61	100.00	74.73	87.29	86.11
2009	67.82	64.87		82.27	92.92	100.00	66.34	91.73
2010	78.54	65.87	100.00	82.16		94.43	81.47	58.86
2011	98.15	71.68	97.99	85.48		95.00	89.27	60.16
2012	98.18	72.21	94.61	84.11	70.00	70.87	88.33	74.99
2013	92.61	73.35	78.93	81.99	74.35	76.84	81.63	77.72
2014	86.27	67.24	60.00	79.08	97.08	74.73	71.17	83.63
2015	67.08	65.02	65.52	71.20	60.00	66.85	65.87	66.02
2016	70.51	67.77	70.78	60.00	65.33	68.01	69.69	64.45
2017	78.80	60.00	72.04	76.21	100.00	60.00	70.28	78.74
2018	94.32	59.12	73.98	77.18	68.96	63.32	75.81	69.82

表 3 - 4　　　　　　　　衍生品市场安全指标

年份	国债期货功效系数法			股指期货功效系数法			加权汇总功效系数法		
	波动率	风险价值 VaR	预期损失 ES	波动率	风险价值 VaR	预期损失 ES	波动率	风险价值 VaR	预期损失 ES
2010				88.69	89.88	91.51			
2011				94.90	97.32	97.71			
2012				93.27	99.77	100.00			
2013	90.53	92.01	94.46	88.95	91.98	92.79	91.09	92.49	93.52
2014	83.74	84.01	80.44	89.20	95.84	95.02	91.34	96.40	95.80
2015	60.00	60.00	60.00	60.00	60.00	60.00	60.00	60.00	60.00
2016	100.00	100.00	100.00	100.00	100.00	98.90	100.00	100.00	100.00
2017	100.00	99.00	98.93	99.85	98.99	98.99	99.93	99.00	98.96
2018	99.97	99.00	99.00	99.35	98.99	99.01	99.66	99.00	99.00

一、股市市盈率

从总体上看，我国股票市场的价格波动较大，牛熊市分界明显，使得股市市盈率起伏不断。具体而言，2001 年前后的科技股泡沫使得股市市盈率较高，而股市安全性较低；之后随着相关泡沫的破灭，股价下降，使得股市市盈率下降，股市安全性得到提高；2006 年至 2009 年的股市大牛市和紧随其后的次贷危机，让股市市盈率大起大落，股市安全性也随之波动；2010 年后股市的持续低迷，降低了股市市盈率并提高了股市安全性；而 2014 年末开启的新一轮牛市，又再次使得股市市盈率上升，股市安全性下降；牛市持续到 2015 年上半年，随后股市一直疯狂下跌，在 2015 年下半年股市出现熊市，股市安全性在 2015 年出现一个小跌幅；2015 年股灾针对股指期货的三大限制措施尤其是"限仓令"的实施，引发期指市场流动性与市场深度严重不足，不仅使得股指期货风险管理功能无法正常发挥，也是造成股票市场长期存量博弈的原因之一，在此期间场内资金较为稳定，并未出现显著的流入流出使得 2016 年股市持续低迷，股市市盈率走低，股市安全性有所回升（如图 3-1 所示）。而 2017 年价值投资理念进一步贯彻，大市值蓝筹股发展较好，且结构性牛市特征明显，煤炭和钢铁股受益于国家供给侧改革，迎来股市新发展，传统行业依托新零售、互联网、人工智能创新开拓新市场。从而得以延续 2016 年的发展态势，总体上表现出较高的市场安全性。2018 年中国股市受到宏观经济下行以及中美贸易的影响，A 股市场整体股价出现显著下降，金融、周期、稳定、消费、成长类市盈率平均低于历史中位数水平，市场安全性有所上升。

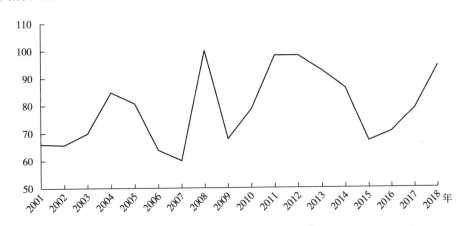

图 3-1　基于市盈率的股票市场安全性指标值（2001—2018 年）

二、股市市值/GDP

我国股市市值与 GDP 之比同样受到股市价格波动的影响。如图 3-2 所示，2007 年的大牛市，使得股市泡沫化严重，股市市值与 GDP 之比达到峰值，股市安全性很低；而紧随其后的次贷危机刺破了股市泡沫，使得股市市值与 GDP 之比快速回落，股市安全性升高；之后持续几年的股市低迷期，让股市市值与 GDP 之比在中低位徘徊，股市安全性较高；但 2014 年末开启的新一轮牛市，又再次使得股市市值与 GDP 之比上升，股市安全性下降；接着在 2015 年牛市结束，出现熊市，2016 年股票市场一直低迷，股市安全性再次上升。2017年,股市迎来全面大发展,股市市值与GDP比值有了一定程度上的提高,从而降低了股市的安全性。在2018年,市场整体表现为熊市,股市市值全年呈现下降趋势,较2017年同比增长较小,故股市市值与GDP之比只有轻微上升,股市安全性略微降低。

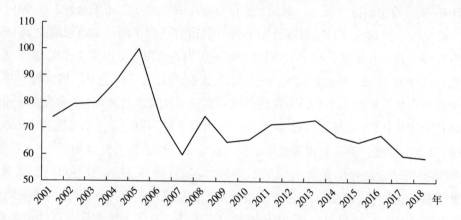

图3-2　基于股市市值与GDP之比的股票市场安全性指标值(2001—2018年)

三、融资融券余额/A股总市值

我国融资融券交易系统于2010年3月31日正式开通。2010年底至2014年底,我国融资融券余额复合增长率达到299%,而2014年,经过两融标的券扩容、转融通业务持续创新等举措后,伴随着行情的爆发,融资融券业务出现了井喷,截至2014年底,融资融券市场余额为1.03万亿元,比2013年底的3 465亿元增长了196%。因此,在2014年达到顶峰,从而股票市场安全性触底。而2014年后,融资融券余额开始下降,从而使得股票市场安全性逐步上升(如图3-3所示)。

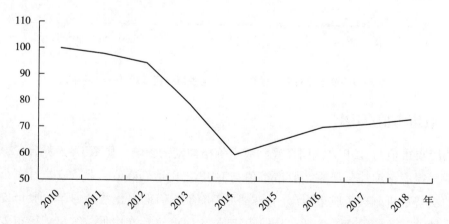

图3-3　基于融资融券余额与A股市值之比的股票市场安全性指标值(2010—2018年)

四、低信用级别公司债与高信用级别公司债的发行利差

我国公司债出现的历史不长（首只公司债诞生于 2007 年），低信用级别公司债出现的时间就更晚，导致目前该指标的时间序列有限，相应的时间趋势并不明显。由图 3 - 4 可以发现，我国低信用级别公司债与高信用级别公司债的发行利差在 2015 年达到最大值，债市安全性达到最低，其背后的原因主要是随着我国经济步入"新常态"，经济增速放缓和经济结构调整加快，使得一些传统行业、过剩行业面临较大的转型压力。这些行业相关的公司债特别是低信用级别公司债在 2015 年开始出现一些违约情况，进而增大了市场对高风险债券兑付能力的担忧，市场因此要求更高的风险溢价，提高了低信用级别公司债的发行利率，降低了债券市场的安全性；随着 2016 年国家"去产能"政策的推进、房地产市场的复苏和大宗商品（比如煤、油、金属）价格的反弹，在一定程度上减轻了市场对传统产业高风险债券违约的担忧，从而使得低信用级别与高信用级别公司债之间的发行利差缩小，债券市场的安全性得到了一定程度的改善。而 2017 年众多传统行业依托国家供给侧改革或产业转型获得了新发展，尤其是"去产能、去库存"取得显著成效。其中过剩产能企业的整体业绩得以修复，银行坏账率明显降低，具体表现为低信用级别债券发行利率相较于高级别债券明显下降，信用债极差显著缩小，债券市场安全性出现陡升。在多项"去杠杆"政策分布以及资管新规出台的影响下，由于资金链收缩过快，2018 年前三个季度在紧信用环境下，金融市场震荡较为剧烈，依赖影子银行的民企融资条件恶化，市场违约事件频发，信用债利差急剧走阔，市场安全性明显降低。

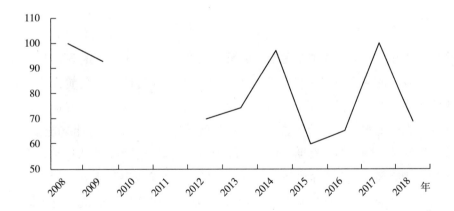

图 3 - 4　基于不同信用级别公司债发行利差的债券市场安全性指标值（2008—2018 年）

五、债券存量规模/GDP

作为我国资本市场的重要组成部分，我国债券市场的发展受到了政府部门的高度重视和大力支持，其发行规模和存量规模都在不断扩大。虽然受到次贷危机和政府投资计划的干扰，使得未偿债券存量规模与 GDP 之比在 2010 年前后出现波动，但其增长的趋势并没有发

生任何改变。随着我国金融改革的不断推进，更多企业选择了债券融资，使得债券存量规模与 GDP 之比在最近几年有了加速扩张之势，并于 2016 年达到了历史最高点。由于债券存量规模越大，意味着未来债券市场的偿债压力越大，因而降低了债券市场的安全性，这一发展趋势需要引起理论界和实务界的重视。而 2017 年我国金融监管加强，金融去杠杆和金融生态链重塑是主题，表现为债券发行总量大幅下降，市场投放量增速变缓。因此大大提高了我国债券市场的安全性。2018 年，金融去杠杆政策继续实施，同时资管新规出台，债券总发行量水平基本保持不变，未偿债券存量规模与 GDP 之比有轻微下降，整体安全性保持上升趋势，上升幅度较小。

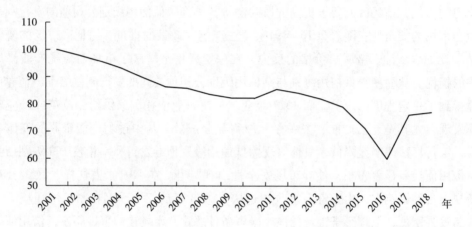

图 3 – 5　基于债券存量规模与 GDP 之比的债券市场安全性指标值（2001—2018 年）

六、债券市场波动率

如今债券市场已经成为我国金融市场的重要经济支柱，也逐步在国际市场上具有一席之地。债券市场发行的种类由以国债为主逐渐扩展到地方政府债、企业债、公司债、金融债等。债券市场在 2011 年之前，由于国内经济缓慢复苏，收益率持续保持走低趋势，其安全性也始终保持在较高水平。其后，国内债券市场经历罕见牛市，债券市场收益率波动剧烈，因此，安全性继续下降。即使后期，债券市场走出了十年难遇的大牛市行情，全年国内经济基本面仍然较为疲弱，市场安全性不断下降。2016 年，"黑天鹅"事件频发，债券市场震荡剧烈，市场安全性继续保持低位运行。2017 年，美联储加息步伐加快，国内推进金融严监管和去杠杆。在国内外错综复杂的经济环境下，我国货币政策维持稳健中性，债券市场面临资金紧平衡，货币市场利率和债券市场收益率不断上行。受多种因素影响，债券市场全年各券种收益率大幅上行，波动率高，从而使得市场安全性进一步降低。2018 年，整体债券收益率呈现下行行情，人民银行四次宣布定向降准，缓解资金链收缩过快带来的小微企业"融资难、融资贵"的问题，助力稳步推进去杠杆过程，波动率有所下降，市场安全性得以在一定程度上上升。

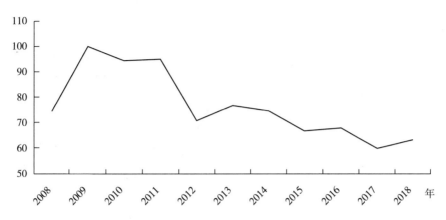

图 3 - 6 　基于债券市场波动率的债券市场安全性指标值（2008—2018 年）

七、衍生品市场波动率

图 3 - 7 和图 3 - 8 分别是国债期货衍生品市场和沪深 300 股指期货衍生品市场的波动率指标值。从图 3 - 7 可以看出，2013 年和 2014 年国债期货的总体波动率逐年上升，至 2015 年达到最大值，2015 年国债期货价格和成交量经历了大幅变动，导致波动率陡然上升，安全性下降明显；至 2016 年，国债期货市场回归平静，安全性有所回升。图 3 - 8 表明，以沪深 300 为代表的股指期货在 2014 年前其波动率变化幅度不大，大致处于平稳状态；但 2015 年股票市场爆发的大牛市以及随后产生的股市大幅波动，导致股指期货市场产生共振效应，其波动率快速放大，金融安全性显著下降；2016 年随着市场运行趋于平稳以及中金所不断提高股指期货保证金水平的同时限制仓位规模，以沪深 300 为代表的股指期货市场的波动率开始下降，金融安全性有所提升。2017 年，我国期货市场整体呈下行态势。全国期货市场累计成交量和累计成交额双降，同比分别下降 25.66% 和 3.95%。且市场波动率创下历年新低，因此金融安全保持高位水平不变。2018 年国债期货日均成交量较 2017 年减少 26.13%，总持仓量减少 25.9%，受到整体经济下行的压力，国债期货收益率呈现震荡下行走势，波动率略微上升，安全性在维持高位的情况有略微下降。2018 年股指期货波动率和国债期货波动率较 2017 年有略微上升，整体安全性略有下降，但仍保持高位。

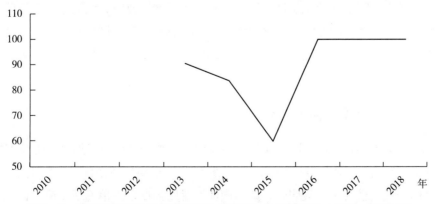

图 3 - 7 　基于波动率的国债期货衍生品市场安全性指标值（2010—2018 年）

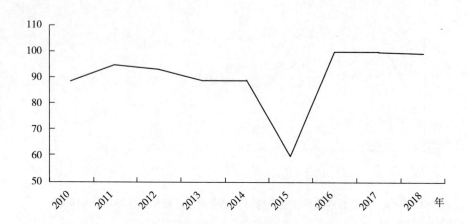

图3-8　基于波动率的沪深 300 股指期货衍生品市场安全性指标值（2010—2018 年）

八、衍生品市场风险价值 VaR 值

图 3-9 与图 3-10 分别是国债期货衍生品市场和沪深 300 股指期货衍生品市场 99% 置信水平下的 VaR 指标值。图 3-9 表明，国债期货市场 2015 年的风险价值达到最大，相应的金融安全性最低；另外，由图 3-9 可以发现，相对于 2013 年 99% 置信水平下的风险价值，2014 年 99% 置信水平下的风险价值趋于上升，这说明就 2014 年的国债期货市场而言，尾部的极端风险概率上升且一旦发生风险是比较大的，因此就必须更为关注金融安全性；而在 2016 年国债期货的风险下降，安全性提高。图 3-10 是以沪深 300 股指为代表的股指期货市场的风险价值。由数据可以发现 99% 置信水平下的风险价值变化幅度不大，说明此时金融风险安全性比较高；但 2015 年股票市场的巨大变化导致沪深 300 股指期货的风险价值显著增大，相应的其安全性显著降低，此时必须高度关注股指期货市场可能蕴含的巨大风险。2016 年随着相关监管措施陆续实施，衍生品市场金融安全性有所上升。2017 年是金融监管大年，2017 年国务院金融稳定发展委员会成立，标志着对金融统筹监管和监管协调建立了顶层设计，各方监管也开始竞争性紧缩，发布一系列严厉政策，致力于化解资管领域金融风险。因此，2017 年我国金融安全性虽然略有小幅波动，但仍保持高位。2018 年股指期货和国债期货在 99% 置信水平下的风险价值与 2017 年基本保持一致，安全性整体维持高位不变。

九、衍生品市场预期损失 ES 值

图 3-11 与图 3-12 分别是国债期货衍生品市场和沪深 300 股指期货衍生品市场 99% 置信水平下的 ES 指标值。图 3-11 表明，国债期货市场的预期损失值在 2015 年达到最大，相应的该年度的金融安全性下降最明显，此后国债期货的预期损失值有所下降，因此金融安全

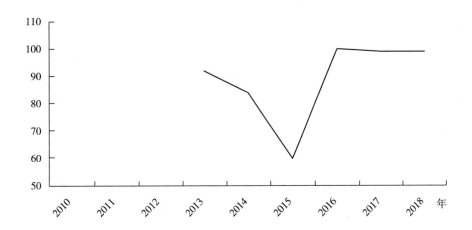

**图 3 – 9　基于 99% 置信水平 VaR 值的国债期货衍生品市场
安全性指标值（2010—2018 年）**

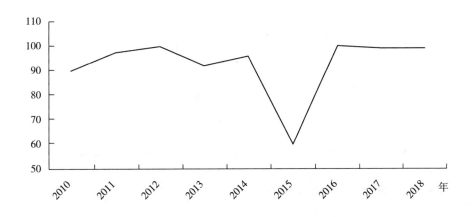

**图 3 – 10　基于 99% 置信水平 VaR 值的沪深 300 股指期货衍生品市场
安全性指标值（2010—2018 年）**

性有所上升；而图 3 – 12 表明，以沪深 300 股指为代表的股指期货市场的预期损失值在 2014 年之前变化幅度不大，说明此时金融风险安全性比较高；但 2015 年股票市场的巨大变化导致沪深 300 股指期货的预期损失值显著增大，相应的其安全性显著降低，2016 年随着市场运行趋于平稳以及中金所对市场交易的限制政策开始实施，以沪深 300 为代表的股指期货市场的预期损失值开始下降，金融安全性有所提升。而 2017 年，由于监管大大加强，虽然数据显示国债期货以及以沪深 300 为代表的股指期货市场预期损失值略有提升，但由于波动幅度极小，可以认为金融安全性仍然与 2016 年状况基本一致。2018 年，在国债期货和股指期货 99% 置信水平下风险价值基本保持不变的情况下，预期损失有略微下降，说明尾部风险下降，故安全性有所上升。

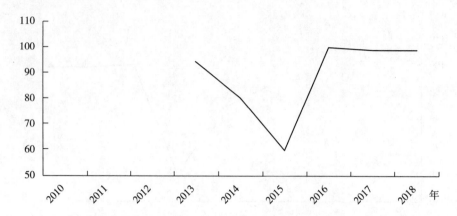

图 3 – 11　基于 99％置信水平 ES 值的国债期货衍生品市场安全性指标值（2010—2018 年）

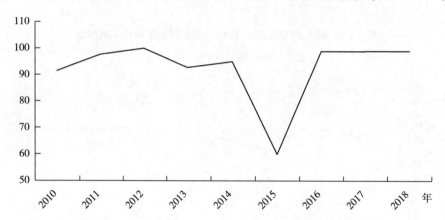

图 3 – 12　基于 99％置信水平 ES 值的沪深 300 股指期货衍生品市场安全性指标值（2010—2018 年）

十、基于规模加权的衍生品市场安全性

图 3 – 13 至图 3 – 15 是基于规模加权下的衍生品市场安全性指标值，即基于国债期货和沪深 300 股指期货的成交总金额（规模）探讨两类金融衍生品的加权波动率、加权风险价值 VaR 值和加权预期损失 ES 值。考虑到国债期货上市较晚，为便于加权比较，两类金融衍生品均从 2013 年起开始测算；另外，相较于国债期货市场的成交额，以沪深 300 为代表的股指期货市场的成交额更为庞大，除了 2016 年由于中金所对股指期货交易的限制以及交易数据较少外，其他年份股指期货交易成交额占两类金融衍生品总成交额的 95% 以上，因此，基于规模加权的衍生品市场的安全性更多体现了沪深 300 股指期货市场的安全性。其中，图 3 – 13 是基于规模加权下的衍生品市场的波动率指标值；图 3 – 14 是基于规模加权下的衍生品市场 99% 置信水平下的 VaR 指标值；图 3 – 15 是基于规模加权下的衍生品市场 99% 置信水平下的 ES 指标值。通过比较可以发现，无论是加权波动率指标值，还是加权风险价值和加权预期损失值，最大值均出现于 2015 年，表明该年度的波动率最大，其风险价值和预期损失值也最大，因而金融安全性指标值最低，此时需要特别关注极端的金融安全风险。此后的 2016 年和 2017 年，由于金融监

管力度不断加强，随着市场情绪趋于平缓以及相关交易政策的限制，无论是加权波动率、加权风险价值还是加权预期损失值均有微小幅度上升，表明金融安全性的微小幅度下降。2018年受经济下行压力的影响，衍生品市场波动率略微上升，安全性有所下降，在险价值水平基本保持不变，预期损失略微降低，整体衍生品市场安全性略微降低，但仍维持高位。

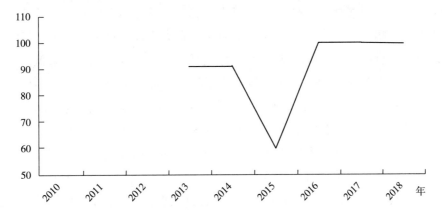

图3-13　基于规模加权下的衍生品市场的波动率安全性指标值（2010—2018年）

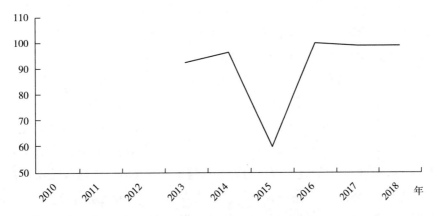

图3-14　基于规模加权下的衍生品市场99％置信水平的VaR安全性指标值（2010—2018年）

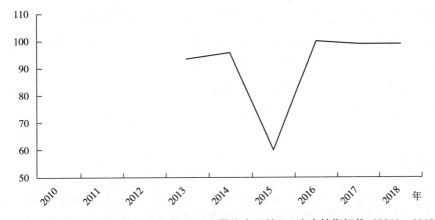

图3-15　基于规模加权下的衍生品市场99％置信水平的ES安全性指标值（2010—2018年）

十一、金融市场安全综合指数

图 3 - 16 展示了由股票市场、债券市场和金融衍生品市场等三个方面构成的金融市场安全综合指数①。

1. 从图 3 - 16 中指数的走势来看，2007 年金融市场安全综合指数达到低点，这主要与当时股票市场的巨幅波动相关；在 2007 年时点上，债券市场变化幅度不大，但股票市场的安全性显著下降，进而导致金融市场安全综合指数趋于下降，金融安全性降低。

2. 与此同时，2015 年金融市场安全综合指数相对于其他年份下降明显，且与 2007 年情形又有所不同。在 2015 年，股票市场风险、债券市场风险、衍生品市场风险都趋于增大，导致金融市场安全综合指数总体下降，金融安全性下降趋势明显；2015 年，股票市场历经暴涨暴跌行情，衍生品市场和债券市场受到股票市场巨幅波动拖累。面对来自舆论的压力，中国金融期货交易所于 8 月 26 日起实行新的交易规则，调整股指期货日内开仓限制标准、提高股指期货各合约持仓交易保证金标准、大幅提高股指期货平仓手续费标准、加强股指期货市场长期未交易账户管理等，导致股指期货的交易量流动性骤降，金融安全性明显下降，三大市场的表现导致金融市场安全综合指数大幅降低，金融安全性骤降。2007 年以及 2015 年是大牛市，此时无论选取股市市盈率指标还是股市市值与 GDP 之比指标，都可以明显看出其波动幅度过大，导致股票市场的安全性降低。

3. 而在 2016 年，随着相关监管措施陆续出台并发挥功效，股票市场风险以及衍生品市场风险继续降低，金融安全性上升。但在 2016 年 10 月，美联储加息、国内经济企稳、货币政策难松、年末资金面收紧等多重因素叠加，导致中国债券市场流动性收紧，债市大跌，波动性急剧放大，债券市场安全性下降。加之 2016 年以来，违约呈现常态化趋势，债券违约数量高达 30 余起，数量相当于过去两年的总和；随着债市扩容以及城投债偿付高峰期的到来，债券市场违约风险将进一步集中暴露。因此债券违约风险也是金融市场最凸显的风险，值得关注。不过综合来看，得益于相关监管措施的陆续到位，金融市场整体安全性在 2016 年有所上升。

4. 2017 年全年，整体市场呈下行状态，加之金融监管力度和范围进一步加强和扩大，且债券市场存量规模大幅下降，逆转了 2016 年债券市场的风险表现。在衍生品市场方面，由于中金所调整股指期货日内开仓限制标准、提高股指期货各合约持仓交易保证金标准、大幅提高股指期货平仓手续费标准、加强股指期货市场长期未交易账户管理等因素，导致股指期货的交易量流动性骤降，同时 2017 年的国债期货价格和成交量也经历了大幅变动，波动率和风险价值下降，安全性上升。总体上看，股票市场、债券市场、衍生品市场安全性均有

---

① 股票市场自身的权重分别为 0.33、0.33、0.33；债券市场自身的权重分别为 0.33、0.5；金融衍生品市场自身的权重分别为 0.2、0.4、0.4；金融市场安全综合指数对股票市场、债券市场、衍生品市场的权重分为两部分：在 2013 年之前，权重分别为 0.5、0.5；2013 年之后，权重分别为 0.4、0.4、0.2。

所上升或基本保持高位水平，变化幅度极小，从而使得金融市场整体安全性总体呈现出上升趋势。

5. 2018 年，受到宏观经济下行以及中美贸易摩擦的影响，A 股市场市盈率下降明显，股市安全性提升。债券市场方面，债券存量规模继续下降，提升了市场安全性，但由于受到资金链收缩过快的影响，信用债利差走阔，整体安全性有所下滑。衍生品市场波动率略微上升，但安全性基本维持高位不变。综合来看，2018 年金融市场安全性较 2017 年有所下降，但仍维持高位。同时，2018 年作为"一行三会"与"一委一行两会"之间的分水岭，标志着中国金融监管体制将进入新"双峰监管模式"，未来市场安全性有望进一步增强。

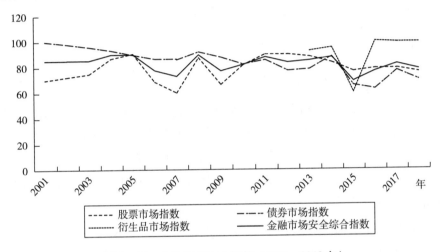

图 3-16　金融市场安全指数（2001—2018 年）

第三节　金融市场潜在风险隐患分析

一、金融市场安全性变化原因分析

近年来，随着金融风险跨行业、跨市场的传染性不断增强，相关文件意味着中央对金融监管的力度不断加码，与之相匹配的金融监管体系也在逐渐形成。从 2017 年全国金融工作会议召开，设立国务院金融稳定发展委员会以来，我国金融监管体制从"分业监管"逐渐进入"协同监管"，金融委的成立则是金融体制变革的第一步。

2018 年 3 月，国务院提请第十三届全国人民代表大会第一次会议审议的国务院机构改革方案中，提出组建中国银行保险监督管理委员会，作为国务院直属事业单位，并将银监会和保监会拟定银行业、保险业重要法律法规草案和审慎监管基本制度的职责划入中国人民银行。此次金融监管体制改革加强了人民银行的宏观审慎管理职能，从机构监管转向功能、审慎和行为监管，并加强对金融消费者的保护，体现了国际金融危机之后主流的金融监管体制——双峰监管模式。同时，这一监管模式消除了由于产品具有交叉功能但不从属同一监管机构，所形成的监管真空和灰色地带，是在实质上加强了对金融市场的监管，增强市场安全性。

2018年11月，人民银行、银保监会和证监会联合发布《关于完善系统重要性金融机构监管的指导意见》，对系统性重要金融机构提出了宏观审慎管理与微观审慎管理相结合的监管理念，引导大型金融机构稳健经营，防范系统性金融风险。该指导意见不仅从机构规模、关联度、复杂性、可替代性、资产变现等一级指标上，衡量重要性金融机构经营失败对金融体系的潜在影响，更在最低资本要求、储备资本和逆周期资本要求之外增加了附加资本要求和杠杆率要求，建立特别处置机制，切实加强信息共享与监管合作，强有力地防范系统性风险，提高市场安全性。

二、金融市场潜在风险隐患分析

（一）再融资缩紧，资金链断裂

在金融去杠杆和金融强监管的背景下，再融资渠道急剧受限使得企业短期资金链发生断裂，加之信贷额度普遍优先集中于大型央企和国企，使得民营企业面临"融资难、融资贵"的问题；同时中小民企抵御风险能力较弱，从而违约事件频发。从社会融资角度上看，非标融资规模持续萎缩、信用债净融资规模下降，总体社会融资增速持续下跌，资质偏弱的违约主体在信用收缩下受到严重冲击。

（二）去产能政策推进，行业性亏损出现

随着供给侧改革的深入推进，周期性行业和产能过剩行业受到较大影响，金属、非金属与采矿、石油、天然气和供消费用燃料行业受到去产能的影响，行业景气度明显下降，相关企业出现明显的盈利能力下降，加之前期投资回收慢于预期，现金流缺口逐渐显现，从而集中爆发信用违约。

（三）经济增速回落，发展压力增大

信用风险会受到来自经济周期波动的影响，企业违约率与经济增长率具有较为显著的负相关关系。在国内经济增速回落的宏观背景下，部分中小企业或面临更大的发展压力，信用风险将有很大可能上升。

（四）资管新规提出，传统资金池被打破

在重点防范系统性风险的整体背景下，随着金融去杠杆和金融强监管政策的稳步推进，特别是资管新规提出打破刚性兑付、规范资管产品投资非标资产等措施，未来非标、资金池等业务将难以继续，强监管之前隐藏的信用风险将逐步暴露。

第四章　房地产市场安全评估

第一节　评估体系和指数构建

房地产业是我国国民经济的重要支柱产业，对拉动经济、刺激消费有巨大作用。随着房地产业的发展，房地产市场风险已成为我国当前面临的经济和金融最重要风险之一，房地产业也因此成为我国宏观经济调控的重点。

对近年来房地产市场风险评价的相关研究内容与研究方法进行梳理，目前国内外比较普遍的风险存在性检测方法主要分为指标法和数理统计法。而更多的学者倾向于采用指标法来评估我国房地产市场的安全水平，比较有代表性的有，谢经荣（2002）提出了运用预示指标、指示指标和滞后指标这三类指标来进行房地产风险水平的测度；然而三类指标之间存在明显的前因后果关系，不符合指标体系设计的独立性原则，因此运用这套指标体系来测量房地产市场风险水平，很可能存在较大的误差。苏立熙（2013）将相关测度指标分为由市场内部供需结构影响的供给类指标、需求类指标和以外部性影响房地产市场的金融类（信贷支持类）指标。需求类指标主要从需求和价格的关系来衡量，测度真实需求情况；供给类指标主要测度房地产投资是否过热，供给是否过度；金融类指标主要根据投入房地产开发和居民购买房地产商品的资金来源，评价金融机构的资金流向是否合理。何恺和程道平（2016）根据我国房地产市场风险的主要控制点，将房地产市场风险指标体系概括为住房价格风险、住房流动性风险以及住房库存风险三个方面。鉴于部分指标属性不定，我们无法确切地将其划分为某一类，所以本报告直接采用多个单指标描述的指标体系。

一、引言

针对房地产市场的安全评估，我们根据房地产市场特点及相关已有文献研究，结合数据的可获得性和可比性，构建适用的评估指数。本部分指标的构建主要采用宏观经济指标，数据主要来源为 Wind 数据和国家统计局。

二、指标选取

在综合分析指标的代表性、经济意义及数据可得性的基础上，我们采用的具体指标体系如表 4 - 1 所示。

表 4 - 1 房地产市场安全评估指标体系

一级指标	二级指标	判断标准	数据来源
房地产市场安全指数	房价收入比	越低越好	上海易居房地产研究院年度报告
	房地产价格增长率/GDP 增长率	越低越好	国家统计局，Wind 数据
	商品房销售额增长率/社会消费品零售总额增长率	越低越好	Wind 数据
	库存消化周期	越低越好	Wind 数据
	个人住房贷款增长率/人均收入增长率	越低越好	中国人民银行货币政策执行报告，Wind 数据
	房地产投资额/GDP	越低越好	Wind 数据
	商品房销售额/商品房开发投资额	越高越好	Wind 数据
	房地产贷款总额/金融机构贷款总额	越低越好	中国人民银行货币政策执行报告，Wind 数据
	房地产开发贷款/企业资金来源	越低越好	国家统计局，Wind 数据
	本年新开工房屋面积	越高越好	Wind 数据

房价收入比，即住房价格与城市居民家庭年收入之比，在一定程度上代表了当地居民的商品房购买能力的高低。当房价收入比持续升高，突破其临界值的时候，表明当地居民对当地的商品房购买能力已经不足，但是从市场需求来看，商品房仍然在热销，此时当地房地产市场内可能存在泡沫并有大量投机需求。因此，房价收入比也可以衡量投机需求对整体市场需求的扭曲程度。该指标值越高，房地产市场安全性越低。

房地产价格增长率/GDP 增长率。该指数是根据房地产泡沫的含义来设计的，是比较房地产行业和国民经济发展速度的动态指标。一般而言，在城市化建设时期，房地产业的发展速度会快于区域实体经济的发展速度，此时房价增长率大于 GDP 增长率。但若房价增长速度远大于实体经济发展速度，指标值可能突破其临界值，房地产行业可能被过度开发，市场内可能存在泡沫。该指标值越高，房地产市场安全性越低。

商品房销售额增长率/社会消费品零售总额增长率。商品房需求市场的繁荣程度以商品房销售额为直接体现，社会消费品零售额的增长是经济增长的重要指标之一。在我国大力推进城市化建设的过程中，居民购房需求被不断释放，在一定范围内，商品房销售额增长率可以大于社会商品零售额增长率。但是如果该指标值过高，则说明市场内非真实房屋购买需求的存在，市场内可能出现泡沫。该指标值越高，房地产市场安全性越低。

库存消化周期，即商品房待销售面积与商品房销售面积的比值，能够反映区域房地产市场在一定时期内的供求是否平衡以及市场状态是否良好。也可以反映房地产市场的热度和预期，表示住宅市场产品相对过剩程度。该指标值越高，房地产市场安全性越低。

个人住房贷款增长率/人均收入增长率。个人住房贷款是金融机构对购房者的金融支持，房贷与收入增长率之比可以刻画居民偿付房贷的能力。当该指标值过高时，个人住房贷款激增，在推升房价催生房地产泡沫的同时，个人以及家庭还款压力增加，金融机构面临的信用风险提升，容易导致泡沫的破灭。该指标值越高，房地产市场安全性越低。

房地产投资额/GDP。房地产开发投资对国民经济发展具有较大的拉动作用，房地产行业已经成为我国经济增长的支柱性产业。房地产投资额在 GDP 中的占比，反映了其在国民经济结构中是否合理。若占比过高，说明社会有过多的资源流入房地产行业，实体经济产业或因资金受到挤压而得不到发展，市场可能存在经济泡沫。

商品房销售额/商品房开发投资额。商品房销售额不仅是需求市场的反映，同时也是开发商回笼资金，决定其后续开发能力的因素之一。商品房开发投资额是房地产开发商生产房地产产品所消耗的成本。该指标能够反映房地产行业总体效益性以及开发商后续开发能力。当该指标小于 1 的时候，反映区域内房地产开发投入多而效益差，开发商资金回笼慢，开发进度放缓；若该指标大于 1，反映区域内房地产开发的效率比较高，未来可能将继续追加房地产投资。该指标值越高，房地产市场安全性越高。

房地产贷款总额/金融机构贷款总额。房地产贷款总额包括开发商开发投资的贷款和个人购买房地产商品的贷款等与房地产业直接相关的贷款。没有足够的资金，就不能产生资产泡沫。计算房地产贷款总额在金融机构贷款结构中的比例，一方面可以看出房地产业资金流转情况以及对金融贷款的依赖程度，另一方面可以看出金融业对房地产业的资金支持程度。银行对房地产行业过度的金融支持，可能存在过度放贷的问题，在催生房地产泡沫的同时，也增加了其自身的贷款回收风险，此时指标值偏高，与泡沫存在性呈正相关，房地产市场安全性偏低。

房地产开发贷款/企业资金来源。国内房地产企业多以负债经营，通过期房销售和建筑款保持资金的流动性。房地产开发贷款在企业资金来源中的占比是从宏观的角度测度房地产开发企业负债经营的规模，反映了房地产开发企业应对市场风险的能力。当该指标值过高，说明企业负债经营风险较大，企业开发速度可能过快，房地产市场内可能存在泡沫。该指标值越高，房地产市场安全性越低。

本年新开工房屋面积。新开工房屋面积指报告期内新开工建设的房屋建筑面积，以单位工程为核算对象，即整栋房屋的全部建筑面积，不能分割计算。不包括在上期开工跨入报告期继续施工的房屋建筑面积和上期停缓建而在本期恢复施工的房屋建筑面积。该指标越大，说明房地产市场越景气，房地产市场安全指数越大。

三、指数构建

对以上的指标进行同向化处理后，再用功效系数法进行标准化。所有标准化后的值进行加权平均得到房地产市场安全指数，指标值越高代表安全状态越好，指标值越低代表安全状态越差。

第二节 评估结果与分析

表 4-2 是房地产市场安全指数及其他各个指标的具体数据情况。

表4-2　　　　　　　　　房地产市场安全指数（2001—2018年）

年份	房价收入比指数	房地产价格增长率/GDP增长率指数	商品房销售额增长率/社会商品零售总额增长率指数	库存消化周期指数（待售面积/销售面积）	个人住房贷款增长率/人均收入增长率指数	房地产投资额/GDP指数	商品房销售额/房地产开发投资额指数	房地产贷款总额/金融机构贷款总额指数	房地产开发贷款/企业资金来源指数	本年新开工房屋面积安全指数	房地产市场安全指数
2001	97.33	92.39	75.83	61.52	60.00	100.00	60.00	100.00	75.89	60.00	78.30
2002	97.33	91.27	81.62	65.89	77.59	97.02	60.40	97.58	85.70	61.26	81.57
2003	100.00	90.06	70.47	76.77	75.91	92.67	62.03	93.78	77.92	64.03	80.36
2004	81.33	74.82	80.03	84.59	81.78	89.41	64.59	90.18	86.91	65.36	79.90
2005	68.00	75.17	60.00	90.60	92.31	87.82	89.01	88.55	91.48	67.13	81.01
2006	73.33	89.90	85.86	93.65	88.83	86.24	86.50	84.30	75.91	69.74	83.43
2007	62.67	81.64	78.38	100.00	89.18	83.99	94.97	80.26	82.54	73.49	82.71
2008	92.00	100.00	100.00	88.75	100.00	82.19	65.73	82.15	81.38	75.16	86.74
2009	60.00	60.00	63.34	96.21	61.39	79.44	98.21	80.26	89.77	78.38	76.70
2010	68.00	86.68	88.09	99.06	84.61	73.67	88.06	77.90	91.10	89.37	84.66
2011	76.00	87.10	89.96	92.25	93.66	69.47	76.91	77.76	94.88	95.79	85.38
2012	81.33	81.86	90.01	84.05	97.48	66.54	73.02	78.51	96.04	92.55	84.14
2013	81.33	82.44	81.62	78.86	88.09	61.38	76.80	76.30	100.00	98.11	82.49
2014	86.67	94.52	97.86	64.56	88.58	60.00	65.69	74.29	85.70	93.08	81.09
2015	84.00	81.13	85.87	60.00	83.49	63.64	73.92	72.18	75.18	87.23	76.66
2016	78.67	74.63	73.04	72.18	72.64	64.21	92.25	66.75	80.39	90.13	76.49
2017	70.67	85.00	85.88	81.95	84.94	66.34	97.73	63.20	73.84	92.86	80.24
2018	62.67	72.81	83.16	86.36	83.06	66.43	100.00	60.00	60.00	100.00	77.45

图4-1显示了2001—2018年我国房地产市场安全指数走势。

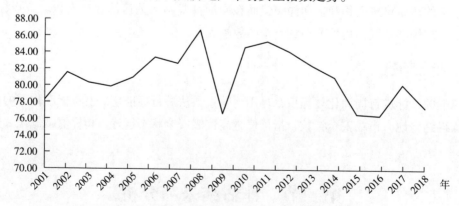

图4-1　房地产市场安全指数（2001—2018年）

　　总体来看，2001 年以来，我国房地产市场安全评估状况大致可以分为六个阶段：一是 2001—2008 年，由于我国制定了一系列支持房地产发展的政策，房地产市场快速发展，价格持续上扬，之后的一系列调控措施虽使房地产市场安全水平有所波动，但总体呈上扬趋势，指数由 2001 年的 78.30 上升至 2008 年的 86.74；二是次贷危机后，相继出台的楼市刺激措施以及房地产市场需求的大幅释放，使得房地产市场安全水平急剧下降，安全指数从 2008 年的 86.74 降至 2009 年的 76.70；三是次贷危机后的恢复期，"国十一条""国十条""9·29 新政"① 等政策的相继出台，从抑制需求、增加供给、加强监管等方面对房地产市场进行了全方位的调控，安全指数从 2009 年的 76.70 增至 2011 年的 85.38；四是房地产市场转折与深度调整期，库存压力逐渐显现，政策从严控渐趋宽松，安全指数从 2011 年的 85.38 下降至 2016 年的 76.49，其中，2015—2016 年，由于宽松的货币政策、积极的财政政策以及持续放松的信贷政策，安全指数下降速度有所降低；五是 2016—2017 年是推动长效机制阶段，我国坚定推动房地产长效机制落地，在限售新政策出台的背景下，房地产安全指数在 2017 年有了显著的提高，从 2016 年的 76.49 上升到了 2017 年的 80.24；六是 2017—2018 年，由于房价飞速上涨，房地产安全指数下降为 77.45。

　　为进一步分析我国房地产市场安全水平的当前状况以及后续发展，我们将详述 2008 年以来的房地产市场安全状态的演变过程，分析房地产市场安全指数各阶段变化的原因，以及当前我国房地产市场存在的安全隐患。

一、2008—2009 年房地产市场安全指数急剧下滑的原因

　　从图 4-2 可以看出，与 2008 年相比，2009 年房地产市场安全性大幅下滑。其原因可以归纳为以下三点：第一，房价风险大幅上涨，相应的房价收入比指数和房价增长率/GDP 增长率指数分别从 2008 年的 92、100 下降至 2009 年的 60、60；第二，投资性购房需求激增，需求过旺，相应的商品房销售额增长率/社会商品零售总额增长率指数从 100 降至 63.34；第三，个人房贷激增，催生房地产泡沫，加剧房地产信贷风险，相应的个人住房贷款增长率/人均收入增长率指数从 100 大幅下降至 61.39。

　　上述风险的产生原因如下：2008 年，受次贷危机影响，国内宏观经济景气下降，加之从紧的货币政策影响，居民购房意愿显著降低，观望情绪浓厚。2009 年，经过房地产市场持续一年的观望期，市场累积了一批具有购房需求和购买能力的自住型和改善型消费者，而之前房价的回调为他们提供了进入市场的契机，导致出现销售过旺、市场成交活跃、房价水平不断攀升的局面。房地产市场表现出有利可图的现象继而吸引具有投资投机性购房需求的

---

　　① 《国务院关于坚决遏制部分城市房价过快上涨的通知》（国发〔2010〕10 号，以下简称"10 号文件"）印发后，房地产市场出现了积极的变化。为了巩固房地产市场调控成果，促进房地产市场健康发展，进一步深入贯彻落实 10 号文件，国家有关部委出台相关措施，称为"9·29 新政"，其内容包括：（一）加大各项政策措施的落实力度，严格实行问责制；（二）完善房地产税收政策，加强税收征管；（三）切实增加住房有效供给，全力加快保障性安居工程建设；（四）进一步加强市场监管，严肃查处违法违规行为；（五）加快信息系统建设，加强舆论正面引导。

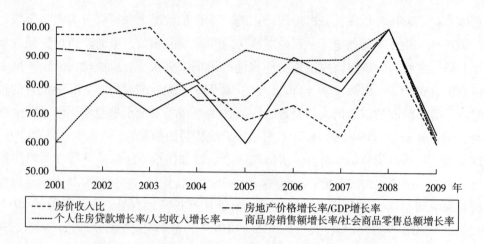

图 4 – 2   房地产市场相关安全指数变动（2001—2009 年）

消费者，进一步推升房价。此外，政府为恢复经济采取的适度宽松的货币政策使得流向房地产业的信贷资金增长较快，信贷风险由此加剧。

二、2011—2016 年房地产市场转折与深度调整期安全状态评估

从图 4 – 3 可以看出，2011—2014 年，我国房地产市场具体存在以下几方面风险：第一，库存压力逐年上升，相应指数从 92.25 下降至 64.56；第二，房地产投资风险，具体表现为房地产投资额在 GDP 中的占比过高，相应指数从 69.42 下降至 60；房地产投入多、绩效差，相应指数从 77.70 降至 65.95；第三，金融机构对房地产业的资金支持程度不断增大，越来越多的资金涌入房地产市场，催生资产泡沫，加剧信贷风险。风险产生的主要原因可能是房地产市场的高利润、住房的刚性需求以及渐趋宽松的信贷政策吸引房地产商不断地追加投资，而近些年随着住房需求的释放，需求市场渐趋饱和，由此造成房地产市场严重地供过于求，市场风险加剧。

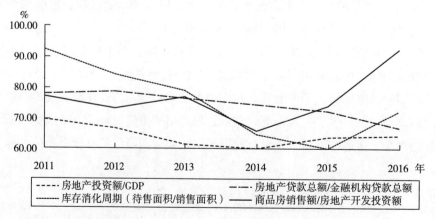

图 4 – 3   房地产市场相关安全指数变动（2011—2016 年）

　　表 4 – 2 表明，2016 年房地产投资增速仍呈下滑态势。从短期来看，原因有二：一是整体库存高企的情况仍然存在，2016 年全国商品房销售面积和销售金额均创新高，同比分别增长 22.5% 和 34.8%，但反观库存水平，到 2016 年末，全国商品房待售面积约 6.95 亿平方米，较 2015 年末仅减少 2 314 万平方米，整体减少 3.2%，只是消化了一、二线和部分三、四线城市的库存，绝大多数三、四线库存水平依然很高，不甚景气的销售前景必然对增加投资产生负面影响；二是近年来我国全力去库存，各地土地供应大幅削减，自 2013 年以来，土地购置面积和新开工面积连年下滑，直接拖累开发投资额增速下降。而从 2016 年第四季度起，国家在供需两端分别加力紧缩调控，通过限贷、限购、严查资金等方式加强对市场的监管，严控资金大规模涌入房地产市场，使得开发企业投资收缩。长期来看，经过连续多年的高速增长，房地产开发投资额基数已然十分庞大，继续持续高速扩张显然不符合经济发展的客观规律。投资增速降低，反而意味着我国房地产从高速发展阶段进入接近波峰的平稳发展阶段（见图 4 – 4）。

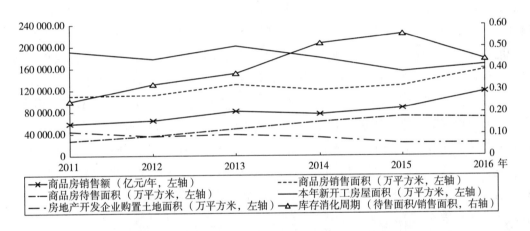

图 4 – 4　房地产市场相关数据变动（2011—2016 年）

三、2016—2017 年房地产市场推动长效机制阶段安全状态评估

　　与 2016 年相比，2017 年房地产市场安全水平明显上升，具体表现为：第一，房价收入比安全指数从 2016 年的 78.67 上升到 2017 年的 84.00。主要由于 2017 年我国限售政策推出，有效抑制了房价的快速上涨，导致房价的上涨速度小于收入的上涨速度，房价收入比下降，进而房价收入比安全指数上升。该指数的上升说明房地产投机性需求得到进一步抑制。第二，房地产价格增长率/GDP 增长率安全指数从 2016 年的 74.63 上升到 2017 年的 85.58，这是因为 2017 年房地产价格增长率环比有所下降，从 2016 年的平均增长 10.06% 下降到 5.38%，表明房地产行业泡沫受到抑制，房地产行业安全性有所提高。第三，商品房销售额增长率/社会商品零售总额增长率安全指数从 2016 年的 73.04 上升到 2017 年的 85.88。主要是由于商品房销售额增长率在 2017 年出现明显下降，从 2016 年的 34.80% 下降到 2017 年的

13.70%。这主要由于重点城市在严厉政策管控下，市场趋于稳定，销售面积同比增幅不断回落，成交规模明显缩减，一线城市降温最为显著。第四，库存消化周期安全指数从 2016 年的 72.18 上升到 2017 年的 81.95。主要表现为商品房待销售面积从 2016 年的 69 539 万平方米下降到 2017 年的 58 923 万平方米，同时商品房销售面积从 2016 年的157 348.53万平方米上升到 2017 年的 169 407.82 万平方米，进而库存消化周期从 2016 年的 0.44 下降到 2017 年的 0.35。这与我国在 2017 年推出的限售政策密切相关，房地产供给减少，进而商品房待销售面积减少。第五，个人住房贷款增长率/人均收入增长率安全指数从 2016 年的 72.64 上升到 2017 年的 84.99。具体表现为，个人住房贷款增长率从 2016 年的 37.40% 下降到 2017 年的 21.67%，而城镇居民人均年可支配收入增长率从 2016 年的 7.8% 增长到 2017 年的 8.3%，个人住房贷款增长率/人均收入增长率从 2016 年的 4.8% 下降到 2017 年的 2.61%。而个人住房贷款增长率的下降主要与各城市限购升级有关。第六，房地产投资额/GDP 安全指数从 2016 年的 64.30 上升到 2017 年的 66.57。这主要是由于 2017 年 GDP 的增长速度高于 2016 年，使得 2017 年房地产投资额/GDP 安全指数有了一定的上升。第七，商品房销售额/房地产开发投资额安全指数从 2016 年的 93.76 上升到 2017 年的 99.50。这主要与 2017 年商品房销售额的增长有关，特别是来自三、四线城市的商品房销售额的大幅增长。第八，房地产贷款总额/金融机构贷款总额安全指数从 2016 年的 63.85 下降到 2017 年的 60.00；房地产开发贷款/企业资金来源安全指数从 2016 年的 92.87 下降至 2017 年的 81.69；但本年新开工房屋面积安全指数从 2016 年的 77.76 上升到 2017 年的 82.47。这是由于 2017 年房地产企业继续购买土地，增加新开工房屋面积，为此，需要大量的资金，所以，房地产企业会申请大量贷款，从金融机构进行贷款的数额进一步提高，房地产贷款总额/金融机构贷款总额安全指数下降，房地产开发贷款/企业资金来源安全指数下降，但本年新开工房屋面积安全指数上升（见表 4-3）。

表 4-3　　　　　　　　相关指标安全指数（2016—2017 年）

指标名称	2016 年	2017 年
房价收入比安全指数	78.67	70.67
房地产价格增长率/GDP 增长率安全指数	74.63	85.00
商品房销售额增长率/社会商品零售总额增长率安全指数	73.04	85.88
库存消化周期（待售面积/销售面积）安全指数	72.18	81.95
个人住房贷款增长率/人均收入增长率安全指数	72.64	84.94
房地产投资额/GDP 安全指安全指数	64.21	66.34
商品房销售额/房地产开发投资额安全指数	92.25	97.73
房地产贷款总额/金融机构贷款总额安全指数	66.75	63.20
房地产开发贷款/企业资金来源安全指数	80.39	73.84
本年新开工房屋面积安全指数	90.13	92.86
房地产市场安全指数	76.49	80.24

2017 年房地产安全指数上升的具体原因，可能包括以下几方面：第一，政策力度不断加强，"租购并举"长效机制加快落地。2016 年底，中央经济工作会议明确提出"房子是用来住的，不是用来炒的"，并强调"加快研究建立符合国情、适应市场规律的基础性制度和长效机制"；2017 年 4 月和 7 月的中央政治局会议上，对长效机制的相关表述分别为"加快形成"和"加快建立"；党的十九大报告则在阐述"加强社会保障体系建设"时，强调"房住不炒"的定位，并明确长效机制的内涵为"多主体供给、多渠道保障、租购并举的住房制度"。中央多次对长效机制的表述，意味着未来房地产调控思路将紧紧围绕着"房住不炒"的政策基调，长效机制相关政策已走向加快落地阶段。第二，"因城施策"，推行"限售"新手段抑制投机购房需求。"限售"为 2017 年以来的调控新手段，能够更有针对性地抑制投机购房需求，平稳房地产市场。"限售"能够有效降低房地产市场交易流动性，抑制投机购房，防止房地产市场因过度的投机需求而明显波动，同时对刚需和改善型购房人群的影响较小，有利于为长效机制的逐步推出创造平稳的市场环境。核心一、二线城市限购、限贷的力度继续收紧，调控的城市范围进一步向部分销售火爆的弱二线和三、四线城市扩围。

四、2017—2018 年投资性炒房现象有所扩散，房价涨速提高

表 4 - 2 表明，与 2017 年相比，2018 年房地产市场安全水平有所下降。具体表现为：第一，房价增长过快，房价增长率已达 10.17%，房价收入比上涨明显，已突破 8.0，过快增长的房价推动了市场运行风险。第二，房地产开发贷款/企业资金来源安全指数为历年最低，进一步发现房地产开发企业开发贷款余额 2018 年为 10.19 万亿元，为历年最高，另外，个人住房贷款额也有所提升，信贷风险增加。第三，"去库存"效果较明显，较 2017 年，2018 年商品房销售额有所提升，新开发房屋面积为 20 934 200 万平方米，库存风险降低（见表 4 - 4）。

表 4 - 4　　　　　　　　　相关数据变动（2017—2018 年）

名称	2017 年	2018 年
房价收入比	7.70	8.00
房价增长率（%）	5.56	10.71
房地产开发贷款余额（万亿元）	8.30	10.19
房地产开发企业本年资金来源（万亿元）	15.61	16.60
房地产开发贷款/企业资金来源（%）	0.53	0.61
商品房销售额（累计值）	133 701.31	149 972.74
个人住房贷款余额（万亿元）	21.90	26.97
个人住房贷款增长率（%）	21.67	23.15
商品房待售面积（万平方米）	58 923.00	52 414.00
商品房销售面积（万平方米）	169 407.82	171 654.36
库存消化周期（待售面积/销售面积）	0.35	0.31

2018 年房地产安全指数下降的原因，可能是因为 2018 年前 7 个月，弱二线与三、四线城市的楼市温度继续上升，部分 2017 年曾有所降温的一、二线城市也在第二季度出现回暖，二者合力抬高楼市。具体表现在，3 月至 7 月，全国新房成交增速有所反弹，全国百城房价环比涨幅重新扩大，并再次进入过热区间（见图 4 - 10）；弱二线城市和三、四线城市土地市场高潮不断，大中型开发商纷纷加大了购地力度；投资投机性炒房现象呈扩散之势。

在楼市繁荣期继续拉长、楼市情绪持续高涨、房地产市场秩序出现诸多乱象的形势下，政府管理部门不断加大调控力度。比如，4 月至 8 月，住建部几次约谈多个城市负责人；6 月下旬七部委联合出台新政，对 30 个城市进行为期半年的市场整治行动；7 月 31 日中央政治局会议，措辞严厉地提出"下决心解决好房地产市场问题""坚决遏制房价上涨"等。于是，在本轮史无前例大繁荣所导致的市场显著透支，以及政策不断升级与高层严厉警示房地产过热这两个因素的叠加抑制之下，从 2018 年 8 月开始，全国多数地区楼市有所降温。

第三节　当前房地产市场存在的安全隐患

总体来看，当前我国房地产市场的安全隐患风险主要来源于：（1）信贷市场，个人与企业均扩大与房地产相关信贷借款导致的信贷风险；（2）投资性炒房现象扩散，房价增长过快，房地产发展过热，投资性购房需求上升导致的市场风险，具体分析如下。

一、个人与房地产企业扩大信贷借款，信贷危机增加

（一）个人投机性购房需求有所增加

从个人房贷增长率与人均收入增长率比值走势来看（见图 4 - 5），2018 年，投机性投资购买有所增加，个人住房贷款增长率有所提高。

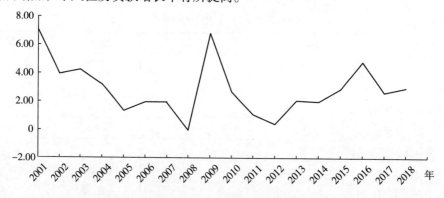

图 4 - 5　个人房贷收入增长率之比（2001—2018 年）

从图 4 - 6 中可以看出，商品房销售额增长率与社会消费品零售总额增长率的比值基本呈现涨跌交替的上下起伏态势。2018 年，商品房销售额增长率与社会消费品零售总额增长率有所下降，但房价收入比大幅上升。

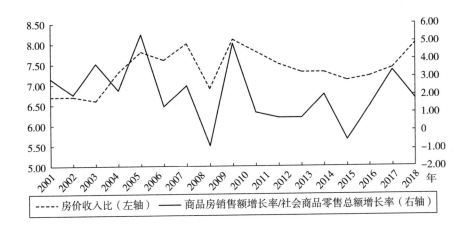

图 4 - 6　房价收入比与商品房销售额增长率/社会商品零售总额增长率（2001—2018 年）

（二）企业资金链紧张，信贷危机增加

图 4 - 7 显示了 2001 年以来我国房地产贷款总额在金融机构贷款总额中的占比和房地产开发贷款/企业资金来源以及个人房贷增长率与人均收入增长率之比。可以看出，2001 年以来我国房地产贷款总额在金融机构贷款总额中的占比持续增加，已从 9% 上升到 27%。说明金融机构对房地产市场的信贷支持加大，未来面临的信贷风险增加。同时，从房地产开发贷款/企业资金来源来看，房地产开发未来仍将保持增长趋势，未来供给面有扩大趋势，但房地产贷款总额/金融机构贷款总额达到历年最高，未来房地产融资难度将增大。

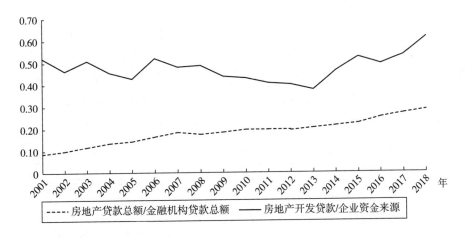

图 4 - 7　房地产贷款总额/金融机构贷款总额和房地产开发贷款/企业资金来源（2001—2018 年）

图 4 - 8 反映了房地产开发企业购置土地及其增速，从图中可以看出，相对 2016 年，2018 年土地购置面积增速虽有略微降低，但总量持续上升，说明房地产企业正不断扩大供给面，未来供给面将不断扩大。

总的来说，一方面，房地产市场供给方从信贷市场借入大量现金，新购买土地面积不断增加，未来房地产供给将不断增加；另一方面，由于政策等因素影响，房地产市场需求方不

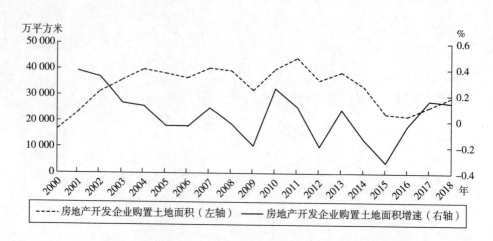

图4-8　房地产开发企业购置土地及其增速（2000—2018年）

断减少贷款额，需求降低。未来供需不对等，房地产供给方融资困难程度将增加，从而导致房地产供给方资金链紧张，长此以往，房地产企业将无法回收资金，负债无法偿还，将带来市场危机，增加信贷危机。

二、房价增速大幅上升，市场风险增加

图4-9显示了2001年以来我国房价收入比、房价增长率以及房价增长率与GDP增长率之比。由图可知，2003—2007年，我国房价收入比总体呈上升趋势，从6.7上涨至8；2008年，受次贷危机以及从紧的货币政策影响，居民购房意愿显著降低，观望情绪浓厚，房价收入比跌至6.9；但随着国家4万亿有效经济刺激政策等的出台，以及2008年相继出台的楼市刺激措施，我国房价再次快速增长，而城镇居民可支配收入并未同步上升，导致2009年房价收入比达到历史最大值8.1；2009—2014年，房价收入比持续下降至7.1；2014—2017年，房价收入比再次上涨，从7.1上升至7.7。2018年房价收入比继续上升，突破8.0，房地产市场泡沫增大，市场可能存在虚假繁荣，市场风险增加。

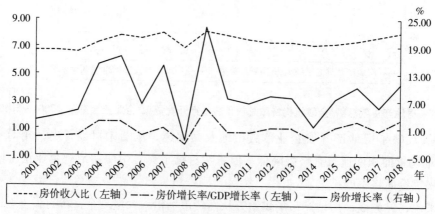

图4-9　房价收入比、房价增长率与房价增长率/GDP增长率（2001—2018年）

从房价增长率与 GDP 增长率比值走势来看：在 2004 年和 2005 年两年中，房地产市场快速升温，受投资性购房需求过快增长的影响，房价增长率分别达到 15.0% 和 16.7%，在 GDP 增长率平稳的情况下，造成了房价增长速度远大于实体经济发展速度。特别是在 2009 年，受美国次贷危机引起的国际金融海啸影响，我国 GDP 增速大幅下降，而房地产市场经过 2008 年的低迷期后出现新一轮高涨，房价增长率达到 23.2%，导致房价增长率与 GDP 增长率比值也大幅上升。2014 年，在经济下行压力和由已往"控房价、抑需求"转变为"促改善、稳消费"的房地产相对宽松政策背景下，房价再次大涨，房价增长率和 GDP 增长率比值从 0.19 上升至 1.5。高房价吸引资金从其他实体行业流出，削弱制造业，影响实体经济的发展。房价增速严重偏离 GDP 增速，房地产存在泡沫。2017 年，随着政策力度不断加强，限购、限贷、限售多方面政策同时实施，房价增长速度显著下降，房地产行业泡沫受到抑制，房地产行业安全性有所提高。2018 年，房价增长率明显上升，导致房价增长率与 GDP 增长率比值也有所上升，房地产市场风险上升。

图 4-10 是 2017—2018 年各级城市月度住宅价格指数走势。其中，2017 年房价表现为一线城市急速下跌，二、三线城市缓慢上升；2018 年，一线城市房价下行速度有所下降，房价趋于稳定，但二、三线城市房地产市场火热，房价大幅上升。

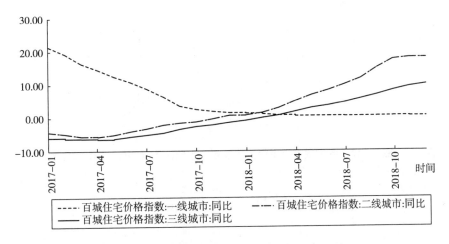

图 4-10 各级城市月度住宅价格指数（2017—2018 年）

三、"去库存"有所见效，库存风险降低

图 4-11 是我国房地产市场 2001—2018 年的库存消化周期走势。2015 年，在"去库存"的主旋律下，国家出台一系列政策，库存增速得以放缓；在降低首付比例、发放购房补贴、税收优惠等一系列政策的影响下，2016 年房地产去库存效果显著，库存消化周期从 0.56 下降至 0.44；2017 年以来，虽"去库存"速度有所下降，但库存消化周期仍继续下降。

从图 4-12 可以看出，2017 年，热点城市受政策力度较大的影响，销售下滑明显，但由于部分非调控的弱二线和三、四线城市则仍处于去库存过程中，商品住宅销售面积同比增

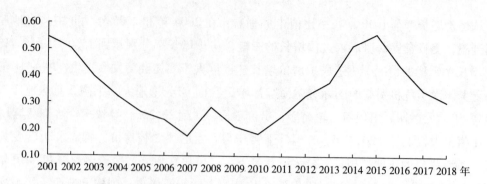

图4-11　库存消化周期（商品房待售面积／销售面积）（2001—2018年）

长，房价涨势明显。2018年，去库存进程有所减慢，一、二、三线城市商品住宅销售面积同比均有所下降，但库存消化周期相比较2017年下降到0.31。

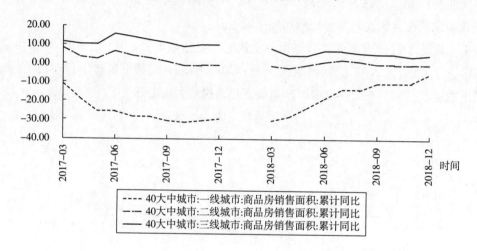

- - - - 40大中城市:一线城市:商品房销售面积:累计同比
— - — 40大中城市:二线城市:商品房销售面积:累计同比
———— 40大中城市:三线城市:商品房销售面积:累计同比

图4-12　各级城市商品房销售面积：累积同比（2017—2018年）

第四节　展望

2018年我国房地产市场安全指数有所上升，且主要是由于投资性购房需求上升。因此，未来我国应该做好：（1）坚持去杠杆，减少房地产市场的信贷风险；（2）坚持"租购并举"长效机制，增加租赁市场机会；（3）坚持"限购限贷"政策，抑制投资性炒房现象扩散，限制房价过快上涨。

一、合理调整资金的流向与投向，坚持"去杠杆"

2018年投资到位新增资金中超过一半流向了房地产，在增加房地产市场信贷风险的同时，也导致实体经济资金不足；且大部分资金趋向于一、二线城市，进一步拉大了城市间的差距。未来我国可以通过相关的行业引导支持政策，平衡资金在各行业的流向；通过因城施策，合理引导资金在房地产业的投向。针对库存较大的地区，继续出台配套的信贷支持政策，而针对热点区域的楼市，政府可以督促这些地方出台紧缩性的信贷政策，如购房首付比例上调、增加购房贷款门槛等。同时，也需要加强金融信贷监管政策，从供需两端去杠杆，特别是供给端，加强对房企杠杆的控制，在支持居民合理购房的信贷政策的同时，要严格限制信贷流向投资投机性购房，防止房地产泡沫的进一步扩大。

二、增加租赁市场机会，加大租赁市场管控

2017 年以来，住房租赁市场受到社会各界的空前关注，各级政府先后出台多项政策，从多角度发文支持住房租赁市场发展。

近年来，随着新型城镇化的推进，大量农业人口转移到中小城镇中落户定居，然而这些城镇不能提供足够的就业机会，更多的就业机会仍集中在特大城市及周边的城市群内，未来仍将有大量人口向城市群内移动，租赁市场发展前景较好。在租赁市场发展的同时，还应加大租赁市场管控。2018 年尤其是上半年，对于租赁租金的涨幅也开始有了管控，尤其是在长租公寓企业的租金方面。比如，北京市住建委于 8 月 17 日联合北京银监局等部门，集中约谈了北京几家大型住房租赁企业负责人。约谈明确，不得以高于市场水平的租金或哄抬租金抢占房源，不得通过提高租金诱导房东提前解除租赁合同等方式抢占房源。而相关的联合专项执法检查也提到，严查哄抬租金扰乱市场的行为。此类租金监管力度的强化，较好地促进了 2018 年租赁市场的发展。

未来应继续推进"租购并举"长效机制，增加租赁市场机会，同时加大租赁市场管控，促进租赁市场健康发展。

三、坚持"限购限贷"政策，抑制投资性炒房现象

2018 年继续落实"因地制宜、分类调控"的导向，限购限贷等政策依然从紧。从创新角度看，限售政策实施的城市数量有所增加，尤其是一些非核心、非热点的城市也开始推进限售政策，如东北部分城市和全国部分三、四线城市。2019 年，我国应继续关注投资性炒房现象，继续抓紧限购限贷等政策，限制房价过快增长。

房地产的健康发展，离不开良好的市场秩序。我国应综合运用金融、土地、财税、投资、立法等手段，推动房地产供需市场的均衡发展，加快建立符合国情、适应市场规律的房地产平稳健康发展长效机制。

第五章　金融风险传染安全评估

20 世纪 90 年代以来，国际上金融机构和金融市场发生各类危机的频率越来越高，出现了一系列因一家或多家金融机构倒闭以及局部金融市场动荡而在整个金融市场引发系统性风险的事件。随着我国市场化改革和经济金融全球化的不断深入，金融系统面临各种危机波及的可能性也在逐渐增大。而我国金融体系依然存在很多不足，使得金融体系的建设健全问题亟待解决。首先，中国的金融机构同质性较高，容易受到"多米诺效应"的影响（马君潞，2007）。其次，目前的金融市场仍然缺乏适当的风险控制工具和交易机制，使得系统性风险很容易传播，并在短时间内放大；监管手段和技术还比较落后，加上某些人为因素，规则法规难以落实且政策时滞较大。同时，当前我国政府也高度重视金融风险问题。在党的十八大报告中提出要进一步深化金融机构改革，在国际经济金融形势复杂多变，国内部分地区经济发展困难的部分负面背景下，金融行业各部门在运行中各种潜在风险因素不容忽视。这种由于单部门或局部风险事件而使整个金融系统甚至经济体系面临冲击的系统性风险事件不同于一般的个别金融风险事件，呈现出独特的内在机理，并形成极大的外部溢出效应和巨大的社会成本。当前，金融系统性风险的评估、预警和监管问题已引起各国政府和国际金融组织的高度重视。

系统性风险的产生途径一般可以概括为两类，即内生途径和外生途径。前者主要来自金融机构风险累积、金融市场动荡和金融基础设施的不完善，而后者主要源于宏观经济的不稳定和突发事件的冲击。但不管是什么途径，系统性风险主要都是通过金融机构间和金融市场间的相互传染得以实现的。从 2008 年开始的国际金融危机来看，系统性风险不仅表现在跨部门方面，也表现在跨时间方面。后者指的是金融体系的顺周期性导致金融风险在时序上被放大，从而加剧经济的周期性波动和自身的不稳健性。本章将重点从金融机构和金融市场两个层面出发，尝试从金融领域系统性风险的传染性视角，对中国金融体系的安全性进行评估。需要指出的是，风险传染性只是说明在发生内生或外生冲击时，通过风险传染发生系统性风险的可能性，至于内生或外生冲击本身发生的可能性及其影响程度则是本报告其余章节所要研究的内容。

第一节 金融风险传染性的评估体系和指数构建

一、金融机构风险传染性评估体系

(一) 指标说明

金融机构的风险传染性主要取决于金融机构之间业务往来的紧密程度及其网络结构的中心化程度，即金融机构间的关联度和集中度。从关联度的角度来看，通常情况下金融机构间业务往来程度越紧密，对小规模风险冲击的分担程度就越强，对金融体系整体的影响就会越小；但大规模风险冲击发生时，业务往来越紧密的体系，风险传播的范围和程度就越严重，系统性风险发生的可能性就越高。从集中度的角度看，中心化程度越高的结构，风险冲击影响低连通节点的概率就高，风险在系统内大面积传染的可能性就会比较低；一旦冲击影响了一个或几个高关联节点，整个网络就会遭受到严重破坏，所以高集中度的结构表现为"既稳健又脆弱"的特征。

因此，本小节分别从业务关联度和结构集中度两个角度来评估境内金融机构间的风险传染性，利用同业占款情况来评估境内金融机构间业务往来的紧密程度、网络结构特征及其时序变化，分别计算得到金融机构相互依赖指数及金融机构网络结构指数来表明金融机构间的相互依赖程度及网络结构的稳定程度，并以此为基础，综合得到基于风险传染的金融机构金融安全指数，以对境内金融机构间的风险传染性进行评估。

(二) 计算过程

金融机构风险传染性评估指数的构成如表5-1所示。其中，金融机构相互依赖指数考虑的是银行同业业务的情况。由于研究数据并不是完备的，即各银行同业资产总额与同业负债总额并不相等，因此本章以银行同业资产和同业负债占总资产和总负债的比重来衡量金融机构间的相互依赖程度。当金融机构间同业拆借的相对比重比较大时，各金融机构间的相互关联性也较大，金融风险在机构间相互传染的可能性也就越大。

表 5-1 金融机构风险传染性评估指数

指数	分类指数	计算方法
基于风险传染的金融机构安全指数	金融机构相互依赖指数	$\dfrac{同业资产+同业负债}{总资产+总负债}$
	金融机构网络结构指数	网络结构评估模型

根据 Boss 等 (2004) 对银行间同业市场的研究，信用借贷的同业资产和负债规模服从幂律分布，即 $P(L) \sim c \cdot L^{-\gamma}$，其中 c 是幂律系数，γ 为幂律指数。我们假设金融机构间的同业资产和负债头寸 l_{ij} 服从幂律分布，同业资产和负债的头寸矩阵为 M，则通过各机构同业占

款数据，可以拆分出同业占款头寸矩阵：

$$M = \begin{pmatrix} l_{11} & \cdots & l_{1N} \\ \vdots & \ddots & \vdots \\ l_{N1} & \cdots & l_{NN} \end{pmatrix}$$

其中，l_{ij} 表示金融机构 i 对机构 j 的同业负债量，l_{ji} 表示机构 i 对机构 j 的同业资产量。假设机构 i 的同业资产总量为 A_i，同业负债总量为 L_i，则有 $A_i = \sum_j l_{ji}$，$L_j = \sum_j l_{ij}$。

通过以上过程，可以得到由 N 家金融机构所构成的同业业务复杂网络，我们用中心性来度量网络中每个节点的重要程度。节点 i 的中心度指的是直接连接到该节点的边的数量。在有向网络中，节点的中心度被划分为出度中心性和入度中心性。节点的出（入）度中心性是指从该节点到其他节点（从其他节点到该节点）的边的数量。直接连接到节点的边越多，节点在网络中越重要，同时系统重要性也越高。程度中心性可以表示为 $d(v_i) = \sum_{v_i} d^+(v_i) + \sum_{v_j} d^-(v_i)$。

网络结构指数 $\tau = \dfrac{\sigma_{d(v_i)}}{d(v_i)}$，即整个网络所有节点的中心度的标准差除以所有节点中心度的平均值。网络结构指数 τ 越大，则网络越依赖于少数重要节点，集中度越高。

需要指出的是，由于本章是对金融安全状况进行评估，因此利用功效系数法对相关指数的方向做了调整。经过调整后得到的指数值越高，代表安全性越好。

（三）数据来源

由于我国金融资产 90% 以上由银行业持有，潜在的金融系统性风险主要与银行业有关（王晓枫，廖凯，亮徐金，2015），且不同类型的金融机构资产负债表存在统计方式上的差异，因此用于指数计算的数据样本只包括同业市场上的银行机构。

我们选择 2019 年境内所有上市银行的总资产、总负债、同业资产、同业负债日数据，时间区间为 2018 年 1 月 1 日至 12 月 31 日，数据均来自 Resset 金融研究数据库。

二、金融市场风险传染性评估体系

（一）指标说明

金融市场联动性指的是金融市场之间存在长期的、稳定的关系，一般包括收益率之间、收益率波动率之间和资产流动性之间三个层面。从某种经济意义上说，金融市场间的联动效应就是不同金融市场之间的风险传递过程。

为了研究境内各金融交易市场之间、境内同境外金融市场之间的联动性，我们选择境内外货币市场、股票市场、期货市场、外汇市场作为研究对象，获取其代表性交易品种的收益率数据，然后对境内各子市场及境内市场同境外市场两两之间分别做 20%、80% 分位的分位数回归得到尾部相关系数，最后基于两个尾部相关系数绝对值的最大值，通过平均化和标准化后得到内部市场风险传染指数和外部市场风险传染指数。其中，内部市场风险传染指数表示境内金融市场间的风险传染程度，而外部市场风险传染指数则表示境内与境外市场间的风险传染程度（见表 5 - 2）。

表 5 - 2 金融市场风险传染性评估指数

指数	分类指数	计算方法
基于风险传染的金融市场安全指数	内部市场风险传染指数	境内各金融子市场间收益率的尾部相关性
	外部市场风险传染指数	境内市场与境外市场间收益率的尾部相关性

同样需要指出的是，由于本章是对金融安全状况进行评估，因此对相关传染指数的方向做了调整，得到安全指数。各子市场间相关性越大，相应风险传染指数越低，安全指数越高。

（二）数据来源

我们从境内及境外股票市场、债券市场、货币市场、外汇市场、商品期货市场共选取了17 个相关指数或交易品种价格作为分析对象。这 17 个价格（指数）对应的子市场参见表 5 - 3。

表 5 - 3 金融市场风险传染性评估所选数据及来源

子市场		市场指数/价格	起止时间	来源
境内市场	股票市场	上证指数	2001—2005 年	Wind
		沪深 300 指数	2006—2018 年	Resset
	债券市场	上证国债指数	2003—2018 年	Bloomberg
	货币市场	CHIBOR 银行间七天同业拆借利率	2001—2006 年	Wind
		SHIBOR 七天同业拆借利率	2007—2018 年	csmar
	外汇市场	人民币兑美元中间价	2001—2018 年	Resset
	商品期货市场	沪铜指数	2001—2004 年	Wind
		橡胶指数	2001—2004 年	Wind
		南华期货金属指数	2005—2017 年	南华期货
		南华期货能化指数	2005—2017 年	南华期货
		商品期货——铜	2018 年	csmar
		商品期货——橡胶	2018 年	csmar
境外市场	股票市场	恒生指数	2001—2017 年	Bloomberg
		标普 500 指数	2001—2017 年	Bloomberg
		MSCI 发展中国家指数	2011—2018 年	Bloomberg
	货币市场	美国联邦基金利率	2001—2018 年	csmar
	外汇市场	美元指数	2001—2018 年	Bloomberg

对于各个分类子市场，尽量选取最具代表性的交易品种，但为了保证数据的连续性，部分指标在早期选择了相近的同类数据：例如境内股票市场数据主要选取更有代表性的沪深

300 指数，而在 2001—2005 年则选取上证指数作为补充；同样，境内货币市场数据在 2001—2006 年选取 CHIBOR 银行间七天同业拆借利率，之后则选择更有代表性的 SHIBOR 七天同业拆借利率数据；在商品期货市场，早期则选取沪铜指数和橡胶指数分别作为金属指数和能化指数的替代，在 2018 年由于南华期货指数数据无法获得，则用商品期货铜和橡胶的价格作为金属和能化指数的替代。

在数据处理上，首先针对各个交易品种，获取了从 2001 年 1 月 1 日至 2017 年 12 月 31 日的日收盘价数据，并计算得到各品种的日收益率。

三、基于风险传染的中国金融安全指数

基于风险传染的中国金融安全指数由金融机构安全指数与金融市场金融安全指数加权得到。该指数用于评估中国金融体系对风险传染的抵御能力，各指标值越高代表安全状态越好，指标值越低代表安全状态越差。

第二节　基于风险传染性的中国金融安全评估结果与分析

一、基于风险传染性的金融安全指数及其时变特征

利用金融体系的境内外数据，从风险传染性出发，本章分别对中国金融机构和金融市场的金融安全状况进行了评估，并基于得到的指数，按照一定权重加权得到了从风险传染性出发、反映中国金融安全状况的综合指数，即基于风险传染性的中国金融安全指数（见表 5 - 4）。

表 5 - 4　　　基于风险传染性的中国金融安全指数（2001—2018 年）

年份	金融机构风险传染安全指数	金融市场风险传染安全指数	金融风险传染安全指数
2001	94.71839864	99.90722678	97.3128
2002	96.71648018	98.6246463	97.6706
2003	95.36578702	99.0735102	97.2196
2004	95.05321549	97.54307229	96.2981
2005	91.51260769	97.18717689	94.3499
2006	88.19652978	89.81053073	89.0035
2007	80.72598035	89.3721471	85.0491
2008	76.1428423	79.38554247	77.7642
2009	77.3824918	70.90920948	74.1459
2010	84.32404318	65.83299125	75.0785
2011	80.66761063	68.80179656	74.7347
2012	75.27974163	62.61576399	68.9478
2013	80.30639877	71.8353746	76.0709

续表

年份	金融机构风险传染安全指数	金融市场风险传染安全指数	金融风险传染安全指数
2014	78.51865922	87.50802728	83.0133
2015	75.2162208	83.87611849	79.5462
2016	71.70860456	75.8605436	73.7846
2017	79.72540774	80.49830545	80.1118
2018	88.29827511	93.7128487	91.0055

我国金融风险传染安全指数在 2000—2007 年、2011—2016 年两个区间内呈现下降趋势；在 2008—2010 年、2017—2018 年两个区间内呈现上升趋势（见图 5-1）。这体现了我国金融市场在几个发展阶段的不同特点：2008 年以前，我国金融体系市场化改革和全球化发展不断深入，金融机构间的业务关联和金融市场间的相互影响持续增大；2008—2010 年，受国际金融危机与宏观审慎监管的影响，经济扩张速度放缓，资本需求量降低，金融机构间、金融市场间的关联程度下降；2011—2016 年是我国的金融创新时期，金融市场呈现高杠杆状态，市场繁荣带来的潜在风险不断积累，金融体系表现为高关联、高集中度；2017 年起，经济发展逐步进入新常态，在"控风险""严监管""去杠杆"等关键词不断落实之下，金融体系的联动性降低，风险传染性下降。

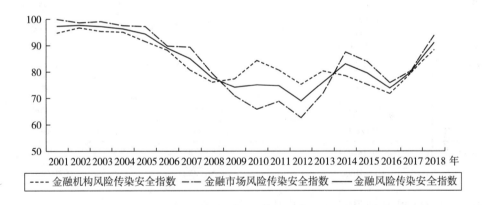

图 5-1 基于风险传染性的中国金融安全指数（2001—2018 年）

2018 年的金融风险传染性进一步下降，无论是金融机构之间的潜在传染性还是金融市场间的相互影响性都出现了明显的下降，安全指数上升。随着 2017 年以来信用风险专项排查、"两会一层"风控责任落实等一系列专项治理工作的开展，金融机构间的相互依赖程度在 2018 年开始下降；此外，2018 年初中央经济工作会议强调促进金融与实体、金融与地产、金融体系内部的良性循环，做好重点领域风险防范和处置以及 2018 年国务院金融稳定发展委员会指出"防范化解金融风险要放在首要位置"，严格的监管降低了内部市场间和外部市场对内部市场的影响，因此风险传染性整体下降。由于金融风险传染安全指数由金融机构风险传染指数与金融市场风险传染指数加权得到，本章接下来将通过呈现这两项分类指数的时变特征来分析造成金融风险传染安全指数产生上述变化的背后影响机制。

二、基于风险传染性的金融机构金融安全评估

通过计算得到的中国金融机构相互依赖指数、金融机构网络结构指数和基于风险传染性的金融机构金融安全指数结果如表5-5所示。

表5-5　　　　　　金融机构安全指数及其分类指数（2001—2018年）

年份	相互依赖指数	网络结构指数	金融机构安全指数
2001	0.09479841	0.13932872	0.11706357
2002	0.08098171	0.07426795	0.07762483
2003	0.09452493	0.05995036	0.07723764
2004	0.09461837	0.09881117	0.09671477
2005	0.11275513	0.30212501	0.20744007
2006	0.13526574	0.41592754	0.27559664
2007	0.20520802	0.40558802	0.30539802
2008	0.23685229	0.55548898	0.39617064
2009	0.23093766	0.47826405	0.35460086
2010	0.14524391	0.77503824	0.46014108
2011	0.18348217	0.71442443	0.44895330
2012	0.21582669	0.95799873	0.58691271
2013	0.19402161	0.61464813	0.40433487
2014	0.21542939	0.54739762	0.38141350
2015	0.22514816	0.83687065	0.53100940
2016	0.12840000	2.62940000	1.37890000
2017	0.1824347	0.85000000	0.51621735
2018	0.05160000	1.56330000	0.80745000

经由功效系数法处理得到的分类指数如表5-6所示。

表5-6　　　　　　金融机构安全指数及其分类指数（2001—2018年）

年份	相互依赖指数	网络结构指数	金融机构安全指数
2001	90.6725	98.7643	94.7184
2002	93.6559	99.7771	96.7165
2003	90.7316	100.0000	95.3658
2004	90.7114	99.3950	95.0532
2005	86.7953	96.2299	91.5126
2006	81.9347	94.4583	88.1965
2007	66.8327	94.6193	80.7260

续表

年份	相互依赖指数	网络结构指数	金融机构安全指数
2008	60.0000	92.2857	76.1428
2009	61.2771	93.4879	77.3825
2010	79.7802	88.8678	84.3240
2011	71.5238	89.8115	80.6676
2012	64.5399	86.0196	75.2797
2013	69.2481	91.3647	80.3064
2014	64.6257	92.4116	78.5187
2015	62.5272	87.9053	75.2162
2016	83.4172	60.0000	71.7086
2017	71.7499	87.7009	79.7254
2018	100.0000	76.5966	88.2983

　　从整体上看，在2008年以前金融机构相互依赖指数呈现持续下行的趋势，这与一般直觉是一致的。在2001—2004年该指数数值波动较小且保持在较高水平，主要是由于银行间市场发展尚不成熟，利率市场化改革起步不久，同业市场交易量不高，利率水平较平稳，这导致金融机构间的业务关联规模相对较小。随着中国金融体系市场化改革的不断深入，金融机构日益重视自身的风险管理、流动性管理和盈利管理，这导致金融机构之间的业务关联、市场关联和信息管理程度不断提高，从而导致全国甚至全球金融企业更为紧密地相互联系起来成为一个整体，这一紧密关联也就使得各类冲击更容易在金融体系内通过各种机制在金融机构之间相互传染。而2008年国际金融危机之后的危机恢复期，随着全球以及我国各项应急措施的推出，金融机构的发展处于"异常期"，金融机构资产规模的快速扩张使得同业交易的相对规模有所下降，这降低了金融机构间的相互关联程度，相互依赖指数由此上升。随后，伴随我国金融创新的发展，金融杠杆的运用越来越广泛，金融机构的流动性需求不断增加，同业市场规模再度扩大；除此之外，金融应急措施的后遗症也初步显现，金融市场的信用风险和流动性风险不断集聚，各金融机构开始采取各种措施补充资本金和加强流动性管理，金融机构间的关联性再度加强。2015年后，经济进入新常态，在"严监管"和"控风险"的监管思路下，相互依赖指数重新开始走高（见图5-2）。

　　网络结构指数在2007年以前保持相对平稳的状态，金融机构改革使得金融机构数量在2007年大幅减少，市场集中化程度上升，从而导致金融机构网络结构的显著变化和网络稳定性的下降。而2015年以来，由于以金融自由化、影子银行、资管繁荣为特征的金融扩张周期逐渐过去，高杠杆导致的风险隐患逐渐体现，再加上强监管的影响，资本实力相对薄弱的中小型金融机构受到了较大的影响，使得大银行进一步加强了其在金融系统中的重要程度，因此结构稳定度有较明显的震荡下行趋势，网络结构指数波动性下降。

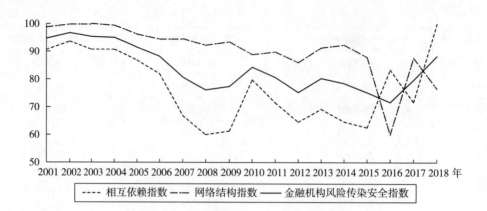

图 5-2　基于风险传染性的金融机构安全指数及其分类指数（2001—2018 年）

2018 年的金融机构安全指数相较往年有了较大的提高。从其分类指数的结果来看，相互依赖指数大大提升，意味着金融机构间的同业业务占总资产（负债）的比重明显下降，风险通过业务关联在金融机构间传染的概率降低；而网络结构指数降低，意味着整个金融体系过度依赖某几个重要节点的情况加剧，风险的集中度提高。指数出现这种变动趋势的原因主要是由于近几年"严监管""控风险"的监管风格。2017 年初中央政治局集体学习"维护国家金融安全"，并提出"要把维护国家金融安全作为治国理政的一件大事"；同年 7 月全国金融工作会议提出要强化金融监管，并设立国务院金融稳定发展委员会；党的十九大报告对金融发展做了重新定位，金融稳定已经取代金融创新和金融发展的首要地位，提出"要守住不发生系统性风险的底线"。2018 年更是延续了 2017 年严监管的监管特点。2018 年初中央经济工作会议强调把防控金融风险作为今后 3 年内三大攻坚战之首，要促进金融与实体、金融与地产、金融体系内部的良性循环，做好重点领域风险防范和处置。同年 4 月，国家金融与发展实验室发布监管报告指出，过去五年来，我国经济已经进入"新常态"，处在一个经济增长速度换挡期、结构调整阵痛期、前期刺激政策消化期等"三期叠加"的阶段。宏观经济风险与金融体系风险同时处在一个持续累积的阶段，建立健全系统性风险监测预警体系，对重要的金融行业、金融市场和金融要素形成全面、实时和动态的跟踪迫在眉睫。2018 年 7 月 2 日，新一届国务院金融稳定发展委员会成立并召开会议，指出"防范化解金融风险要放在首要位置"，并牵头制定了打好防范化解重大风险攻坚战行动方案及配套办法。在控风险的监管背景下，2018 年的金融机构安全指数提升是自然而然的。

三、基于风险传染性的金融市场金融安全评估

通过计算得到的中国金融市场内部市场传染指数、外部市场传染指数和基于风险传染性的金融市场金融安全指数如表 5-7 所示。

表 5 - 7　　　　　金融市场安全指数及其分类指数（2001—2018 年）

年份	内部市场传染指数	外部市场传染指数	金融市场安全指数
2001	0.00536410	0.00538530	0.00537470
2002	0.00507780	0.00821170	0.00664475
2003	0.00752220	0.00566150	0.00659185
2004	0.01103300	0.00646870	0.00875085
2005	0.01199750	0.00655780	0.00927765
2006	0.02543710	0.01276740	0.01910225
2007	0.02624650	0.01312930	0.01968790
2008	0.04170280	0.02335950	0.03253115
2009	0.06422700	0.02577940	0.04500320
2010	0.06484180	0.03580180	0.05032180
2011	0.06679820	0.02839800	0.04759810
2012	0.05872590	0.04648600	0.05260595
2013	0.05426150	0.03051230	0.04238690
2014	0.03016490	0.01435080	0.02225785
2015	0.03817520	0.01648030	0.02732775
2016	0.04951322	0.02540240	0.03745781
2017	0.03138369	0.02794441	0.02966405
2018	0.01268365	0.013240747	0.01296220

经功效系数法处理后的金融市场安全指数及其各分类指数如表 5 - 8 所示。

表 5 - 8　　　　　金融市场安全指数及分类指数（2001—2018 年）

年份	内部市场传染指数	外部市场传染指数	金融市场安全指数
2001	99.8145	100.0000	99.9072
2002	100.0000	97.2493	98.6246
2003	98.4158	99.7312	99.0735
2004	96.1405	98.9456	97.5431
2005	95.5155	98.8589	97.1872
2006	86.8055	92.8156	89.8105
2007	86.2809	92.4634	89.3721
2008	76.2639	82.5072	79.3855
2009	61.6664	80.1521	70.9092
2010	61.2679	70.3981	65.8330
2011	60.0000	77.6036	68.8018
2012	65.2315	60.0000	62.6158
2013	68.1248	75.5459	71.8354

续表

年份	内部市场传染指数	外部市场传染指数	金融市场安全指数
2014	83.7415	91.2746	87.5080
2015	78.5501	89.2021	83.8761
2016	71.2021	80.5190	75.8605
2017	82.9516	78.0450	80.4983
2018	95.0708	92.3549	93.7128

由表 5 − 7 和表 5 − 8 中的数据可见，内部市场传染指数与外部市场传染指数表现出很强的同步性，即境内各金融子市场之间以及境内同境外各子市场之间的相互关联强度大多数时候是同向变化的。两个传染指数在 2007 年之前都比较高，而从国际金融危机爆发的 2008 年开始快速下降，内部市场传染指数和外部市场传染指数分别在 2011 年和 2012 年达到最低点后均出现了快速上升。近两年该指数有持续上升的趋势。

2001—2005 年，境内各金融子市场均处于相对割裂的状态，而作为一个整体与境外金融市场之间也是分割的，各子市场之间的相关性都很低。2006 年，两个分类指数有了第一次显著下降，其中随着中国股票市场股权分置改革的启动和证券市场的快速活跃，股票市场开始处于中国金融子市场相互关联的核心，其与货币市场、金属期货市场都有较强的相互关联；同时，2005 年开始的人民币汇率形成机制改革和不断推进的利率市场化，提高了外汇市场和债券市场的市场化水平，使相关价格更能反映市场供求，从而两者之间的相互关联在此期间也得以提高，但外汇市场主要受中央银行政策影响，在市场体系中与境内其他子市场之间的关联还较低。同时，境内与境外市场的关联性也开始增强，但主要还是表现在各子市场与香港证券市场之间的关联上，与其他境外市场之间还未显现出较强关联性（见图 5 − 3）。

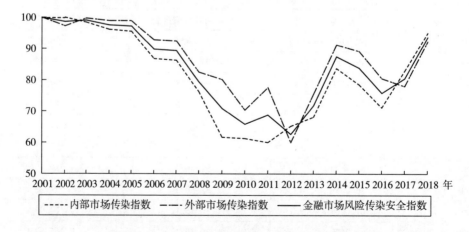

图 5 − 3 基于风险传染性的金融市场安全指数及其分类指数（2001—2018 年）

2008—2012 年，由于国际金融危机对包括境内市场在内的全球金融市场的冲击以及中国金融市场对内市场化改革和对外开放力度的增强，各金融子市场之间（包括境内子市场间及境内同境外市场间）的相互关联从 2008 年开始均明显加强，几乎每个子市场都与其他若干子市场之间存在显著的相互关联，并且不存在市场间的相互分割，这与 2006 年之前的状况形成了鲜明的对比。另一个显著特征是，境内股票市场与货币市场之间的强关联成为境内市场关联的核心，其次是货币市场和外汇市场，这充分表现出市场流动性在此期间的重要性。这种增长势头持续到 2013 年左右，各子市场之间的相互关联性基本达到了区间的最大值。

由于资本杠杆是市场之间产生联动的影响因素之一，近几年来，受"去杠杆"的影响，金融市场之间的联动性减弱，内部和外部市场传染指数呈现震荡上升的趋势，且在 2018 年达到近年来的最高值，这体现出我国"控风险""严监管"监管理念初见成效。

结合内部市场传染指数和外部市场传染指数得到的基于风险传染性的金融市场金融安全指数，综合反映了境内金融市场在过去将近 18 年间内部子市场之间以及内部金融市场与境外金融市场之间的联动关系，从而体现了金融子市场之间产生跨市场波动并进而引发整个市场大幅度波动的可能性，指数越低表明这种可能性越高。同样，该指数并不包含单个金融子市场发生风险事件的可能性。

第三节　基于风险传染性的中国金融安全评估结论与展望

一、风险隐患分析

本章首先基于金融机构的公开数据结合网络结构模型计算得到中国金融机构相互依赖指数、金融机构网络结构指数和基于风险传染性的金融机构金融安全指数，随后通过各金融子市场的交易指数计算得到各子市场之间的风险传染指数，并对此分类得出内部风险传染指数、外部风险传染指数和金融市场金融安全指数，最后汇总得到中国金融安全指数。总结各项结果可得当前主要存在以下几点风险传染隐患：

第一，信用风险过度集中，金融结构不合理。尽管金融机构间相互依赖程度在 2018 年有所下降，但网络结构依赖于少数重要性节点的现象进一步加剧。特别是系统重要性银行在银行网络中的加权中心度远超其他，居于主导地位。这使得我国金融机构的网络结构稳定度缺失，具有"稳健而脆弱"（robust but fragile）的倾向，也就是说由于大部分小型金融机构连通性较低，金融冲击影响低连通机构的概率较高，而这些机构在系统中不具有举足轻重的地位，风险大面积传染的可能性就会较低，此时金融系统是比较稳健的；但是，一旦冲击影响了一个或几个高关联机构，整个金融体系就会遭受到严重破坏，此时系统是脆弱的。随着近几年银行信贷业务的不断扩大，信用风险向银行体系过度累积的概率增大，大型银行自身安全性下降的同时却在金融体系中承担着越来越重要的角色，是金融体系的潜在风险因素。

第二，风险传染效率提高，风险交叉传染依旧。境内股票市场与债券市场、期货市场、外汇市场之间的传染效应均具有时变特征，风险传染持续时间有减少的趋势，即风险传染的效率近年来有所提高。同时，尽管近年来有降低的趋势，但境内各金融子市场之间仍存在显著传染效应，中国内地与香港地区股市之间也存在显著的风险传染关系。此外，不仅金融市场间存在风险传染，金融与地产、金融与实体等跨行业、跨部门的风险传染问题同样需要关注。

第三，风险传染路径复杂，风险救助方案尚不明确。考虑金融风险传染的内在机理，其中经济层面的关联性是其传染基础，包括银行信贷、证券投资和资本流动等方面的关联性；除此之外，一个市场的波动也会通过投资者的情绪及其非理性行为传递到另一个市场；近年来，伴随金融科技飞速发展而新生的不确定性因素，也是金融风险传染的重要途径。因此，风险传染的路径是多维、交互、复杂的，尽管2018年以来风险传染性整体呈下降趋势，但传染的路径日益复杂。风险救助是在发生系统性风险时，通过外部机构向系统中除初始违约者以外的参与者注入资金，以在一定程度上防止出现进一步违约，提高参与者持有的流动性水平和流动性缓冲能力，避免出现流动性正缺口，从而防止风险的进一步出现和传染。由于我国缺乏大型系统性风险的救助经验，且我国金融体系具有自身独特的性质，国际现有救助方案不能直接借鉴，因此，我国仍需加强对大型系统性风险发生后的救助方案的思考。

二、结论与展望

基于上述分析，我们可以得到两个重要的结论：

第一，在决定中国金融风险传染性的众多因素中，制度因素始终是最为重要的。过去十多年，正是中国金融体制改革最为关键的时期。无论是金融监管体系改革还是金融机构改革，抑或是证券市场改革与利率和汇率形成机制改革，或者金融创新的不断发展，其始终坚持的市场化方向和不断扩大的对外开放，以及金融全球化的大背景，都使得金融机构之间和金融子市场之间的各种相互关联关系在整体上呈现出了越来越强的趋势，这导致局部的内生性或外生性风险冲击越来越容易在金融体系内造成大面积传染，从而提高了系统性风险形成的可能性。2008年国际金融危机的冲击和后续一系列经济金融政策的调整对上述趋势是有显著影响的，尽管这一影响不会改变中国金融体制改革的总体方向，但会导致一定时期的波动。

第二，金融风险传染具有多层次、多通道和交互式的复杂特征，从历史发展来看，流动性问题日益成为金融机构之间和金融子市场之间越来越紧密关联的一个关键问题。一方面，由于金融本身所固有的高杠杆性，市场流动性极易快速放大和萎缩，流动性风险可以在短时期内急剧放大；另一方面，市场流动性很容易通过金融市场在不同金融机构之间、不同金融子市场之间快速周转，不仅影响各金融机构的业务经营和风险管理，也影响到市场价格和交易量。市场流动性的这种易变性和扩散性，不仅在2008年以来的国际金融危机中，而且在过去几年中国金融市场出现的"钱荒"现象中、2015年与2016年证券市场的剧烈冲击和外汇市场的大幅波动中等都有显著体现。金融机构和金融子市场通过市场流动性越来越紧密地联系起来，而这种紧密联系又使得流动性冲击更易在整个系统内快速传播，一方面这种紧密联系能使系统更容易分担流动性冲击的影响，但另一方面一旦这种冲击达到一定程度，就更容易导致系统的全面失能甚至崩溃，这种"稳健而脆弱"的特征将会是一个常态。

基于这两点结论，本章认为，上述趋势及其特点以及趋势背后的政治经济因素将在长期内影响基于风险传染性的中国金融安全的整体态势，即使这一趋势受到一些突发事件的影响也不会最终改变。尤其是随着中国证券市场、利率市场和外汇市场市场化改革的加速推进，这一趋势可能在未来几年内进一步加速，这必然给中国的金融监管带来新的挑战。有鉴于此，本章在最后提出如下相关政策建议，以供参考：

第一，坚持市场化和对内对外开放的改革方向，提高金融体系活力。虽然这会通过提高金融体系的内在关联而加大金融风险的传染性，但不能"因噎废食"，因为只有提高金融体系活力才能增强金融体系在面对金融风险冲击时的系统弹性，提高金融机构的抗风险能力和金融市场的自我恢复能力。

第二，强化宏观审慎监管，加强跨市场和跨机构监管能力。在当前金融自由化的趋势下，应该逐步改革现有分业监管局面，建立大金融体系，强化体系监管，关注风险事件导致的跨市场波动。

第三，加强金融机构的分类监管。首先，在考虑金融机构的规模、业务种类等基本面特征的前提下，综合分析金融机构间的关联性和相互影响，确定金融机构在整个系统中的重要性，制定合理的分类指标，并在此基础上制定可执行的监管指标体系，进而提高对不同金融机构监管的准确性。其次，在合理分类的基础上，加强对系统重要性金融机构的监管。由于我国金融网络具有"小世界"和"无标度"特征，考虑到金融体系的"大而不倒"问题和"联系太紧密而不能倒"等问题，要求监管机构监督具有系统重要性的金融机构。对系统重要性金融机构的监管，可以有效降低金融机构个体风险在网络中传播扩散的可能性和影响范围，从而大大减小监管的成本，最终实现金融系统的稳定与安全。

第四，完善风险救助与保护机制。前三点建议主要是对风险的预警与防范，而在风险发生后对金融机构进行救助与保护，对于防范风险进一步扩散、维护金融市场稳定同样重要。首先，尽快完善金融风险处置的成本分担机制。金融危机的经验表明，加强部门协调是有效处理系统性风险的关键。其次，加强救助措施的设定，综合考虑各种因素。2008年国际金融危机后关于风险救助问题依然存在较大的争议，这就要求加强对救助措施的评估和细化，尽可能考虑到救助成本、救助资金来源、救助对象、救助规模、救助时点、救助难度以及救助效果等问题，减少救助措施实施的不确定性。

第六章　经济运行安全评估

前面我们侧重从金融机构及金融市场的角度对金融系统的稳定性及安全状态进行了评估，这是金融安全状况评估最为核心的部分。但是，金融系统仅为国民经济的重要组成部分，我们需将金融系统植根于经济系统中，研究经济系统隐患的评估，找出我国金融安全存在的隐患，并通过各部门的资产负债关联来研究金融安全对我国宏观经济的相互影响及传染路径。

第一节　评估体系和指数构建

一、经济系统中金融安全评估的模型

一般采用四种模型：一是早期预警模型。Goldstein、Kaminsky 和 Reinhart（2000）运用 1970—1995 年的数据来计算指标的最优临界值，同时用 1996—1997 年末的数据，利用评估信号法识别受亚洲金融危机影响最深的国家。二是投资银行的早期风险预警模型。美国银行（2002/11）货币危机指示器（currency crisis indicator）（Monograph 182，Volume 30）衡量了 18 个新兴经济体的货币贬值风险，其中用到了 3 种全球通用的风险预警指标和 8 种美国特有的风险预警指标，观测值导入了 five‐tier 评分系统，得分作为面板数据进行分析。瑞士联合银行金融脆弱性指标（financial vulnerability indicator）（UBS Investment Research，2006/6）衡量了 16 个新兴经济体的主权债务违约风险，以确定外部筹融资比例。三是国际货币基金组织（IMF）的早期预警体系。IMF 早在 2001 年就建立了风险预警体系（VE），实则加强 20 世纪 90 年代新兴经济体抵御危机的风险基金管控。这项实践最初用的是 Berg 和 Pattillo（1999）模型。四是资产负债表的方法。部件临界评估方法（component critical assessment，CCA）的核心是把各部门的权益或担保看作期权，并运用期权定价模型进行定价，用于估算宏观经济的风险暴露。格雷（Gray，2001，2002）、格雷和马隆（Gray & Malone，2008），以及格雷、梅尔顿和博迪（Gray，Merton & Bodie，2002，2006，2008）等运用这种方法对宏观金融风险进行了阐述，具体用于以下领域：主权部门的风险度量及可持续探讨、银行系统性风险度量、国家风险压力测试、企业部门脆弱性及其与国民经济的联动性等。格雷等人（2008）、卡斯特伦和卡沃纽斯（Castren & Kavonius，2009）等运用金融网络模型探讨了各部门间的风险转移路径。这种

方法能够进一步认清宏观金融风险的源头及传染模式，进而全面地分析负面冲击在宏观金融中的传导过程及其对宏观经济、金融脆弱性的影响作用。

二、经济系统中金融安全评估的指标体系

"潜在风险"的识别指标囊括 19 种变量（IMF，2011），分别取自宏观经济四大区间：进出口贸易、公共经济、金融经济、实体经济。卡明斯基（Kaminsky et al.，1998）罗列了 105 个解释变量，其中有内生性的、金融的、实际的、政策相关的、制度的、政治上的变量等。对前人研究进行总结归纳较为全面的还有霍金斯和克劳（Hawkins & Klau，2000）以及阿比阿德（Abiad，2003）。弗兰克尔和萨拉韦罗斯（Frankel & Saravelos，2012）对 2002 年以来的 7 篇文献进行了综合分析，发现外汇储备、实际汇率、借贷利率增长、通货膨胀率是最常用到的统计指标。学术界和监管部门对各类指标体系进行了详细论述，具体包括杰夫·弗兰克尔（Jeff Frankel，2011）、亚洲开发银行（2006）、全球金融稳定报告指标体系、世界银行和国际货币基金组织（2004）金融稳健指标集等。次贷危机后，其指标体系发生了一定的偏移，全球金融稳定报告（2009）认为，从被检验的全球金融机构样本来看，杠杆比率[1]和资产回报率被证明是最可靠的指标，而资本资产比率和不良贷款数据则缺乏预测能力。奥布斯特费尔德、香博和泰勒（Obstfeld，Shambaugh & Taylor，2009，2010）发现过度的外汇储备（相对于 M_2）是预测外汇贬值的有利指标，但是还不能作为金融危机的预警指标。罗斯和施皮格尔（Rose & Spiegel，2009a，2009b）建立了一个实际 GDP、股市和国家信用评级以及汇率在内的模型，尽管样本量超过 Obstfeld，但是没有发现显著性的风险预警指标。罗斯和施皮格尔（2011）将样本数据更新到了 2009 年，发现货币贬值、股市萧条、GDP 下滑更能预示危机的到来。贝尔克曼等人（Berkmen et al.，2009）发现那些财务杠杆更大的国家更容易遭受经济的下滑，外汇汇率的灵活性能够起到补救作用。正如罗斯和施皮格尔（2009a）以及布兰查德等人（Blanchard et al.，2009）在文章中提到的，外汇储备的影响并不显著。拉内和米莱西—费雷蒂（Lane & Milesi-Ferretti，2011）主要关注 GDP 变化以及国民消费需求水平，发现遭受危机重创的国家都兼具以下特点：第一，危机前经济增幅非常快；第二，经常性账户赤字严重；第三，贸易开放程度较高；第四，制造业占比较高。廖德斯、萨曼和奇瓦科（Llaudes，Salman & Chivakul，2011）以及多明格斯、桥本和伊藤（Dominguez，Hashimoto & Ito，2011）还发现在 2007 年前备有危机储备基金的新兴市场受创较小。莱因哈特和罗戈夫（Reinhart & Rogoff，2012）认为经济体的高度杠杆运转，容易遭遇信心的不稳定与变化无常，尤其当大规模短期债务需要不断延期时，经济金融很有可能遭遇金融危机。同时他们基于全球数据提出了"90、60"标准：发达经济体和新兴市场经济体都存在相似的公共债务阈值，即在正常债务水平时，政府债务与 GDP 实际增长率之间表

---

① 债务占普通股的比例；短期债务占总债务的比例。

现为弱相关关系；当公共债务占 GDP 比例超过 90% 时，每增长 1 个百分点，GDP 实际增长率的中值大致下降 1 个百分点；外债规模占 GDP 比例超过 60% 的国家，经济增长会出现明显恶化，当比重超过 90% 时，经济大多会出现衰退。

三、评估框架与指标体系选择

（一）评估框架

从最近研究发展趋势及各国实践来看，金融安全的评估存在以下变化趋势：一是从准确预测预警危机发生时刻转向全面评估金融系统的潜在风险，金融稳定分析的内容是金融体系抵御不可预见冲击的能力。二是金融安全评估范围扩展到整个经济系统，金融系统的稳定主要依靠构成系统的机构、体系和管理安排。因为金融系统也影响或被宏观经济环境影响，不稳定的影响或冲击可能来自其内部或外部，能相互作用引发一个比局部影响总和要大得多的整体影响。三是在指标体系的选择上，更为强调经济金融杠杆率、金融周期的运行和经济体系各部分的资产负债结构。

为此，本部分拟结合资产负债表的分析方法，将国民经济部门分为住户、金融企业、非金融企业、公共部门四大部门，将金融部门置于国民经济体系中，对整体金融安全进行评估。评估框架拟解决以下问题：第一，宏观经济金融状况监测，用于评估金融部门受某一特定冲击或组合性冲击时面临的主要风险，一般采用早期预警模型（early - warning - system，EWS）中的指标体系，对金融体系带来极大冲击的可能性进行前瞻性评估。第二，各经济部门的资产负债状况分析，拟解决两个关键问题：一是宏观财务联系分析力图了解引发冲击的风险敞口如何通过金融体系传递到宏观经济，评估金融部门对宏观经济状况的冲击效果，所需要的数据包括各部门的资产负债表、私营部门获得融资的指标；二是宏观经济状况的监测，主要是监测金融体系对宏观经济状况的总体影响，特别是对债务可持续性的影响。

（二）指标体系

依托金融安全评估的定义与本部分的分析框架，我们将指标体系分为两类：一类是经济运行中的金融风险评估，另一类是经济运行中的金融发展状况评估。具体指标体系如表 6 - 1 及表 6 - 2 所示。

表 6 - 1　　　　　　　　　　　经济运行中的金融风险评估指标体系

一级指标	二级指标	三级指标	衡量风险	数据来源
宏观经济金融指标	经济增速	实际 GDP 增速	经济波动风险	Wind 数据
	物价指标	CPI、PPI	通胀通缩风险	Wind 数据
	金融环境	社会融资规模同比增长、M_2/GDP、M_2 同比增速、私营部门信贷同比增长	金融周期波动风险	Wind 数据、世界银行数据库
	人民币运行	中国出口美国指数、热钱、外汇占款	人民币风险	Wind 数据

续表

一级指标	二级指标	三级指标	衡量风险	数据来源
宏观经济金融指标	总杠杆率	扣除金融部门后社会各部门负债/GDP	杠杆率风险①	国家资产负债表中心（CNBS）
非金融企业部门	杠杆率	总负债/GDP	非金融企业部门风险评估	国家资产负债表中心（CNBS）
	收益与偿债能力	工业企业主营业务收入同比增长、工业企业盈利数量占比		国务院发展研究中心（DRC）行业景气监测平台、CEIC
住户部门	杠杆率	（私营企业及个体贷款＋个人短期消费贷款和个人中长期贷款）/GDP	住户部门风险评估	国家资产负债表中心（CNBS）
	偿债能力	住户部门可支配收入/住户部门贷款余额		Wind 数据
公共部门	杠杆率	显性债务余额/GDP	公共部门稳定性评估	国家资产负债表中心（CNBS）
	偿债能力	赤字率		Wind 数据、BVD
	中央银行资产负债结构	中央银行对其他存款性公司债权/GDP、中央银行资产总额/GDP		Wind 数据

表 6-2　　　　　　　　　　经济运行中的金融发展评估指标体系

指标	经济含义	数据来源
国民总储蓄率	一国总体储蓄能力	世界银行数据库
劳动人口（15～64 岁）占比	人口结构变化	Wind 数据
全要素生产率	生产率变化	BVD
实际贷款加权平均利率②	实体经济资金价格	Wind 数据

第二节　评估结果与分析

我们首先按照上述指标评估体系，对相应数据进行同向化处理后，运用功效系数法对同向化处理后的数据进行标准化和加权，分别计算出各风险指数（经济波动风险、通胀通缩风险、金融周期波动风险、人民币运行风险、总杠杆率风险、非金融企业部门风险、住户部门风险、公共部门风险、经济运行发展指数）。然后将各风险指数按照一定的权重加权得到经济运行风险指数，最后将经济运行风险指数和经济运行发展指数以 70∶30 的权重计算出反映经济运行安全程度的经济运行安全指数，分值越高代表我国经济安全程度越高、风险水平越低。具体结果如表 6-3 所示。

---

① 居民部门杠杆率债务数据为贷款，不包含债券，为住户部门消费性贷款加上经营性贷款。非金融企业部门杠杆率为信贷资金加债务类金融工具加其他金融工具获得的资金。政府部门杠杆率为中央政府债务加地方政府债务。金融机构杠杆率剔除了通货与存款，仅含金融部门发行的债务余额。此处杠杆率为实体经济部门总杠杆率，即不含金融部门的其他各部门杠杆率加总。

② 由于人民银行从 2008 年才开始公布贷款加权平均利率，因此 2007 年以前的数据为一年期名义贷款利率。

表6-3　　　　　　　　　　　　经济运行安全指数（2001—2018年）

年份	经济波动风险	通胀通缩风险	金融周期波动风险	人民币运行风险	总杠杆率风险	非金融企业部门风险	住户部门风险	公共部门风险	经济运行发展指数	经济运行风险指数	经济运行安全指数
2001	60.00	88.92	82.12	82.73	100.00	80.42	100.00	81.58	63.19	84.47	78.09
2002	65.68	76.06	94.13	87.19	94.66	83.03	95.46	74.40	63.88	83.83	77.84
2003	71.89	95.77	87.72	87.68	88.32	87.34	90.27	76.19	70.11	85.65	80.99
2004	73.79	80.47	86.56	95.93	87.58	85.91	86.60	81.58	77.44	84.80	82.59
2005	82.17	90.21	87.59	92.03	90.50	89.22	87.48	86.83	79.23	88.25	85.54
2006	90.54	96.85	86.97	90.49	91.46	90.46	85.61	91.53	81.95	90.49	87.93
2007	100.00	87.20	85.12	77.53	90.55	94.09	82.45	93.47	89.67	88.80	89.06
2008	77.06	67.65	82.88	85.02	92.58	91.20	83.95	94.90	89.05	84.29	85.72
2009	76.80	64.13	77.22	73.16	78.46	83.78	75.45	87.44	78.55	77.06	77.50
2010	84.63	87.80	89.14	87.99	75.74	92.33	71.18	87.95	88.60	84.60	85.80
2011	80.05	74.05	85.81	82.76	76.86	91.24	70.56	87.79	86.06	81.14	82.62
2012	72.77	92.06	89.63	82.01	72.71	83.48	69.29	84.12	80.94	80.76	80.81
2013	73.59	91.86	89.50	79.31	68.61	83.27	67.11	81.92	79.36	79.40	79.39
2014	72.25	92.15	85.21	82.22	65.52	79.92	65.89	78.07	77.72	77.65	77.67
2015	71.44	77.75	90.52	77.14	63.29	75.44	64.53	73.12	77.15	74.15	75.05
2016	71.72	93.95	89.98	72.93	60.71	76.80	62.43	65.13	75.67	74.21	74.64
2017	73.62	84.90	84.23	79.05	60.00	75.28	61.01	63.56	73.94	72.71	73.08
2018	73.90	96.46	82.50	78.98	60.05	68.67	60.00	61.22	72.58	72.72	72.68

　　从表6-3中可知，2018年我国经济运行安全指数进一步下降。观察具体指数变化，除通胀通缩风险有明显好转之外，其他指标均与上一年持平甚至存在着一定的下降，其中金融周期波动风险、非金融企业部门、公共部门、住户部门风险指数存在着较为明显的下降。

　　2018年经济运行发展指数延续了自2010年以来的下降趋势，由2010年的88.60下降至72.58，成为拖累经济运行安全指数的主要原因。其中很重要的一个原因是我国当前16~65岁劳动年龄人口占比和国民储蓄率延续下降趋势，对经济的长期发展提出了挑战。另一方面，虽然在国家大力支持科技创新、重视科技水平发展的政策背景下，全要素生产率在2017年触底反弹，2018年与2017年持平，但也要注意到，目前全要素生产率仍处在历史低位，表明经济增长的新动能还未完全形成，短期来看对经济的拉动作用有限。

　　2018年经济运行风险指数基本与上年持平，其保持不变的原因来自好坏两个方面的相互作用，其中向好方面：经济波动风险进一步减缓；通胀通缩风险指数有较大上升；国家大力推行"去产能"后，内外需求走强带动生产价格指数（PPI）回归合理区间；结构性去杠杆取得初步成效，杠杆率风险指数基本与上年持平，其中金融部门及非金融企业部门（尤其是国企部门）杠杆率呈小幅下降。向坏方面：受"去杠杆"政策影响，M_2和社会融资规模增速双双下滑，加剧了金融周期波动风险；2018 年中美贸易摩擦、美联储加息等外部不确定性给人民币带来贬值压力，人民币运行风险存在着上升压力；非金融企业部门、居民部门、政府部门风险在 2018 年进一步恶化。

图 6-1 显示了 2001—2018 年我国经济运行安全指数、经济运行发展指数以及经济运行风险指数的变化趋势。从图中我们可以发现，2001 年以来，我国经济运行安全评估状况大致可以分为四个阶段：一是 2001—2007 年，我国加入世贸组织，经济活力与发展动力进一步释放，经济长期发展动力与短期驱动因素逐年向好，经济运行安全指数从 2001 年的 78.09 上升至 2007 年的 89.06；二是次贷危机后，我国经济运行开始恶化，经济运行安全指数从 2007 年的 89.06 下降到 2009 年的 77.50；三是次贷危机后的恢复时期，受大规模刺激政策的影响，我国经济迅速好转，经济运行安全指数从 2009 年的 77.50 上升至 2010 年的 85.80；四是转型阵痛期导致我国经济运行恶化，经济运行安全指数从 2010 年的 85.80 迅速下降到 2018 年的 72.68，相比于 2017 年的 73.08，2018 年我国经济运行安全指数进一步下降。2018 年我国经济运行安全指数、经济运行发展指数继续呈现小幅下降趋势，表明我国经济下行压力较大，经济结构转型带来的冲击依然不容小觑。

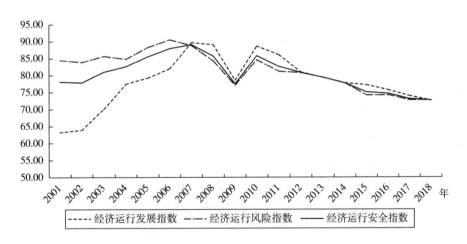

图 6-1 我国经济运行中的金融安全评估图及其两个维度（2001—2018 年）

为进一步具体比较我国金融安全状态的演变过程，我们拟详细比较分析 2008 年次贷危机、2011 年以后转型阵痛期，以及 2017—2018 年"三去一降一补"规划后经济发展新时期三个阶段经济运行安全隐患的差异。

一、2008—2009 年次贷危机时期我国经济运行安全状态评估

将 2006—2009 年我国金融安全状况进行对比，如图 6-2 所示，结合表 6-3，从中我们可以发现，此次次贷危机对我国金融安全状态的影响主要分为以下几个方面：第一，经济波动风险加剧，相应指数从危机前的 90.54 下降至 76.80；第二，经济迅速由通胀转为通缩状态，相应指数从危机前的 96.85 下降至 64.13；第三，金融周期波动风险加剧，相应指数从

危机前的 86.97 下降至 77.22；第四，总杠杆风险呈先升后降趋势，相应指数从 91.46 上升
至 92.58 再下降至 78.46。

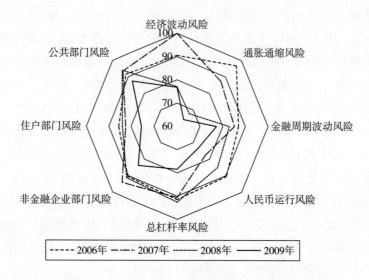

图 6 – 2　经济运行安全状况（2006—2009 年）

二、2011—2016 年阵痛转型期我国经济运行安全总体情况

对比 2008 年、2010 年、2015 年与 2016 年我国金融安全状况，如图 6 – 3 所示。结合
图 6 – 3 与表 6 – 3，我们可以发现，当前我国金融安全状况与 2008 年次贷危机时期以及次贷
危机后的恢复时期相比，有以下几个显著区别：第一，经济波动风险更加严重，且经济增长
速度下降存在长期的趋势性；第二，我国总体杠杆率不断上升，杠杆率风险逐渐增加，经济
体的资产负债表脆弱性进一步增大。

图 6 – 3　2008 年次贷危机后经济运行安全状况

由此我们可以发现，次贷危机与当前我国面临的困境的主要差异在于：次贷危机的本质在于欧美经济衰退对我国净出口贸易的冲击；而近年来我国宏观经济发展面临的困难更大，世界经济深度调整、增速放缓，各种外部因素不可避免地对我国经济产生影响，但更为重要的是国内正处于经济增长速度换挡期、结构调整阵痛期、前期刺激政策消化期，"三期叠加"使得经济下行压力加大。

与2008年和2010年相比，转型阵痛期我国经济运行整体状况欠佳，经济运行风险指数较2008年的84.29与2010年的84.60，2016年评分仅为74.21，整体呈现下降趋势，风险级别整体不容乐观。

三、2017—2018年经济运行安全评估

2017年，党中央在十九大报告中提出中国的经济发展进入了新的阶段，我国社会主要矛盾已经转化为"人民日益增长的美好生活需要和不平衡不充分的发展之间的矛盾"。为了适应新的经济发展形势，我国在2017年、2018年继续深入推进"三去一降一补"战略，实施积极稳妥去杠杆等措施。"三去一降一补"的经济改革方案当前仍是我国经济全面实行改革转型发展的主要战略。

（一）经济运行安全面临着较大的下行压力，经济运行风险不容忽视

如图6-4所示，与2015年相比，2016年经济运行风险指数基本没有变动，为74.21，到2018年降至72.72，基本与2017年持平，经济运行风险在2017年、2018年有所增加。经济运行发展指数和经济运行安全指数从2015年开始均呈现下降趋势，显示风险逐步加大。具体来看，经济运行发展指数从2015年的77.15逐步下降至2018年的72.58；经济运行安全指数从2015年的75.05下降至2018年的72.68。

分具体指标来看，通胀通缩风险指数呈现先大幅降低后快速上升趋势，这一变化主要是由于钢铁、有色金属等传统产业"去产能"后带来工业品价格回升。金融周期波动风险指数由于"去杠杆"形成的紧信用和紧货币，出现了快速下降，从2016年的89.98下降至2018年的82.50。总杠杆率风险在"去杠杆"期间基本维持高位，没有发生显著改变，指数一直维持在60左右。公共部门风险也逐渐加剧。

如图6-4中显示，2018年我国一些部门的经济运行安全状况出现了进一步的恶化。主要体现在以下几个方面：

2018年经济运行发展指数相比于2017年有所下降。其最主要原因是国民总储蓄率和劳动力人口占比进一步下降，这也是我国经济运行发展指数整体评分不高的重要原因。而实际中长期贷款加权利率在2018年出现小幅下降，主因是在2018年的政府工作报告中，国家重点强调了要缓解实体经济特别是民营和小微企业"融资难、融资贵"问题，以防范化解金融风险。此外，全要素生产率虽然在2017年出现增长，2018年却保持不变，整体上仍然处于历史低位，经济增长的新动能还未完全显现。总体而言，诸如全要素生产率、劳动力人口

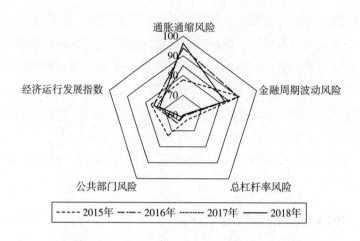

图6-4 "十三五"规划后经济运行安全隐患

占比等决定经济长期发展动力的指标并没有好转，说明我国目前仍然处在调结构的阵痛期，经济长期发展动力不足，经济发展面临的风险依然存在。

相比于2015年，2016年、2017年两年之内金融周期波动风险情况持续恶化，2018年继续呈下滑趋势。从2015年的90.52下降至2017年的84.23，2018年进一步下滑至82.50。其中最主要原因是自2016年开始"去杠杆"以来，国家控制货币发行总量，收紧金融部门负债端，M_2增速严重下滑。2018年《资管新规》实施以及严监管进一步促进了去杠杆的进度，形成了紧信用环境。《资管新规》迫使委托贷款、银行理财等非标业务急剧收缩，严重限制了民营企业、小微企业的资金来源，社会融资规模增速回落。2018年M_2和社会融资规模增速都呈现持续下降的态势，显示了紧信用态势的持续。在这种态势下，企业信用风险进一步上升，最终导致金融周期波动风险不断攀升。短期来看去杠杆、强监管仍是2018年中国金融市场的主旋律，M_2或将继续保持低位运行。另外，考虑到近年来企业居民选择货币基金等存款以外形式的储蓄，银行存款来源不足，派生贷款的能力下降，M_2增速进一步趋于下降。

2018年，我国宏观杠杆率虽然基本得到控制，但总体杠杆率依然偏高，且存在结构性矛盾。从各部门的杠杆率来看，近年来对金融部门的严监管和业务规范，使得金融部门和非金融企业部门的杠杆率在2018年都有了较小幅度的下降，但总体杠杆率依然偏高。其中国企作为高杠杆领域已经得到了遏制，通过债转股等形式资产负债率有了明显下降。但在去杠杆的过程中，居民部门和政府部门的杠杆率却呈上升趋势。尤其是居民部门杠杆率在2018年进一步上升，住户部门风险加剧。具体来看，消费信贷的快速增长依然是杠杆率上升的主要原因，2018年主要表现为短期消费信贷的快速增长。但相比2017年，随着房地产调控的不断推进，房地产贷款增速平稳回落。个人住房贷款余额为25.75万亿元，同比增速较2017年低4.4个百分点。快速扩张的个人信贷，已经在一定程度上透支了市场需求，叠加未来经济下行、未来可支配收入增速放缓等因素，容易引发大规模违约风险。公共部门风险增加的原因是公共部门赤字率的增加及杠杆率的增加。在实行积极财政政策拉动内需的需要下，2018 年下半年开始实施大规模减税降费，财政收入增速前高后低，但教育、医疗、社会保障等领域的刚性支出一直增加，财政收支差额加大，赤字率上升。此外，在继续限制和去除地方政府隐性债务的基础上，下半年政府开始大量发行专项债以维持基建投资对稳定经济增长的作用，政府部门杠杆率表现为进一步上升。

（二）经济运行虽然面临着巨大的下行压力，但仍存在向好方面

相比于 2015 年，中国经济 2018 年在转型中也有向好的趋势。如图 6 – 5 所示，整体来看，经济波动风险持续下降，风险指数从 2015 年的 71.44 上升至 2017 年的 73.62，2018 年微幅上升至 73.90。通胀通缩风险虽然有一定的波动，但相比 2015 年整体呈上升趋势，2018 年风险指数为 96.46，处于历史高位附近。人民币运行风险由于受到中美贸易摩擦、美联储加息等影响，风险水平在 2018 年略微回升，指数为 78.98，相比 2017 年下降 0.07，整体可控。

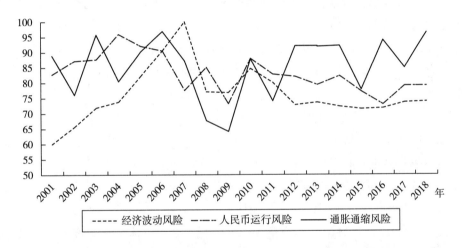

图 6 – 5 "十三五"规划后经济运行向好方面（2001—2018 年）

经济波动风险持续下降。2018 年全年国内生产总值（GDP）累计 90.0 万亿元，名义 GDP 同比增长 9.7%，比 2017 年回落 0.7 个百分点；实际 GDP 同比增长 6.6%，实际增速较 2017 年下滑 0.3 个百分点。从总需求角度来看，2018 年 GDP 增速放缓主因是净出口拉动转负和投资贡献下滑，而消费成为稳定宏观经济的压舱石。2018 年消费拉动 GDP 增长 5%，较 2017 年提高 0.9%，在年内社会消费品零售总额增速持续下滑背景下，服务消费保持较快增长，带动消费对经济增长的基础性作用进一步增强。投资受基建走弱影响，对 GDP 的拉动下滑至 2.1%，净出口同比下滑，拉低 GDP 增速 0.6 个百分点。三次产业方面，三次产业增速普遍下滑，与 GDP 增速放缓基本同步。其中，服务业继续在宏观经济中发挥引领作用。2018 年第三产业增加值同比增长 7.6%，对 GDP 增长的贡献率为 60.1%，拉动率为 4.0%，均高于第二产业。消费拉动经济增长作用进一步增强及服务业对经济增长贡献率不断增加，都表明我国经济结构转型正在稳步推进之中。因此，虽然 2018 年经济增速有所下

滑，但经济增长仍处转型期的平稳区间，既未脱离年初制定的"6.5%左右"的目标范围，也未给就业带来明显压力。随着之后经济结构转型逐渐完成，经济发展的质量和效益都将继续提升。

受供给侧去产能带来工业品价格稳定回升的影响，通胀通缩风险在2018年有所缓解。诸如钢铁、有色金属、非金属矿物质等中上游行业领域，在供给侧改革的政策安排下，近两年不断削减落后产能及去除过剩产能，同时叠加国内需求凸显，产品出厂价格逐渐升高，进一步带动PPI增速回至稳定区间。2018年生产资料PPI累计同比上涨4.6%，涨幅有所收缩。受到供给侧去产能和环保限产等政策力度减弱影响，需求侧投资和消费增速下滑，对PPI的支撑作用下降，但整体属于可控区间，风险进一步缓解。随着国内去产能和环保限产有望进一步减压，但内部需求走弱可能在2019年继续延续，同时叠加全球经济增速疲软、中美贸易摩擦、国际油价涨幅收窄等外部不确定性因素凸显，PPI增速有可能继续下滑。但考虑到基建补短板提速将对钢材、水泥等基础工业品价格形成支撑，PPI全年累计增速重返负增长的可能性依然不大。CPI方面，2018年CPI累计同比上涨2.1%，涨幅较2017年扩大0.5个百分点，为4年以来首度突破2.0%。年内来看，CPI同比大致呈现前低后高之势，主要是受到猪肉价格先降后升再降走势及年末国际油价大幅走跌的影响。但总体来看，CPI同比增速虽有所上扬，但仍处温和区间，未对货币政策形成掣肘。

2018年人民币运行风险受到中国出口美国的增速下滑和热钱、外汇占款安全性上升两方面的叠加影响，基本维持不变。2018年中国出口美国增速为6.73%，相比2017年下降了2.55%。出口下降的主要原因是2018年中美贸易摩擦影响。中美双方自2018年7月5日和8月23日起，分两批对340亿美元和160亿美元进口商品加征25%的关税；自9月24日起，美国又对2 000亿美元中国输美产品加征10%的关税，致使中国出口数量减少。但由于存在"抢出口"效应，出口增速年内呈现前高后低走势，整体下降幅度不大。虽然双方在2018年末通过磋商达成了较为乐观的短期结果，然而未来解决贸易核心问题的难度依然不小，出口贸易对人民币运行风险的影响值得重点关注。此外，美联储在2018年多次加息，美元强势带动包括人民币在内的非美元货币贬值，促使部分资本外流，我国外汇占款进一步下降，但增速有所放缓，热钱指数有所上升。同时，在美联储加息的背景下，人民银行立足于国内实体经济形势并未跟随，导致中美利差收窄，从而在一定程度上压制了人民币对美元汇率。但随着人民币汇率的市场化决定程度进一步提高，带动人民币汇率双向浮动弹性明显增强，当前人民币对美元汇率属于阶段性调整，长期来看2018年汇率并未脱离合理运行区间。

第三节　当前我国经济运行中的安全隐患

一、需求端持续走弱，经济短期下行压力凸显

我国实际GDP增速及PMI走势如图6-6所示。自我国经济在2010年进入新常态以来，

经济增速换轨，经济结构转型，整体处于下行周期。2017 年实际 GDP 增速略微回升，但在 2018 年再次降至近年新低，增速为 6.6%。2018 年经济增速下降的主因为内部需求走弱，社会消费品零售总额、投资增速等均出现一定程度的下滑，显示出需求不振的特征。由于存在"抢出口"效应，2018 年中美贸易摩擦的负面作用未完全凸显，对美出口增速表现为小幅回落。但随着"抢出口"效应逐渐消退，中美两大经济体贸易摩擦加剧，进而引发外部环境更大的不确定性时，外需对我国经济的支撑作用将进一步减弱。采购经理指数（PMI）自"新常态"以来一直围绕 50 荣枯线上下波动，显示经济整体扩张的动力不强。2018 年 PMI 下降到 49.4，经济整体上属于收缩区间，与 2018 年经济增速下滑相符。虽然内外部需求走弱对我国经济造成下行压力，但经历过去几年的"三去一降一补"，地方政府债务、企业杠杆率、工业通缩、房地产高库存等根本性问题均得到显著改善，经济结构不断优化，发展质量得到提升，因此经济失速的可能性不高。短期来看，经济运行稳中有变，从长期看来是稳中向好。下面进行具体分析。

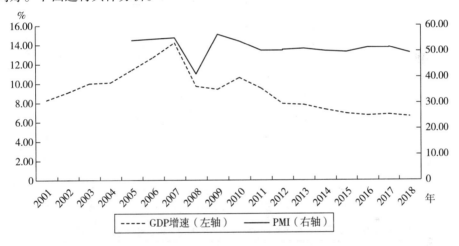

图 6 - 6　我国经济增长态势（2001—2018 年）

从总需求的角度看，消费基础性作用进一步增强。如图 6 - 7 所示，2018 年消费对 GDP 增长的贡献率为 76.20%，较上年增加 18.60%。投资由于受基建投资增速大幅放缓的拖累，贡献率下降到 32.4%，同比转弱。净出口因货物贸易顺差大幅收窄，服务贸易逆差显著扩大，对经济增长重返负向拉动。我国传统依靠投资、净出口带动经济增长的模式正在逐渐发生转变，消费成为稳定宏观经济的基石。

一方面，2018 年社会消费品零售总额由于受到限额以上各类别商品消费普遍低迷拖累，累计同比增长 9.0%，增速较 2017 年回落 1.2 个百分点，这一稳中略降趋势与居民收入走势相一致，显示消费需求有所减弱。但 2018 年城镇居民人均消费支出同比增长 6.8%，增速加快，与反映商品消费的社会消费品零售总额增速下滑走势相背离，表明居民服务消费正加速增长，消费结构从实物转向服务（见图 6 -8）。此外，2018 年提高个税起征点释放的税收红利，在实际可支配收入走弱的趋势下，有望于 2019 年开始刺激消费，具体效果有待进一步查看。

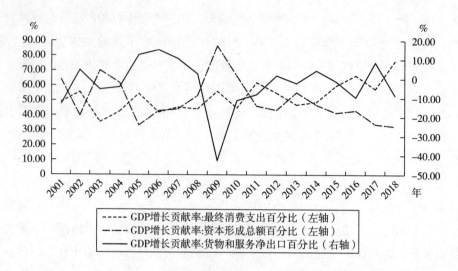

图6-7 总需求对GDP的贡献度（2001—2018年）

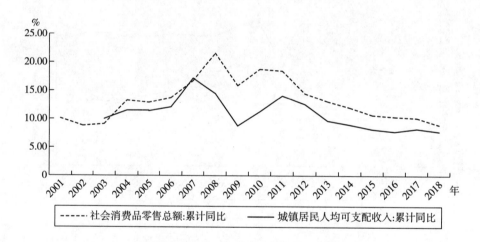

图6-8 社会消费品零售总额及人均可支配收入累计同比增速（2001—2018年）

　　另一方面，我国投资短期内依然不会大幅上涨。2018年，全国固定资产投资累计同比增长5.9%，增速较2017年下滑1.3个百分点，主因是基建投资拖累。基建投资增速显著放缓，全年基建投资（不含电力）同比增长3.8%，大幅低于2017年的19%（见图6-9）。2018年基建投资走弱主要是受严监管的影响：一是地方政府债务监管不断强化，表外融资持续大幅萎缩；二是PPP集中整顿，导致部分基建项目停工下马，从而对基建投资形成冲击。房地产投资累计同比增速加快，主因是前期去库存带动新开工面积同比大幅上升。但在房企调控不会过度宽松的背景下，限购、金融政策紧缩等措施使房地产销售增速进一步放缓，市场情绪转冷将带动投资趋缓。制造业投资增速有所加快主要是受到钢铁、有色金属等去产能相关行业投资反弹及通信、电子设备等高新制造业投资保持快速增长的影响。民间投资主要集中在制造业，因此民间固定资产投资完成额累计同比在2018年有所上升。

随着 2018 年第四季度宏观政策转向稳增长，基建补短板开始提速。地方政府主要通过发行地方政府专项债为项目融资，但由于地方政府债务增长仍然受到严格监管，因此基建对固定资产投资的带动作用有限。同时，工业企业利润走低及中美贸易摩擦将对民间投资及制造业投资产生不利影响。

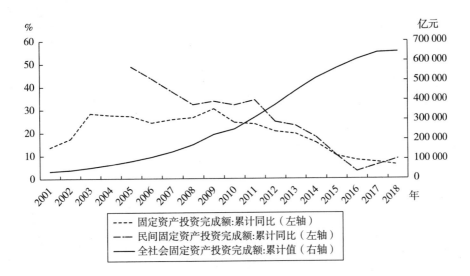

图6－9　全社会固定资产投资完成额（2001—2018年）

欧美经济形势直接影响中国的出口，从而影响国内产业结构的稳定和金融体系的稳定。2018 年我国出口额同比增长 9.9%，增速较 2017 年加快 2.0%，反映了外围经济持续扩张背景下，外需总体保持强劲。图 6－10 显示了欧美经济增长指数与欧美失业率安全指数。总体来看，欧美经济增长指数继续呈上升态势，而欧美失业率指数却出现一定程度的下滑。2018 年欧元区实际国内生产总值（GDP）增长 1.9%，较 2017 年回落 0.5 个百分点，显示经济增长有所趋缓。美国经济受减税刺激持续复苏，2018 年实际 GDP 增速为 2.9%，失业率持续下降，经济增长呈现良好态势。但中美贸易摩擦对我国出口美国形成一定的负面冲击。因此出口增速从年内走势来看，随着中美贸易摩擦影响渐显、全球经济扩张动能边际放缓，表现为前高后低。2019 年全球经济增速进一步放缓，欧元区和日本等主要经济体经济增长动能均趋于减弱，美联储加息带动一批新兴市场宏观经济波动加剧，外部基本面开始趋弱，商品贸易净出口对经济增长的拉动将继续减弱。

从上述分析可以看出，无论是内部还是外部，需求都可能延续 2018 年走弱趋势，对我国经济造成一定的下行压力。此外，从库存周期看，当前产成品库存增速已处于高位。从 PMI 产品库存指数看，近期也是持续上升，显示了库存压力在增加（见图 6－11）。预计 2019 年，我国将进入去库存周期，企业生产投资动力会有所下降，进一步对经济增长带来下行压力。

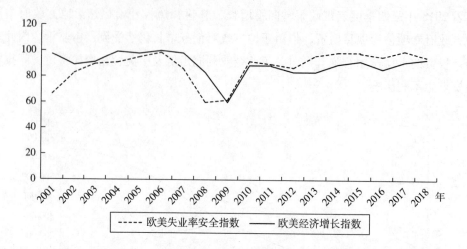

图 6 - 10　欧美经济增长指数与欧美失业率安全指数 （2001—2018 年）

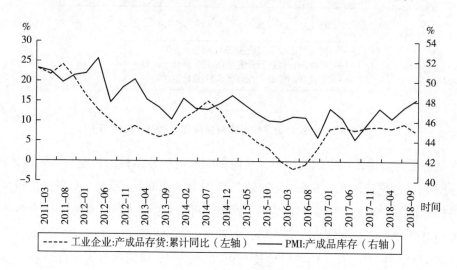

图 6 - 11　库存周期趋势

三次产业方面，如图 6 - 12 所示，三次产业在 2018 年增速普遍下滑，与 GDP 增速放缓基本同步，表明需求端走弱正传导至生产端。第三产业增加值同比增长 7.6%，增速较 2017 年下滑 0.3 个百分点，但仍快于同期 GDP 增速 1 个百分点。从贡献率和拉动率角度看，其对 GDP 增长的贡献率为 60.1%，拉动率为 4.0 个百分点，表明服务业继续在宏观经济中发挥引领作用。第二产业增加值同比增长 5.8%，增速较 2017 年下滑 0.1 个百分点，主因是我国当前已处工业化后期，且终端需求走弱带动制造业增加值累计同比增速下降，工业在国民经济中的份额有所下降。

虽然 2018 年经济增速略有放缓，但整体处于合理区间，供给侧结构性改革稳步推进，经济结构不断优化，服务业对经济增长的贡献持续提升，消费需求仍是经济增长的主要拉动力，第二产业增速明显提高，经济增长质量不断提高。

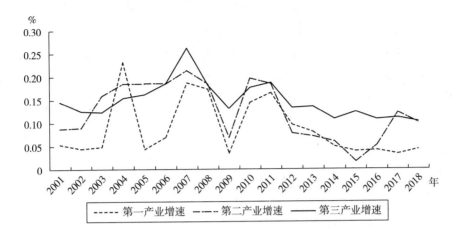

图 6 – 12　我国第一、二、三产业增速变化（2001—2018 年）

二、长期发展动力未有效改善，对经济的拉动作用有限

从经济的长期发展动力来看，人口结构和国民储蓄率持续下降，全要素生产率仍处于低位，新经济增长动能整体规模有限，产业结构调整一定程度上陷入困境。

第一，从人口结构来看，我国面临人口结构的转型。如图 6 – 13 所示，自 2011 年劳动年龄人口占比首次出现下降以来，2018 年进一步下降至 71.82%，且 2018 年就业人口首次出现负增长。随着人口年龄结构的变化，劳动力供给减少，劳动力成本增加，对大量依赖低成本劳动力的行业形成较大冲击。劳动力的稀缺性抑制了资本的回报率，使得投资需求降低。同时人口老龄化发展较快，导致储蓄率下降，资金供应相对减少，对我国经济长期发展形成不利影响。

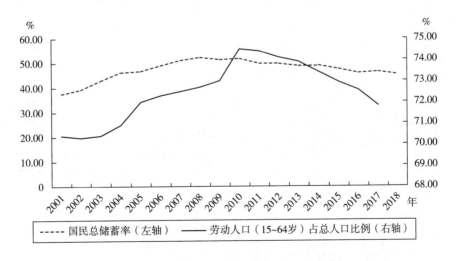

图 6 – 13　我国人口结构及国民储蓄率的变化（2001—2018 年）

第二，我国的全要素生产率自 2007 年以来不断下降，从 2007 年的 9.6% 下降至 2016 年的 3.1%，这说明传统要素投资对我国经济的驱动贡献度逐年下降，单纯依靠对传统要素投

资已经不能成为刺激我国经济发展的主要途径。2017 年全要素生产率开始有所回升，2018 年与 2017 年持平在 3.8%，但仍处在历史低位，表明拉动经济增长的新动能还未完全形成（见图 6-14）。国家大力支持科技创新、重视科技水平发展是全要素生产率近年来有所好转的重要原因，但美国开始对中国芯片等核心技术领域实行出口限制，有可能会对我国转型升级的趋势形成一定的阻碍。

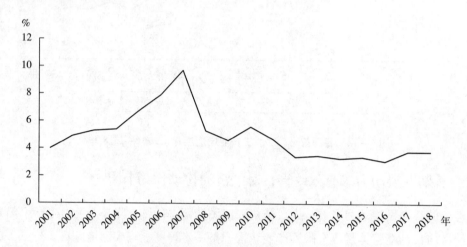

图 6-14 我国全要素生产率的变化（2001—2018 年）

第三，我国仍处于新老经济动能转化的关键时期，原有增长动力增速放缓，而以信息技术为代表的新经济增长动能依然较为快速地增长（见图 6-15）。但是新经济增长动能整体规模有限，虽然增强了宏观经济的韧性，但是对于经济增长的整体贡献度还有限。因此，中国还需要继续培育和巩固新增长动能，以应对我国经济转型升级要求及形成未来经济增长核心驱动力。

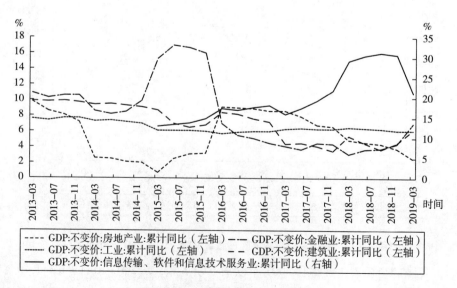

图 6-15 经济增长动力发展趋势

三、中美贸易摩擦前景不明，带动人民币运行风险上升

2018 年人民币运行风险略有上升，主要来源于中国出口美国增速下滑所致。美国在 2018 年下半年开始分别对我国价值 340 亿美元和 2500 亿美元的出口商品加征关税，但由于"抢出口"效应，中国对美出口增速并未大幅度下滑。美国实行贸易保护政策，根源于我国全球经济地位的不断上升，使美国的国际霸权地位受到挑战，因此美国开始通过各种方式对我国经济增长进行压制。中美两国作为全球最大的经济体，其不断升级的贸易摩擦势必给全球经济带来不确定性，在全球经济增速放缓的背景下，对我国经济形成下行压力。外部基本面趋弱、国内经济下行，以及美元指数强势，均会加剧我国人民币运行风险。

（一）贸易摩擦致外需疲软，外需或进一步负向拉动国内经济

从图 6 - 16 我国对美出口增速来看，2018 年出口增速为 6.73%，较 2017 年下降 2.55%。但从年内趋势来看，"抢出口"效应逐渐消退，并受到关税实施的影响，对美出口增速在第四季度明显放缓，体现了贸易摩擦对我国经济的直接影响。

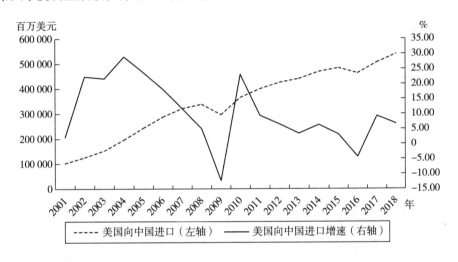

图 6 - 16　美国向中国进口额及增速（2001—2018 年）

在整体的出口贸易方面，以美元计价，2018 年我国货物贸易进出口总值累计同比增长 12.6%，增速较 2017 年加快 1.2 个百分点。其中，我国出口额同比增长 9.9%，增速较 2017 年加快 2.0 个百分点，反映了外围经济持续扩张背景下，外需总体保持强劲。值得注意的是，虽然 2018 年以来中美贸易摩擦不断升温，对市场情绪产生较大影响。但因相关关税措施自下半年起才正式落地，关税税率提高对进出口贸易量的影响还要经过关税传导及需求的价格弹性等因素过滤，以及存在对美"抢出口"现象。故从全年来看，中美贸易摩擦对我国出口增长并未构成明显拖累。但从年内走势来看，随着关税的正式实施，在内外部需求走弱、"抢出口"效应减退和价格因素支撑作用减弱等影响下，第四季度我国进、出口同比增速与前三季度相比有明显下滑，年内走势表现为前高后低，与对美出口增速趋势相符，

中美贸易摩擦影响渐显。在进口方面，我国进口额同比增长 15.8%，继续保持较快增长势头。2018 年我国对外贸易顺差累计为 3 518 亿美元，同比下降 16.2%，主要源于大宗商品价格走高叠加政策效应带动进口保持高速增长。在高基数和内需趋弱背景下，2018 年我国进口延续高速增长得益于三个因素：一是内需边际走弱，但整体韧性较强，对带动进口增长具有基础性作用；二是原油价格回升引领大宗商品价格走高，价格对进口增速起到明显的支撑；三是 2018 年我国扩大进口政策密集出台，对进口增长形成一定的助推作用。

从外部基本面来看，中美两大经济体之间的贸易冲突已经对全球经济增长产生负面冲击，并使全球供应链被迫调整。如图 6－17 显示，2018 年全球经济扩张动能边际放缓，制造业 PMI 从年初的 54.4% 持续下滑至年末的 51.2%。主要经济体中，欧元区和日本经济增长动能均趋于减弱，仅美国经济受减税政策刺激增长强劲。但随着贸易摩擦对美国经济负面作用的凸显，其经济增速也会受到一定影响。2019 年全球经济增长动能趋弱势头仍将延续。此外，美联储加息、美元指数上扬带动一批新兴市场宏观经济波动加剧，本币较大幅度贬值，增长势头放缓。IMF 已将 2019 年全球经济增长预期下调 0.2 个百分点至 3.7%，同时强调全球经济增长的均衡性在下降，下行风险在增加。外部基本面趋弱将对我国出口贸易产生重要影响。从直接影响来看，中美贸易摩擦关税措施当前已覆盖 2 500 亿美元出口商品范围，其对我国对美出口（美国市场占我国出口份额的约 20%）的滞后性影响也将逐渐显露。因此，2019 年我国将面临外需疲软的局面。

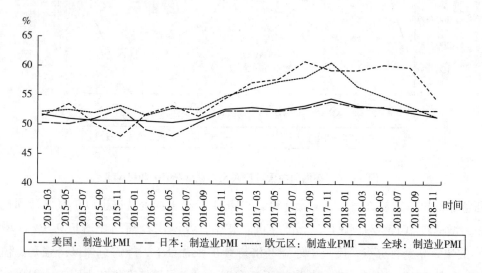

图 6－17　全球及美欧日制造业 PMI 走势

（二）中美货币政策分化，人民币兑美元汇率走势一波三折

2018 年中美贸易摩擦很大程度上左右了 2018 年国内政策和金融市场的走势。从货币政策上来看，上半年维持稳健中性的总基调，流动性环境中性适度。由于受到贸易摩擦等外部不确定性影响，以及实体经济面临下行压力的现实背景，下半年"稳增长"在政策组合中的

权重明显加大，货币政策出现适度的结构性宽松。因此，人民币对美元汇率振幅明显，走势一波三折。2018 年初至 2018 年 2 月上旬，人民币对美元基本呈升势，美元对人民币中间价由 6.50 一路降至 6.28；5 月至 12 月初，美联储开始加息及中美贸易摩擦加剧，人民币对美元开启一轮较明显的贬值，美元对人民币中间价由 6.36 单边升至 6.94，并创下 2 年以来的新高；随后至 2018 年末，中美达成"休战三个月"协议后，人民币对美元小幅升值，美元对人民币中间价最终收于 6.84。2018 年人民币对美元汇率的变动原因主要来自外部：一是同期美元指数变化，美元指数走势基本与人民币汇率相对应。2018 年美元指数呈"前降后涨"走势，4 月末从 90 一路上探，最高至 97.69。美元强势带动包括人民币在内的非美元货币贬值。二是中美货币政策分化，带动两国利差收窄。在美联储加息背景下，人民银行立足于国内实体经济形势并未跟随，而是为稳定国内经济增长开始通过"降准"等措施释放流动性，导致中美利差收窄，从而在一定程度上压制了人民币对美元汇率。随着中美贸易摩擦升温，我国外贸前景的不确定性进一步增加，人民币空头情绪有所升温，也对我国汇率形成一定压力。

（三）外汇占款波动加剧，年内走势前高后低，热钱指数有望进一步上升

随着美国经济的逐渐复苏，我国外贸经济于 2013 年回稳，但 2014 年外汇占款增速在动态波动中快速下滑，2016 年增速更是跌至 -11.71%。2017 年外汇占款降幅有所放缓，2018 年进一步收窄至 -1.04%。从年内走势来看，我国外汇占款余额从年初至 7 月一直小幅增加，达到年内最高点 215 301.95 亿元，主要是受"抢出口"效应推动及上半年我国"去杠杆"政策下流动性偏紧所致。但随着美国从 6 月开始加征关税，及美联储加息带动人民币对美元汇率持续贬值，从 8 月开始，外汇占款余额持续回落至年内最低点 212 556.68 亿元，比 2017 年减少 2 231.65 亿元。由图 6 - 18 可知，2018 年外汇占款持续小幅下降。外汇占款的持续下降对流动性会形成挤占效应，但 2018 年 10 月 7 日人民银行降准释放了 7 500 亿元额外流动性以应对外汇占款 9—12 月的持续下降。在中美贸易摩擦、美联储加息背景下，人民币贬值预期增加，中国人民银行决定自 2018 年 8 月 6 日起，将远期售汇业务的外汇风险准备金率从零调整为 20%，开始逆周期调节，维护外汇市场平稳运行，保持人民币汇率在合理均衡水平上的基本稳定。但考虑到全球需求放缓、财政刺激消退，以及加息滞后效应对美国经济的影响，美联储 2018 年 12 月的联邦公开市场委员会（FOMC）会议已明确，2019 年加息节奏将放缓。由此，中美货币政策将逐渐结束 2018 年的分化态势，转为同向的"偏宽松"，故人民币贬值的外部压力会降低。未来人民币对美元汇率贬值压力可能小于 2018 年，但大概率仍呈区间波动的状态。2019 年的人民币对美元汇率将主要受到贸易摩擦、国内外经济状况，及中美两国货币政策的互动情况的影响。

图 6 - 19 显示外汇占款指数在 2004 年达到最大值 100 之后开始转为骤跌，2016 年的安全指数跌至 15 年来的最低值 60，之后有所回升。2012—2018 年外汇占款安全指数呈现出"倒 N 形"走势。外汇占款与通货膨胀之间存在着正相关的关系，人民银行近年通过多次降

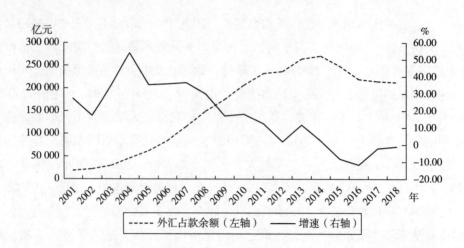

图 6－18　我国外汇占款及增速（2001—2018 年）

准等手段投放流动性使国内通胀水平维持在一个相对温和的水平。中国人民银行总资产快速扩张时期与美联储四轮量化宽松（QE）的时间高度一致。2014 年 10 月美联储停止 QE，2015 年 2 月中国人民银行资产负债表触及历史高点。此后，随着美联储停止资产再购买计划，人民银行外汇占款的余额快速下滑，资产负债表也出现了收缩。至 2016 年人民银行开始通过各种货币政策工具组合供给流动性，增加基础货币供给，资产负债表重新扩张，至 2017 年 1 月才恢复至 2015 年 2 月的水平。2018 年，外汇市场运行总体平稳，人民币汇率以市场供求为基础，有贬有升，弹性明显增强，市场预期基本稳定，跨境资本流动和外汇供求也大体平衡。国内人民币汇率的市场化决定程度进一步提高，带动人民币汇率双向浮动弹性明显增强，市场供求作用下的汇率波动属正常现象，并未脱离合理运行区间。

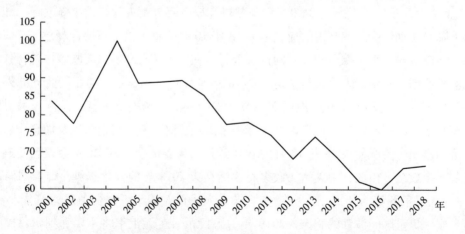

图 6－19　我国外汇占款安全指数（2001—2018 年）

近年来，由于美国经济的逐步企稳复苏，美联储连续加息，国内经济下行压力的不断增大以及我国股市表现低迷等问题，导致全球资金流出新兴市场。2018 年中美贸易摩擦进一步增加了我国经济的下行压力，在以美元计价的资产回报率上升的背景下，跨境资本陆续回流至美国。但随着我国将稳妥推进资本项目开放，进一步完善合格境外机构投资者制度等，将减缓资本外流的速度及影响。从热钱的角度来看，热钱流出将增加我国经济的稳定性。由于热钱的高度投机性质，热钱的规模太大对中国经济的破坏非常严重，热钱的快速流动对我国资本市场、房地产市场等有着十分显著的影响。

我们采用统计局国际统计信息中心（2006）的方法测算热钱。热钱 = 外汇储备增加额 − （外商直接投资 FDI） − 贸易顺差。尽管唐旭、梁猛（2007）、刘莉亚（2008）[①] 指出这一方法可能会低估真实热钱的规模，但我们从严谨性角度考虑，通过可能低估的热钱规模进行研究，以此分析热钱对我国宏观经济的影响。我们通过计算 FDI 与贸易差额的月累计值来得到每年总的热钱规模。通过图 6 – 20 可以看出，在 2014—2015 年，热钱大量流出，2016—2017 年热钱的流出速度有所减缓，2018 年热钱进一步流出。热钱流出趋势大致与我国经济下行压力增加，美国经济企稳，美元指数走强的经济状况相符。因此，在 2018 年贸易摩擦前景未明，我国经济基本面短期趋弱的驱使下，热钱有可能进一步流出，从而弱化对中国资本市场价格的影响，保证我国资本市场的健康发展。

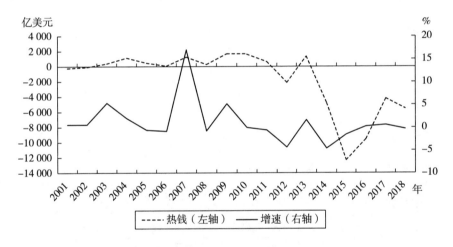

图 6 – 20　我国热钱规模及增速（2001—2018 年）

四、中国债务问题陷入结构性矛盾，去杠杆已成中国经济当务之急

（一）2018 年全社会杠杆率略微下降，但结构性矛盾仍旧严峻

根据国家资产负债表研究中心（CNBS）的测算，我国全社会杠杆率从 2011 年的 2.21 倍一路攀升至 2018 年的 3.05 倍，除此之外居民部门杠杆率、政府部门杠杆率、非金融企业部门杆杠率、金融部门杠杆率均不断上升（见图 6 – 21 和图 6 – 22）。全社会居高不下的债

---

① 刘莉亚（2008）认为该方法存在几个问题：（1）外汇储备增加量可能是由于汇率的变化与外汇投资收益贡献；（2）这一方法假定 FDI 和贸易顺差中没有热钱；（3）假定国际收支平衡表中除了经常项目中的贸易项目和 FDI 外的项目都作为热钱；（4）没有考虑非正常渠道（黑市）流入的热钱。

务水平，成为我国经济运行中的又一重大安全隐患。

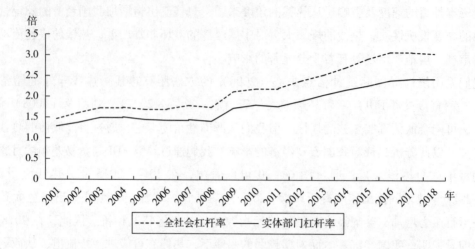

图 6 - 21　我国全社会及实体经济部门杠杆率变化趋势（2001—2018 年）

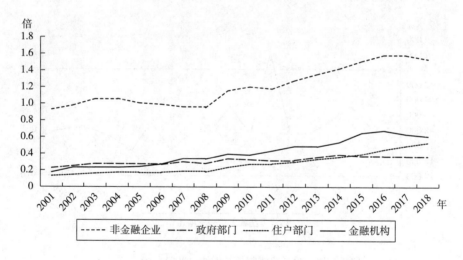

图 6 - 22　我国各部门杠杆率变化趋势（2001—2018 年）

其中，全社会杠杆率在 2016 年达到了峰值 3.08 倍，在之后的 2017 年和 2018 年出现了少量的下降，究其原因主要是 2015 年 11 月在中央经济工作会议中提出的"三去一降一补"初见成效。政府预期目标中减压钢铁产能在 2017 年和 2018 年分别为 5 000 万吨和 3 000 万吨，且均超额完成目标。而政府预期目标中的退出煤炭产能分别在 2017 年和 2018 年的 1.5 亿吨也均超额完成目标。

在债务结构上，2008 年美国次贷危机后，全球需求疲弱，增长乏力，在"出口导向、投资拉动"型经济增长模式下，大量企业陷入了通过大量举债维持产能和库存的恶性循环。从国际比较来看，中国债务问题的结构性矛盾较为突出。从规模总量来看，中国实体经济部门的债务杠杆率并不高，2018 年末中国对内债务总杠杆率为 243.7%，显著高于新兴市场

183.1%的债务杠杆率，但略低于发达国家平均259.5%的杠杆率。居民部门的杠杆率为53.2%，高于新兴市场39.9%的平均水平，低于发达经济体72.1%的平均水平，但是由于中国居民部门债务大部分来源于住房按揭贷款，中低收入家庭承担了大部分债务，整体偿债能力有限。政府部门的杠杆率为36.95%，低于新兴市场47.7%的平均水平，也低于发达经济体98.2%的平均水平，整体水平不高，但是其中地方政府杠杆率为20.42%，占整个政府部门债务的55.26%，地方政府债务风险依然严峻。近年来，非金融企业部门的杠杆率大幅提高，与GDP的比值高达153.55%，不但显著高于新兴市场95.5%的平均水平，也显著高于发达经济体89.2%的平均水平。

（二）公共部门赤字率进一步增加，地方政府债务累计、风险加剧

国际公认的警戒标准为赤字率3%和政府债务率60%，就目前来看虽然我国的情况还没有逾越这一警戒比率，但是近几年增长很快，正快速地接近这一标准。如图6－23所示，显性债务/GDP的数值从2011年的31.56%一路攀升至2018年的36.95%，赤字率也是从2007年的－0.56%上升至2018年的4.17%，这表明公共部门的杠杆率正不断提高。

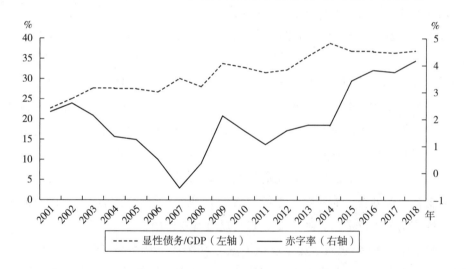

图 6－23　公共部门负债情况（2001—2018 年）

如图6－24所示，2018年政府部门债务持续上升，从2011年到2018年8年间政府部门债务翻了2.16倍。截至2018年12月，中央政府部门负债约14.88万亿元，地方政府债务负债约18.39万亿元，地方政府债务累计，风险不断加剧。

截至2018年末，地方政府债务占政府部门总债务的比例为55.26%，债务规模不断攀升。2018年中由于减税降费的存在，财政赤字在后半年有了较大的增长。尽管近年来，国家层面出台了一系列的政策，如严禁政府实施隐性担保，但是就本书测算地方政府债务规模的结果来看，出台政策依然没有起到实质性的控制作用，地方债务累积扩大了结构性矛盾，地方政府负债整体上降低了社会投资效率和经济增长质量，扩大了经济发展的结构性矛盾。除此之外高居不下的地方债务积累了庞大的金融风险，地方政府通过对控股或全资的地方金

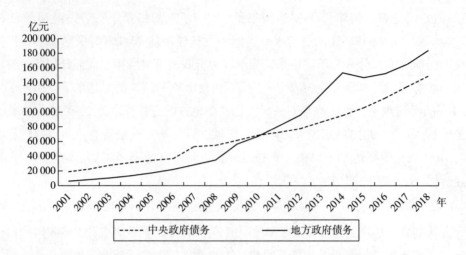

图 6 – 24　中央政府与地方政府债务（2011—2018 年）

融机构的行政干预，借款垫付地方债务是转轨时期各地普遍存在的现象，地方债务向金融机构转移导致地方金融机构财务状况恶化，金融风险累积。

从微观手段来看，自 2014 年开展全国政府和社会资本合作（PPP）模式改革以来，截至 2018 年 12 月末，PPP 综合信息平台收录管理库和储备清单 PPP 项目共 12 605 个，总投资额 13.5 万亿元；其中，管理库项目 9 001 个，储备清单项目 3 604 个。

PPP 模式在基础设施建设方面确实能够缓解地方财政的债务压力，但是由于该新型政府融资模式各项政策框架体系落实不到位，项目在具体实施环节存在监管漏洞，部分急功近利的市场参与者只是将其作为基础设施项目"分期付款"的一种手段，PPP 仍然演变成为地方政府隐性债务。未来中央及地方政府需加快推动和配合 PPP 条例及配套政策体系的制定完善，大力支持融资创新，加快信息系统建设，为 PPP 项目全生命周期提供数据和信用支持，强化履约信用和规范运作，切实发挥 PPP 提质增效作用。

债务置换已于 2015 年正式实施，取得了一定的效果。2015 年，财政部下达了三批置换债券额度，共 3.2 万亿元，此批地方政府债务借此展期，转换成中长期债务；2016 年，地方债务置换 4.9 万亿元，2017 年债务置换 2.77 万亿元，2018 年债务置换 1.99 万亿元。通过债务置换，一是可以降低当下利息负担，在一定程度上延长了地方政府偿还债务的周期，有效解决了短期流动性问题；二是有利于优化债务结构，延长久期，改善债务可持续性；三是债务置换可提高存量债务的透明度，便于对地方政府存量债务进行监督，也有利于向规范透明的预算管理制度转变，推动我国财税体制改革。然而，债务置换有利也有弊。所有到期的债务都通过置换而展期，虽然降低了利息支出，将当下的压力分摊给了未来，但这只是变更了债务形式，并未减少债务余额。这必然给未来带来巨大的偿还压力和风险，也极大地挤压了未来举债的空间。进行债务置换，只能分摊风险，不能降低风险，地方政府债务风险的累积仍值得警惕。

决定公共部门风险水平的一个重要指标是财政收入。财政收入表现为政府部门在一定时期内（一般为一个财政年度）所取得的货币收入。财政收入是衡量一国政府财力的重要指标，政府在社会经济活动中提供公共物品和服务的范围和数量，在很大程度上取决于财政收入的充裕状况。如图 6 - 25 所示，2018 年，全国财政收入183 352 亿元，比上年增长6.20%。近七年财政收入增长明显下降。2011 年，全国财政收入环比增长率为25%，此后逐年降低，到了 2018 年，增长率已跌至6.20%。同时受到减费降税进一步推进的影响，以后财政收入可能进一步降低，故而公共部门的债务风险仍旧需要关注。

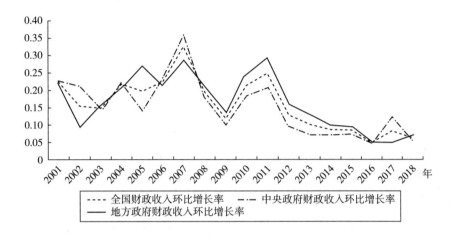

图 6 - 25　我国财政收入环比增长百分比（2001—2018 年）

（三）住户部门债务水平持续上升，居民偿债能力下降

与 2017 年相比住户部门债务水平不断升高，截至 2018 年末住户部门债务余额超过 47 万亿元，较 2017 年上升超过 18%，与此同时 GDP 增速仅 6.6%，居民部门可支配收入增速仅为 9.1%，这使得居民部门的杠杆率进一步升高，偿债能力大幅减弱（见图 6 - 26）。

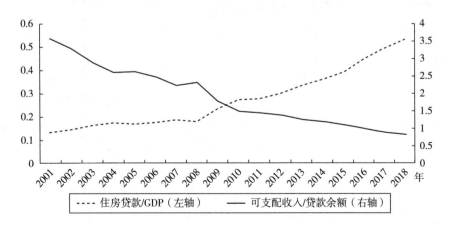

图 6 - 26　居民部门负债情况（2001—2018 年）

从 2001 年到 2018 年，居民部门偿债能力不断下降，杠杆率不断攀升。在住户部门的债务余额中消费性贷款占比达到 78.9%，其中大部分来自住房按揭贷款，而住房按揭贷款最主要的承担对象为中低收入家庭，这部分债务的累积严重增加了居民部门的生活压力，使得偿债风险增加。如图 6－27 所示，我国居民贷款与国民生产总值的比值低于美国、日本及英国，但在 2008 年国际金融危机之后，居民贷款与国民生产总值的比值不断攀升，从 2008 年的 17.87% 上升至 2018 年的 53.2%。总体看来，我国居民部门负债率仍处于全球较低水平，存在一定的债务扩展空间。

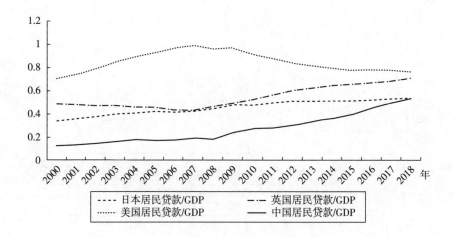

图 6－27　其他国家居民部门负债情况（2000—2018 年）

（四）非金融企业杠杆率过大，整体盈利水平不容乐观

2008 年国际金融危机爆发之后，为抵抗危机传染，稳定经济增速，我国采取了大规模的投资刺激政策，由此进入了以高负债为主要特征的加杠杆周期。其中我国非金融企业负债水平的提升甚为明显，近几年来非金融企业部门杠杆率的攀升速度相当惊人。非金融企业的过度高杠杆，不仅导致企业深陷债务泥潭，容易引发系统性风险，同时也抑制了企业的盈利能力与发展潜力。

1. 非金融企业杠杆率略有下降，去杠杆初见成效，贸易战预期开始显现

通过提高杠杆率发展经济的基本条件是借债的成本小于资金投入的产出，然而如图 6－28 所示，自 2011 年起，非金融企业债务占 GDP 比重较之前有明显增加，2018 年非金融企业债务占 GDP 比重相对于 2017 年的 158.2% 略有下降，为 153.6%，去杠杆政策初见成效，但是这部分下降的杠杆中，可能会存在部分贸易摩擦的影响，由于出口压力增大导致部分企业削减其业务从而降低了杠杆率水平。近三年非金融企业部门杠杆率一直处于历史高位，潜在的违约风险不容小觑。此外，近年来，相比于全球新兴市场非金融企业部门 95.5% 的平均杠杆率水平，我国非金融企业部门的杠杆率很高，同时也显著高于发达经济体 89.2% 的平均水平。

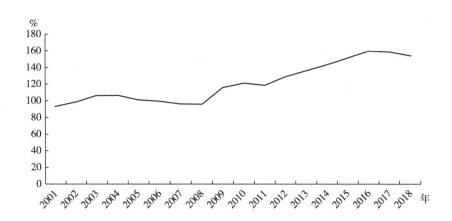

图 6 - 28 非金融企业杠杆率（2001—2018 年）

如图 6 - 29 所示，自 2001 年起，非金融企业杠杆率指数一路走低，杠杆率不断加剧，2014 年以来跌破 70，进入"危险区域"，这给我国经济转型、产业结构调整带来巨大的麻烦。同时可以看到 2011 年以来债务/GDP 比例一路攀升，到 2015 年达到 1.51 倍，2016 年底上升至 1.58 倍，并在 2017 年保持持平，2018 年略微下降至 1.54 倍，且整体债务水平较高。

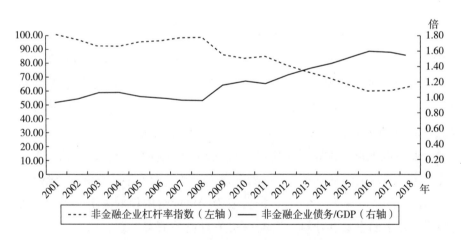

图 6 - 29 非金融企业杠杆率指数与债务水平（2001—2018 年）

2. 工业企业盈利水平下降，且整体水平不高

非金融企业的债务问题主要存在于工业企业。企业高质量的利润增长可以降低高债务带来的潜在违约风险，但如图 6 - 30 所示，自 2010 年起，工业企业主营业务收入同比增速持续走低，在 2013 年以后跌破 10%，2016 年出现一定程度的好转，同比增速从 2015 年的 0.79% 上升至 2016 年的 4.38%，但 2017 年又迅速下降至 1.13%，并在 2018 年实现了负增长，且工业企业整体盈利水平依然处于较低水平。长期来看，企业的盈利状况不容乐观，企业的偿债压力逐渐增大。

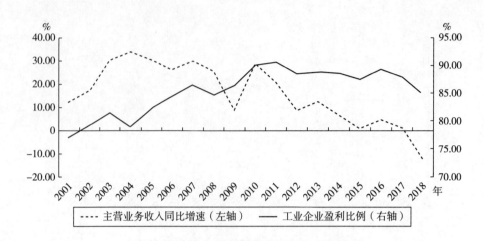

图 6-30　工业企业盈利情况（2001—2018 年）

第四节　结论与展望

一、主要结论

（一）经济增长态势不容乐观，下行压力依旧存在

2018 年 GDP 增速为 6.6%，较上年下降 0.3 个百分点。2017 年中国宏观经济增速结束了 2011 年以来持续下滑的态势，转而出现了小幅回升。但是 2018 年受中美贸易摩擦的影响，货物和服务净出口对 GDP 增长的贡献率大幅下降，甚至为负值，故而导致整体经济增速的下滑。从生产法的角度来看，第一产业于 2017 年小幅走弱，但第二产业（工业）、第三产业（服务业）发展形势较好，对 GDP 增速起到了一定的支撑作用。从需求端来看，全年最终消费支出对国内生产总值增长的贡献率为 76.2%，资本形成总额的贡献率为 32.4%，货物和服务净出口的贡献率为 -8.6%，消费成为经济能否维稳的决定性因素，而当前由于房地产销售下行带来的家具、建材、家电等相关行业的消费下跌，以及股市下跌、P2P 爆雷、房贷过高等因素影响，消费存在较大的压力。

（二）中美贸易摩擦对经济有不利影响，但总体风险仍旧可控

中美贸易摩擦短期对贸易影响情绪大于实质，若继续升级且长期持续将对经济不利。从目前短期看美国发起的贸易争端的影响更多集中在情绪层面，对国内的进出口影响仍较为有限，但长期持续且进一步扩大将对经济产生不利影响。2008 年国际金融危机后，中国调整战略，从出口导向型转向内需拉动型，出口占 GDP 的比重从 35% 降到 18.5%，其中对美国出口只贡献了其中的 3.5%，假设最极端情况，对美国的出口降到 0，对中国 GDP 增长的影响为 0.3 ~ 0.5 个百分点，因此中美贸易摩擦对中国经济的影响总体可控。

（三）改革和政策存在时滞，非金融企业发展压力较大

近年来，供需矛盾不断深化，需求端表现乏力，投资、消费和出口"三驾马车"增速都出现了不同程度的下滑，加大了供给端的压力，进而对非金融企业带来了一定程度的不利影响。

目前减费降税虽然正在推行，但中小企业融资难的问题并未得到完全解决，大型商业银行仍旧是企业贷款的主要来源，由于银行对坏账率存在要求，故而相对而言违约风险更高的中小企业更难获得贷款，同时由于中央在2018年对影子银行加强了管制，中小企业通过第三方进行贷款也更为困难，发展压力不断加大。

供给侧改革从长远看来会提高非金融企业的活力，但短期内存在着一定的阵痛期。转型阶段势必会给部分产能过剩行业和劳动密集型产业带来一定的损失，短期来看这部分行业发展可能会出现一定的下滑，加大了企业的运营风险。

（四）外部环境出现恶化，人民币运行风险存在上升压力

近年来随着贸易保护主义、逆全球化趋势的抬头，中国作为世界最大的出口国，出口端存在着巨大的下行压力。随着2018年下半年中美贸易摩擦的不断加剧，并且由两者的诉求的矛盾推断出短期内贸易摩擦很难结束，故而人民币运行风险存在着巨大的上升压力，虽然近年来中国不断拓展自身在周边国家的影响力，诸如"一带一路"等相关政策的不断落地，但是仍旧要重视未来人民币的运行风险。

（五）"三去一降一补"为公共部门杠杆率带来压力

政府将个税起征点提高到5 000元以降低个税，后续又陆续推出个人在子女教育、继续教育、大病医疗、普通住房贷款利息、住房租金、赡养老人支出等6项专项附加扣除，来对冲消费下行。受到10月减免个人所得税落实的影响，第四季度财政赤字出现同比增长。而房地产投资由于融资收紧、棚改货币化安置收紧、个人房贷利率上升、土地流拍等因素造成的回落，推动了固定资产投资的总体回落。为了对冲固定资产投资的下行，基建投资面临着巨大的压力。考虑到基建投资和地产投资的体量，若地产投资增速从9%降低至0，那么基建增速需要提升5 ~ 6个百分点才能完全对冲。急需扩大的基建投资压力和减税降费带来的财政收入减少，两者叠加，给公共部门杠杆率带来了巨大的压力。

二、未来展望

2019年，世界经济政治形势更加错综复杂，我国经济结构性、深层次矛盾依然突出，短期经济减速风险和就业压力明显加大，经济下行压力加大，需要做好攻坚克难的充分准备。

（一）呈现增长疲弱态势

从供给侧看，工业周期性行业已进入下行通道，环保限产趋严、原材料等价格居高，制造业总体走弱。生产性服务业受工业走弱影响、生活性服务业受收入增长影响，市场需求均难以明显扩张。从需求端看，固定资产投资得到基建投资的一定支撑，但制造业投资前景不容乐观，房地产市场回归理性，总体投资意愿依然不强。居民消费增速放缓、高房价抑制效应、优质产品服务供给不足等，都会影响消费持续增长。事实上，我国经济呈现走弱的迹象在进入 2018 年下半年时已经开始显现，第三季度 GDP 单季增速 6.5%，创 2009 年第二季度以来新低；工业增加值增速持续回落至 5.3%，创 30 年新低；12 月制造业 PMI 下滑至 49.4%，在维持 33 个月后跌破 50% 的临界线。预计 2019 年全社会固定资产投资、社会消费品零售总额、规模以上工业、第三产业增加值都将有所回落、稳中趋缓，GDP 增长在 6.3% 左右。

（二）供给侧结构性改革任重道远

目前，全国各地方各部门供给侧结构性改革已取得阶段性显著成效，但当前经济运行主要矛盾仍然是供给侧结构性的，供给普遍过剩和有效供给不足的结构性矛盾突出，供给体系的质量和效率还有较大的提高空间，要素市场化配置机制还很不健全。去产能方面，过去化解过剩产能更多依赖的是行政性手段，市场机制没有真正发挥决定性作用。目前，"僵尸企业"市场出清存在较大困难，PPI 价格回升加大了部分行业去产能难度，市场化、法治化手段有待完善。

（三）局部风险隐患压力加大

金融领域，商业银行不良贷款率上升，债市违约风险明显增多，股市悲观情绪依然较重，对不良资产、债券违约、影子银行、互联网金融等累积的风险需要高度警惕；财政领域，地方财政明显减收，财政收支矛盾较大，地方政府化解存量债务压力较大。就业方面，就业结构性矛盾更加突出，互联网等领域就业浪潮可能有所衰退，大学毕业生数量再创新高。市场秩序方面，共享单车等新业态接连倒闭，"权健事件"等传销、虚假广告、伪劣产品等现象屡有发生。

（四）外部环境仍有较大不确定性

大国关系仍充满变数，而民粹主义、单边主义、保护主义将是未来众多地缘政治和经济风险的来源，全球发展将面对许多前所未有的挑战。世界经济增长动能减弱，下行风险加大。全球制造业 PMI 指数从 2018 年初的 54.4 下降到 12 月的 51.5，反映出全球经济增长势头逐步减弱，预计 2019 年多数国家工业生产将因内外需求和投资的减少而受到挤压，全球经济和贸易投资增速将有所放缓。美联储加息缩表引起其他国家尤其是新兴市场国家货币贬值和货币危机，高债务国家债务危机风险加大。

第七章　全球主要经济体对我国金融安全溢出效应评估

2007 年美国次贷危机爆发并迅速波及全球金融市场，给许多国家造成了严重的影响，世界经济一下陷入低迷之势。此次危机爆发的传染速度之快、影响范围之广，从中我们可以发现随着经济全球化的进一步发展，各类要素的流动不再受国界的制约，一国经济或单一经济体的发展势必会受到其他国家、经济体乃至全球性经济波动的影响。因此在中国对外开放进程不断推进的历史背景下，研究我国的金融安全需要结合外部经济环境的溢出效应及其对国内经济的影响路径进行探讨。

本章将针对国际经济形势及主要经济体发展状况对我国金融安全产生的溢出效应进行分析。其中，指标的研究区间为 2001—2018 年。

第一节　评估体系和指数构建

本节将针对世界主要经济体的发展状况进行指标筛选和设计。通常来说，世界经济发展的大体走势可以通过几个重要经济体的表现进行判断，如美国、欧盟、日本等。基于我国经济发展实际情况和金融安全的角度，对我国经济产生溢出效应的经济体应该能代表世界经济发展的方向，同时也应是我国的重要经济贸易伙伴，其经济运行的状况会通过贸易和资本流动等途径对我国经济产生影响。因此，本章将在世界范围内的经济体中选取在全球金融市场中具有重要地位、拥有较大话语权并且对我国经济作用力较强的主要经济体——美国、日本和欧元区的相应指标进行讨论。

一、评估体系及各级指标详情

通过构建总体指数用于衡量国际间的溢出效应，其中编制总体指数时，考虑经济体基本面指标和金融市场指标，各项均以环比增速方式呈现以反映经济体的动态发展。

经济体基本面指标包括经合组织（OECD）领先指数，各国的国内生产总值（GDP）、就业率、对华进口、投资以及主权信用评级债券利率指数，其中主权信用评级债券利率指数利用三个国家和地区的 10 年期国债利率来进行衡量，分别用各项指标的增速来衡量国际经济基本面的溢出效应。

金融市场指标分为货币市场和资本市场两部分。货币市场选取美国联邦基金利率（FFR）、日本东京同业拆借利率（TIBOR）、欧元银行同业拆借利率（EURIBOR），将这三个利率分别与我国的市场基准利率代表——上海银行间同业拆放利率（SHIBOR）进行比较，用利差绝对值衡量资本流动的风险；资本市场选取美国道琼斯指数、日本日经225指数、德国DAX指数、英国FTSE100指数和法国CAC40指数用于评估美国、日本及欧元区的股票市场对我国金融安全的溢出效应。

各级指标详情及数据说明见表7-1。

表7-1　　　　　　　　　　　　　　　指标及数据说明

二级指标	三级指标	指标含义	数据来源
基本面指标	OECD领先指数增速	指标越高，金融安全程度越高	Wind资讯
	GDP增速	指标越高，金融安全程度越高	Wind资讯
	就业率增速	指标越高，金融安全程度越高	Wind资讯
	对华进口增速	指标越高，金融安全程度越高	Wind资讯
	投资增速	指标越高，金融安全程度越高	Wind资讯
	10年期国债利率安全程度增速	指数越高，金融安全程度越高	Wind资讯
金融市场指标	中美基准利差绝对值增速	指数越高，金融安全程度越低	Wind资讯
	中日基准利差绝对值增速	指数越高，金融安全程度越低	Wind资讯
	中欧基准利差绝对值增速	指数越高，金融安全程度越低	Wind资讯
	道琼斯指数增速	指数越高，金融安全程度越高	Wind资讯
	日经225指数增速	指数越高，金融安全程度越高	Wind资讯
	德国DAX指数增速	指数越高，金融安全程度越高	Wind资讯
	英国FTSE100指数增速	指数越高，金融安全程度越高	Wind资讯
	法国CAC40指数增速	指数越高，金融安全程度越高	Wind资讯

注：所有数据均为2001—2018年数据，其中欧元区国债利率自2004年起，SHIBOR数据自2007年起。其余数据均以各国最后更新时间为准。

二、国际溢出效应下金融安全指数构建

（一）总体指数构建

本节中，国际溢出效应由基本面溢出效应和金融市场溢出效应两部分构成。在完成两个部分的指数化构建后，假设两类指数对于金融安全本身同等重要，因此在总体指数构建中，对两类指数赋予一致的权重。此外，根据前文对样本指标设计的介绍，相关指标越大，则代表中国金融市场的安全性越高。

（二）指标计算方法

1. 经济基本面指标设计。如表7-1所示，选取OECD领先指数、GDP增速、就业率、

进口增速、投资增速、主权信用评级债券利率指数等六类宏观经济指标作为经济基本面的评估指标，每类指标对经济基本面的溢出效应影响等同，因此赋予同等的权重。而对美国、日本和欧元区三个经济体在各个指标内的权重设置，我们采用标准差权重法予以分配，即在计算获得六类指标增速的标准差后，以三个经济体在每个指标标准差之和中的贡献度，作为其在指标中的权重。

2. 金融市场指标设计。如前文所述，我们将金融市场分为货币市场和资本市场。针对货币市场选取美国联邦基金利率、日本东京同业拆借利率、欧元同业拆借利率3个指标；资本市场指标选取道琼斯指数、日经225指数、德国DAX指数、英国FTSE100指数、法国CAC40指数5个指标。以货币市场的3个指标和资本市场的5个指标作为国际金融市场的评估指标，每个经济体指标的权重同样采用标准差权重法进行，方法如前所述。同时认为货币市场和资本市场对金融市场的溢出效应影响相同，同样赋予同类权重。

3. 指标的无量纲化处理。为了方便最后指标的加总、比较和评价，我们还需要对每类指标进行无量纲化处理。本节采取的是功效系数法，即在确定第j类样本数据中的满意值M_j和不容许值m_j后，利用公式$60 + \dfrac{x_{ij} - m_j}{M_j - m_j} \times 40$进行计算，其中$x_{ij}$为第$j$类数据中第$i$年的值。这样的处理方法可以将评价系数固定在60~100分，方便我们进行观测。对于满意值M_j和不容许值m_j，本节以相应数据中的最大值和最小值作为代替。其中，由于货币市场的3个利差增速指标是越小越安全，故对其进行无量纲化处理时，先用100减去按上述方法计算出来的指数再加上60，以同一标准便于比较。计算值越高，意味着我国金融市场安全程度越高。

第二节　评估结果与分析

在本节中，国际间溢出效应对我国金融安全的影响主要来自美国、日本和欧元区经济基本面与金融市场两个方面，其中选取的相关研究变量已经在表7-1中予以列出。

一、国际总体溢出效应对我国金融安全的影响

基于以上介绍，本部分对相关指数进行了计算，计算结果如表7-2所示。

表7-2　　　国际总体溢出效应对我国金融安全指数的影响（2001—2018年）

年份	国际经济基本面溢出效应指数	国际金融市场溢出效应指数	总体指数
2001	84.68	71.75	78.22
2002	84.23	66.05	75.14
2003	88.56	96.64	92.60
2004	90.17	86.44	88.31

续表

年份	国际经济基本面溢出效应指数	国际金融市场溢出效应指数	总体指数
2005	90.38	96.20	93.29
2006	88.13	91.07	89.60
2007	87.16	85.69	86.43
2008	80.22	66.05	73.13
2009	64.16	77.43	70.79
2010	93.57	92.89	93.23
2011	86.56	79.35	82.95
2012	86.40	78.90	82.65
2013	83.19	85.04	84.11
2014	88.07	75.20	81.63
2015	89.38	74.54	81.96
2016	84.48	75.41	79.95
2017	85.88	81.93	83.90
2018	85.18	69.38	77.28

　　结合表 7-2 和图 7-1 可以发现，三类指数的变动趋势比较接近，而金融市场作为先行指标，其状况的恶化和改善都要领先于经济基本面，这与对金融和实体经济间基本关系的认知相一致。而总体指数的走势很明显分为两个部分：

　　第一部分为 2008 年之前，显然次贷危机对我国金融安全产生了巨大的影响，金融安全总体指数由 2003—2007 年 85 以上的高位水平骤降至 2008 年的 73.13，并在 2009 年持续下跌至 70.79，达到评估期间的最低值，这意味着次贷危机在海外产生的负面冲击对我国经济造成巨大影响，溢出效应导致我国金融市场的总体风险水平恶化；而在第二部分 2009 年之后，随着各国强刺激措施的出台，美日欧等经济体逐渐复苏，特别是在 2010 年我国金融安全指数重回 90 以上的水平，说明各国应对危机的政策有一定的效果，这对于稳定世界经济预期产生了积极作用，同时也改善了我国周边的国际环境，虽然在 2011 年又有所回落，但之后保持在 80 左右的水平，金融安全指数逐渐趋于稳定，但 2018 年又有所下滑。

　　重点关注近三年全球主要经济体对我国整体经济的溢出效应，在 2016 年总体指数处于 79.95 较高位的水平状态下，2017 年总体指数及二级指标均呈现上升的走势，且 2017 年的指数水平高于 2014—2015 年，原因在于世界其他经济体的经济复苏与繁荣，尤其是美国和欧元区，对于中国金融安全状况有所推动的作用。2017 年自特朗普上台后，美国的经济有了明显的复苏与繁荣。首先，美国进行了税收改革，这次改革是美国 30 年来最大的减税，推动了就业、经济增长、货币增长以及资本市场的发展。但在《中国金融安全报告 2018》中，也提出当时"美国货币政策并不明朗，全球金融环境面对不佳处境，将对较脆弱的经

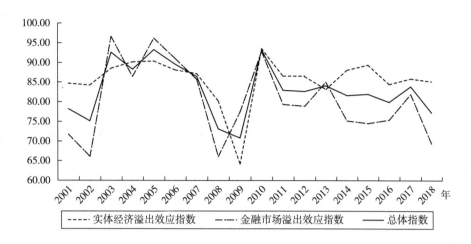

图 7 - 1 三类指数走势变动图（2001—2018 年）

济体产生不利影响。那些与美元挂钩、具有高杠杆和存在资产负债表错配的经济体可能遭受更大压力。美国政府决策的不确定性仍是企业面临的最大风险因素。特朗普所承诺的改革仍在进行过程中，不少政策尚未出台，对于已经被国会通过的税改措施，可能带来的财政、经济和社会影响仍待明确，全球金融环境复苏的可持续性有待考察"，通过 2018 年各指数的走势来看，充分印证了本报告对全球金融隐患的准确预估。

纵观 2018 年总体指数和二级指标的走势，均呈现下跌形态，尤其是金融市场溢出效应指数，由 2017 年的 81.93 骤跌至 69.38，逼近 2008 年的最低位水平，实体经济溢出效应指数呈现小幅下滑，综合两方面的走势，总体指数呈现较为大幅的下滑，由 2017 年的 83.9 跌至 77.28，可见在 2018 年全球经济对我国金融市场的溢出效应严重影响了我国经济的发展。这一大幅的下跌走势主要归因于经济复苏下所面临的政治风险被低估，美国在全球范围内都在强行执行贸易保护主义，与世界多国就产品进出口税率产生较大的争执，其中中美贸易摩擦的突发对全球各国经济都造成不可避免的影响，尤其对中国短期内的影响更为凸显；与此同时，欧元区尤其是意大利的政治风险也较为突出，而日本面对美国的保护主义和销售税的再次上调，出口也有所放缓，成为拖累其经济增长的主要因素。在目前这个经济周期阶段，政治因素占主导地位，欲继续保持全球经济复苏的态势，需要充分平衡政治因素中的不确定性风险。

从上述的分析中可以看出国际金融市场环境在稍有改善的走势下仍存在不可小觑的风险隐患。经济转型压力和 2015 年股市大幅波动对金融市场改革带来的不确定性使我国整体的金融安全状况恶化，导致 2016 年我国金融安全指数有所下降，但 2017 年全球经济状况的繁荣给我国创造了良好的国际金融市场环境，提高了我国整体的金融安全状况。然而，好景不持久，2018 年国际金融市场环境再次陷入危机，尤其中美两国之间的贸易摩擦严重影响了中国经济的发展，总而言之相较 2017 年，我国金融安全形势更为严峻。

二、国际基本面溢出效应

（一）基本面溢出效应总体概述

从国际经济基本面的溢出效应来看，国际经济总体已经克服了 2008 年国际金融危机带来的冲击，虽平均而言仍低于危机爆发前的经济发展水平，但一定程度上实现了复苏。从图 7-2 的基本面溢出效应指数结果可以发现，强刺激政策之后，2010 年指数有了质的提高，但此复苏形势没能延续下去，在 2011 年到 2016 年都维持在 85 左右的水平，基本面情况相对稳定，并且在 2017 年上升约 2 个点。2018 年再次有所下行，但幅度较小，说明 2018 年美国、日本、欧元区的宏观经济仍保持稳定发展态势，国际经济形势较为稳定。

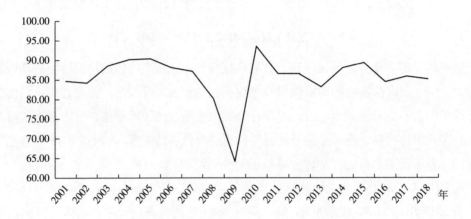

图 7-2　国际经济基本面溢出效应指数（2001—2018 年）

（二）基本面六类指标溢出效应具体分析

表 7-3 具体展示了 6 类基本面经济指标分别对我国金融安全的溢出效应指数，可以看到在危机之后，GDP 增速、就业和投资 3 个指标基本恢复到危机之前的水平，甚至在一定程度上小幅超过危机前水平；而 OECD 领先指数、进口、10 年期国债利率安全程度增速有所回升，但相比危机之前依然处于艰难的恢复阶段，尤其是 10 年期国债利率指标。这种现象可能是因为相比于其他三类指标，主要经济体更在乎 GDP 的整体走势以及更倾向于通过加大投资和创造就业机会的方法拉动国内需求、稳定市场情绪从而复苏经济。受到 2018 年全球经济的影响，虽然在经济基本面上我国受到国际溢出效应的影响较小，但是相较 2017 年而言，这六类指标中 OECD 领先指数以及就业 2 个指标有了显著下跌走势，但 GDP 增速、进口以及 10 年期国债利率 3 个指标都有小幅的上下波动。值得注意的是，2018 年投资增速这一指标显著优于 2017 年，并且达到几近 100 的高位水平，说明全球经济市场虽然受到中美贸易摩擦等突发事件的影响，但是资本流动仍然保持着增长的态势，整体市场环境发展依旧较为稳定。

表7-3 国际基本面溢出效应对我国金融安全指数的影响（2001—2018年）

年份	OECD领先指数增速	GDP增速	就业率增速	进口增速	投资增速	10年期国债利率安全程度增速
2001	62.74	95.76	87.68	77.99	86.54	97.40
2002	76.42	88.61	82.27	91.59	84.95	81.51
2003	77.85	92.19	87.36	93.64	92.52	87.81
2004	87.14	100.00	93.07	99.60	99.21	62.00
2005	75.89	98.10	93.95	94.58	100.00	79.76
2006	83.76	99.60	96.38	89.45	99.60	60.00
2007	79.25	99.23	94.54	86.44	93.34	70.16
2008	61.79	83.22	83.21	80.98	84.07	88.05
2009	60.00	60.00	60.00	60.00	60.00	84.93
2010	100.00	94.89	86.19	100.00	97.37	82.98
2011	77.38	87.17	94.80	84.15	96.05	79.77
2012	71.55	88.35	90.38	75.82	92.30	100.00
2013	81.74	90.19	92.19	71.53	94.36	69.15
2014	79.58	95.24	100.00	78.05	97.76	77.81
2015	74.87	99.38	99.31	76.21	97.21	89.27
2016	73.16	90.47	96.95	71.25	90.13	84.90
2017	81.63	95.78	98.15	80.05	96.80	62.86
2018	76.17	95.23	97.60	79.01	99.12	63.92

　　如上文所介绍的，OECD领先指标是对OECD国家经济社会发展状况的总体评估，指标增速的变动可以反映相关经济体经济扩张和收缩的情况。从图7-3中我们可以清楚地发现，在2009年三大经济体的OECD领先指数增速跌到最低点；2010年达到最高点后又迅速降低，2011—2017年增速放缓、小幅波动并在之后几年出现负增长的情况。虽然三大经济体的指数增速在2017年都回归正值，但是在2018年又呈现下跌走势，并且除了美国以外其他两个经济体再次陷入负增长。这意味着部分经济体实质上进入通缩通道，欧元区的欧债危机冲击和日本的长期通缩是两个经济体出现负增长的原因所在。而美国这一指标在2015年也变为负数且2016年进一步下跌表明美国虽然宣布退出QE，但货币宽松政策的影响效应仍在持续，美国经济整体基本面稳固，因此2017年实现有效增长，但由于财政刺激的推动力减弱，增长轨迹在2018年有所放缓，这对世界经济的整体预期带来较为负面的影响。

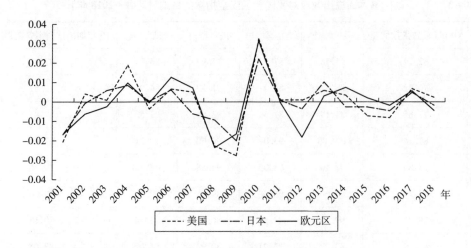

图 7 - 3　不同经济体 OECD 领先指数增速变动（2001—2018 年）

基于图 7 - 4 至图 7 - 6，我们可以发现从 GDP 增速上来看，美国和欧元区的 GDP 增速要好于日本，这说明在经济复苏程度上，美、欧的表现较好，这与美欧本身积存的经济实力及在危机前的经济表现有一定关系。具体而言，三大经济体在 2018 年 GDP 增速、就业率增速和投资增速表现各异。美国 2018 年 GDP 增速为 5.2%，较上年增长了 1 个百分点；欧元区 2018 年 GDP 增速为 3.3%，较上年下降 0.1 个百分点；日本 2018 年 GDP 增速为 0.7%，较上年下降 0.8 个百分点。就业方面，美国 2018 年就业率为 96.1%，较 2017 年有略微提高，就业增速 0.48%，较上年下降了 0.07 个百分点，基本符合充分就业率的区间范围，可见美国劳动力市场依然表现强劲，受益于 2017 年各项政策的出台，有效改善了就业环境；2018 年日本失业率为 2.4%，在主要发达国家中处于低位水平，就业率增速在 2018 年为 0.37%，较上年稳步增加 0.05 个百分点；欧元区失业率虽然仍处在高位但下降至 8.2%，就业率增速小幅下降，由 2016 年的 1.05% 上升至 0.98%。全球就业状况持续改善，美日两国基本处于充分就业水平；在一系列劳动力市场改革措施的推动下，欧元区失业率接近危机前最低水平。投资方面，美国和欧元区的增速都有显著提高，然而日本的投资增速却呈现下滑走势。2018 年美国投资增速由 2016 年的 5.52% 迅速提升至 7.89%，上升 2.3 个百分点，欧元区投资增速也由 4.29% 上升至 6.54%，增加 2.3 个百分点，而日本的投资增速由 3.96% 下跌至 2.20%，下降近 2 个百分点，这可能与出口放缓直接相关，出口放缓拖累了经济增长从而使得私人资本支出下降。由此可见，三大经济体在经济复苏过程中，美国和欧元区刺激投资的能力有了很大的提升，并且欧元区较前一年的表现而言，投资能力有了显著的提高，但是欧元区总体而言创造就业的能力较弱，仍有待出台有效政策改善欧元区整体就业状况。三大经济体在三大指标上都有增有减，但从整体而言，各主要经济体所采取的经济振兴政策有不错的效果反应，但日本安倍的通货膨胀举措将累积一定的风险隐患，欧元区整体的就业环境也有待进一步改善。

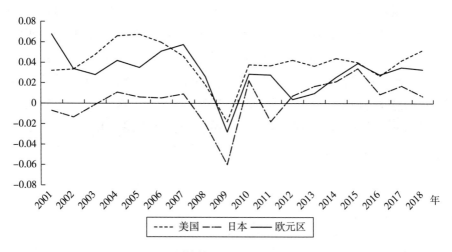

图 7 - 4 不同经济体 GDP 增速（2001—2018 年）

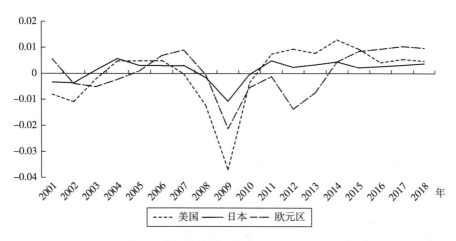

图 7 - 5 不同经济体就业率增速（2001—2018 年）

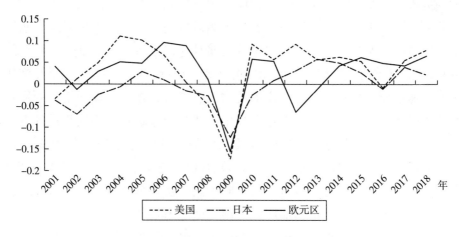

图 7 - 6 不同经济体投资增速（2001—2018 年）

从金融危机爆发后的长债收益率变动看（见图 7 - 7），2008 年国际金融危机爆发之后，三大经济体的 10 年期国债收益率变动均呈现持续下滑走势，其中日本在 2016 年的国债收益率甚至出现负增长。三大经济体的 10 年期国债收益率变动在 2016 年达到低点后，在 2017 年均呈现重新上涨的走势，并且 2018 年也保持继续上升的态势，其中，欧元区和日本的收益率变动保持相对较为稳定的增长，美国再次出现飙涨走势，这与 2018 年特朗普政府所采取的政策举措相关。特朗普在美国经济延续 8 年后开始实行以积极财政政策为核心的一系列经济刺激，这在一定程度上改变了美国经济周期的轨迹。

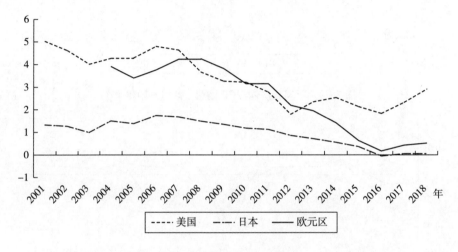

图 7 - 7　不同经济体 10 年期国债收益率变动情况（2001—2018 年）

图 7 - 8 展示了三个经济体对华进口的增速，作为最直接的对我国经济的溢出指标，可以发现在次贷危机前，美国、日本、欧元区都保持着对我国进口数额的正增长。尽管在 2009 年为负增长，但危机后三个经济体对华进口都迅速恢复了增长的局面，但是增速都难以回到危机前的水平，日本甚至还再度出现负增长的局面。这表明我国的外需情况并没有得到充分的改善，这与各国主要着重于刺激国内产业、需求发展及有意缩减贸易逆差有关。同时应该注意到，在 2016 年三个经济体对华进口增速都为负值或接近 0 增长，美国为 - 4.2%，日本为 - 2.62%，欧元区为 0.35%；但是在 2017 年三个经济体对华进口增速重回快速增长，并且都有优于之前的增速。不过，在贸易保护主义的阴霾下，全球贸易增速明显下滑，2018 年美国及欧元区的对华进口增速都有不同程度的下跌，美国最为明显。受累于中美贸易摩擦，2018 年美国对华进口增速由 2017 年的 9.28% 下跌至 6.73%，跌幅近 3 个百分点，欧元区对华进口增速跌幅近 1 个百分点，日本对华进口增速保持在较为稳定的水平，可见全球贸易摩擦对我国经济环境非常不利。结合之前相关经济基本面指标的分析，我国经济目前所处的国际金融市场环境较为稳定，但是若全球贸易保护主义持续升级，将严重打击全球经济环境，曾经作为经济增长重要推动力的贸易恐将成为经济发展的拖累。

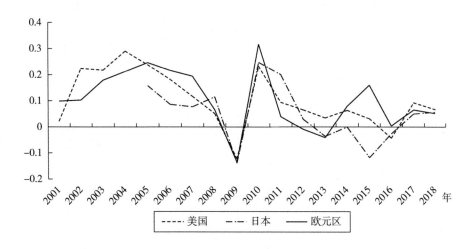

图7-8　不同经济体对华进口增速（2001—2018年）

三、国际金融市场溢出效应

（一）金融市场溢出效应总体概述

从国际金融市场的溢出效应指数来看（见图7-9和表7-4），近年来指数本身的波动较大。相较于2017年，金融市场溢出效应指数在2018年大幅下跌，与基本面溢出效应指数变化方向相一致，但幅度更大，本次大幅下跌主要是货币市场指数和资本市场指数下跌的共同效应，这表明与国际基本面经济情况比较，金融市场的发展态势更糟糕。尽管我国A股市场与国际金融市场的联动效应并不明显，但国际金融市场的大幅波动很容易导致国际热钱在全球范围内的快速转移，这对于逐步实现对外开放的我国资本市场而言，会有不同程度的影响，给我国金融市场的调控增加了更多的不稳定因素。

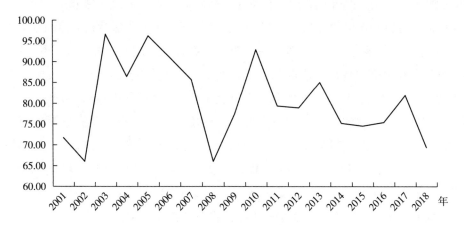

图7-9　国际金融市场溢出效应指数（2001—2018年）

表 7 - 4   国际金融市场溢出效应对我国金融安全指数的影响（2001—2018 年）

年份	货币市场	资本市场
2001	—	71.75
2002	—	66.05
2003	—	96.64
2004	—	86.44
2005	—	96.20
2006	—	91.07
2007	86.23	85.16
2008	72.09	60.00
2009	60.00	94.85
2010	100.00	85.79
2011	82.68	76.03
2012	64.97	92.84
2013	70.07	100.00
2014	66.10	84.29
2015	63.58	85.50
2016	64.22	86.61
2017	72.80	91.05
2018	63.44	75.32

（二）货币市场指标溢出效应分析

结合表 7 - 4 和图 7 - 10 可以看出，在危机后的 2009 年和 2010 年，美国、日本、欧元区的银行间同业拆借利率与我国银行间同业拆借利率的差额处于统计时间段的最低阶段，这一阶段的资本频繁流动风险相对较低。但 2010 年之后，三大经济体与我国利差逐步扩大，这是由于次贷危机后美日欧分别先后实行量化宽松政策，进入全面降息进程；同时日本和欧元区也宣布将实行负利率的货币政策。相反，我国的 Shibor 一直保持在大体稳定的水平，所以在 2010 年之后，我国与三大经济体的利差额基本在扩大。同时，可以注意到，在 2014 年后，利差额有小幅缩小的趋势，这得益于美国逐步结束量化宽松政策、进入加息通道并于 2017 年大幅上调联邦基金利率，由 0.39% 上升至 1.0%；我国 2017 年 Shibor 由 2.83% 上调至 4.10%。美国与中国同时加息，但是中国加息幅度更大，使得利差有略微增幅，而日本与欧元区的银行间同业拆借利率有所下降，日本与欧元区的同业拆借利率下调与中国的提高双重效应使利差扩大，日本最为明显。然而，在 2018 年，三大经济体与我国 SHIBOR 利差呈现大幅下跌走势，其中美国尤为明显，美、欧、日在 2018 年的利率分别有不同程度的提高，但是中国的利率有所下调，从而共同作用使得利差缩小。

所以，在利差有缩小趋势的局面下，国际资本频繁流入、流出的风险相对其他国际经济因素波动带给我国经济震动的压力可能会有所减弱。

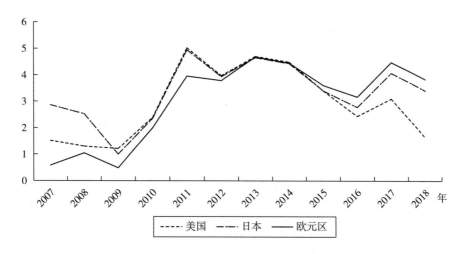

图7-10 国际货币市场主要利率差额变动（2007—2018年）

（三）资本市场指标溢出效应分析

就我们选取的五类指数来看，从2001年到2018年，道琼斯指数、日经225指数、德国DAX指数、英国FTSE100指数和法国CAC40指数涨幅的标准差分别为15.42%、23.98%、23.84%、14.84%和19.19%。而2008年国际金融危机之后，标准差水平也分别为9.46%、20.82%、13.51%、9.60%和12.09%，这意味着长期来讲，这些主要金融市场指数的波动性实质上一直保持在一个较高的水平，这也是国际金融市场溢出效应指数波动较高的原因之一。这使得我国的外部金融环境的不确定性较高。而2013年以来，金融市场溢出效应出现明显的下降，这意味着量化宽松给资本市场带来的流动性正在逐步减少。由于货币变动引发的指数飙升趋势明显转变，主要资本市场面临着较大的增长阻力，这与2015年股灾之后国内股市的百废待兴相结合，会对我国未来金融安全提出巨大的挑战，并且较2017年而言，2018年的指数涨幅有了显著的下跌，为我国迎接挑战增添了阻碍（见图7-11）。

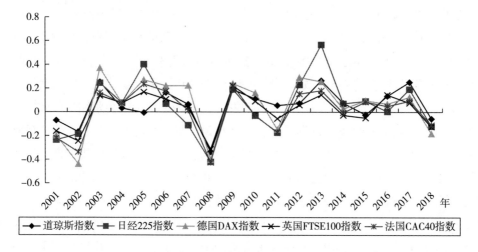

图7-11 国际资本市场主要指数涨幅（2001—2018年）

四、主要结论

（一）国际经济基本面发展维持稳定

2018 年基本面安全指数较 2017 年小幅下降 0.7 个点，六类指标（OECD 领先指数、GDP 增速、就业率、进口增速、投资增速、主权信用评级债券利率指数）有不同程度的上涨和下跌走势，其中投资增速涨幅最大，说明 2018 年经济基本面发展状况总的来说还是处于稳定状态。

全球经济在 2018 年之初延续了上年趋势，呈现出同步增长的良好势头。但自 4 月以来，在全球贸易摩擦、美联储收紧货币政策、美元升值、全球美元流动性趋紧、地缘政治冲突、原油市场波动等因素影响下，全球经济扩张的均衡性开始下降，主要经济体增速接近触顶，一些新兴市场国家经济下滑并出现金融动荡，全球增长的下行风险逐渐上升。

展望 2019 年将是一个温和增长和稳定通胀的年份。2018 年美国通过减税和增加联邦开支使美国经济脱离困境，发达国家的通胀如预期上升但主要驱动力是高油价，因此核心通胀率低于预期。但是经济复苏下所面临的政治风险被低估，贸易摩擦的发展走势对全球经济的影响，尤其是对中国的影响是短期一个关键问题，与此同时，欧元区尤其是意大利的政治风险也不容小觑。在目前这个经济周期阶段，政治因素占主导地位，但这是经济复苏的第十个年头，欲继续保持复苏态势，全球经济需要寻找新的刺激因素。

（二）国际金融市场发展大幅走弱

2018 年，全球金融状况有紧缩趋势，发达市场与新兴市场金融状况的差异增大。即使在发达市场内部，美欧金融市场走势也出现较大分化。发达经济体金融状况总体上依然相对宽松，股市、债市持续增长，波动率虽有上升但仍相对稳定且低于历史水平。欧洲受到经济增长前景疲软的困扰，加上欧洲公司盈利弱于美国，并且许多公司对新兴市场有较大风险敞口，导致投资者对欧洲市场更加谨慎。其中美国股市进入历史上最长牛市，虽然在年初和 10 月经历了大幅下跌和波动，但表现仍优于其他地区，吸引了全球资金流入。美国股市风险偏好依然强劲，估值远高于历史水平。相比于基本面指数的小幅下降，金融市场安全指数大幅下跌15%（81.93 下降至 69.38），其中货币市场与资本市场状况都有不同程度下降。

展望 2019 年，全球金融风险虽低于历史水平但处于上升状态，多年来积累的一些脆弱性可能因金融状况的急剧收紧而暴露。更多的发达经济体央行可能会紧缩货币政策。美国通胀若继续走高，市场将预期美联储继续甚至加速加息，导致金融条件趋紧，使得风险重新评估和资产组合重新配置，引发股票、债券、汇率市场急剧变动。欧元区周期性系统性风险较低但呈上升趋势，部分南欧国家公司财务状况不佳妨碍银行信贷中介功能的发挥，公共和私人债务水平处于历史高位且进一步恶化，这些风险相互交织，其中任何一种风险的显性化都可能激化其他风险，产生连锁反应。特别是部分国家的主权债务水平仍过高，政治风险上升进一步影响其债务可持续性，而南欧国家银行资产中主权债务占比往往较高，主权债务风险加大将增加银行违约风险。

第三节　国际主要经济体风险隐患

2018 年在多重因素的影响下，全球金融状况出现紧缩。

从所选指标来看，在实体经济基本面方面，处于较低水平的主要为 OECD 领先指数增速（76.17）、进口增速（79.01）以及 10 年期国债利率安全程度增速（63.92）；在金融市场溢出效应方面，货币市场（63.44）与资本市场（75.32）指数均处于较低水平。可见目前全球金融市场面临的风险隐患主要体现在贸易以及资本成本两方面。

三大国际主要经济体 OECD 领先指数增速在 2018 年均呈现下跌走势，并且除了美国以外其他两个经济体再次陷入负增长，这意味着部分经济体实质上进入通缩通道。2018 年反映资本市场的各大指数涨幅均呈现大幅下跌走势，美国股市 2018 年末的跌势并未停止，美股下跌带来的全球扩散效应还将持续。

全球经济增速放缓，在此背景下，一旦出现利率快速上升和美元大幅升值，都可能加剧新兴市场的脆弱性和财政困难，导致债务困扰的风险加大。全球贸易紧张、发达经济体货币政策调整、大宗商品价格冲击或国内政治、经济发生动乱都可能进一步加剧这种风险。许多低收入国家的利息负担已经出现大幅增加。拥有大量美元计价债务、经常账户赤字或财政赤字高企、外部融资需求大和政策缓冲有限的国家尤其容易受到金融压力的影响。这种金融压力也可以通过银行渠道和其他金融市场的联系在国家之间传播。

目前国际主要经济体的风险隐患如下。

（一）美国

目前美国风险隐患主要在于国内系统性风险压力以及债市风险的加剧。

美国优先理念将加剧其系统性风险。2018 年美国挑起的全球贸易摩擦如预期发展，试图实现在高科技领域的垄断，将限制美国在该领域的发展，对相关科技企业造成较大负面影响；全球贸易摩擦促使全球系统性风险水平提升，重创各国贸易发展，已引发的与多国的贸易摩擦争端将招致其他国家对美国的反制与报复，冲击其经济增长，而美国主张的贸易改革又将引发更多纷争，影响其世界声誉。全球贸易战、外交战等外部风险对美国金融市场的影响不可估量。

美国金融市场面临挑战。美联储成功退出定量宽松货币政策并通过持续加息接近货币政策中性，但是巨额的债务压力依然存在，尽管先前美国股市的优异表现吸引了大量全球资金流入支持，但是利率的上升使得新增债务的利息成本上升，债务压力增大，而收益率上升导致债券持有机构盈利下降，债市面临挑战；除此之外，经济增长放缓、美联储加息导致融资成本上升、企业盈利增速下降，又将给股市带来巨大的冲击挑战。

特朗普政府财政刺激方案的增长持续性能力也有待关注。

（二）日本

目前日本风险隐患主要在于对外贸易依存度高以及高负债压力。

日本经济发展将严重受到贸易保护主义及贸易摩擦的影响。作为高度依赖出口，外向型经济特征的日本，国际局势的变动影响将被有所放大，出口放缓将成为拖累其经济增长的主要因素。

高负债压力、超定量宽松的货币政策将加剧金融市场风险。2019 年对经济增长的政策支持将导致更多债务和金融失衡，加大日本陷入更深衰退的风险，除此之外，日本人口老龄化严重的现状，使得日本国内消费市场潜力大大降低。

（三）欧元区

目前欧元区风险隐患主要在于政治问题以及债务压力。

政治问题是欧元区面临的突出问题之一。欧元区尤其是意大利民粹主义蔓延；英国和欧盟达成的脱欧协议未获得英国议会下院通过，最终可能无协议脱欧，给英国和欧盟都造成较大压力；法国的"黄背心"运动蔓延。欧盟的离心趋势和欧洲国家的逆全球化趋势可能加强，除此之外，地缘政治压力也有所加大。

外部经济增速放缓，债务压力阻碍经济发展。全球经济增速放缓，对于欧元区的重债国而言，在定量宽松货币政策和负利率政策的压力下，政策空间较小，经济停滞增长的风险加剧。

第八章　中国金融自主权评估

据维基百科解释，"自主权（希腊语：νόμος；αὐτονομία；αὐτόνομος，英语：Autonomy，直译为'法'、'自我设置并约束自我的法律'），也称自治权、自决权，它往往指的是一个理性个人有能力作出成熟的、不被胁迫的决定。政治意义上，它也用来指人民的自主统治。"这个定义有一点值得强调，即它强调了决策和行动的自主性和独立性，它不能受到外部力量的影响或支配。由此，我们认为从国家层面来谈金融自主权也应强调国家或政策制定者决策、行动的自主性和独立性。

货币主权作为一国金融主权的重要组成部分，是谈论较早也是较多的一个。在民族国家占主导地位时期曾被视为当然的权利，形成了"一个国家，一种货币"的国际货币格局。20 世纪后半期，经济全球化和金融一体化的大环境使货币与国家的历史联系表现出了新的特征，呈现出"一个市场，一种货币"的发展趋势，传统的货币主权被削弱。但这并未从根本上改变国家货币主权的性质，无论是国家货币还是市场货币，其出发点和归宿都是为国家的利益服务。

现有的国际货币体系建立在以美元作为主要储备货币的基础上，形成了以美元为核心的国际金融秩序。国际货币基金组织的数据显示，美元占全球外汇储备的比例从 2001 年以来基本维持在 60% 以上，大部分外汇交易和外币贷款是以美元标价；国际贸易中的重要商品，如石油、重要的初级产品和原材料，甚至是黄金，基本都是以美元进行计价和结算；各国政府或者货币当局在稳定本国货币汇率时所使用的干预货币主要是美元。美元的强势地位决定了美国可以通过发行不兑现的纸币来剥夺其他国家获得国际铸币税的权利，通过美元持续贬值将金融危机和贸易逆差的成本转嫁给别国，通过维护自身利益的美元政策来损伤其他国家货币政策的独立性。美元霸权体现的是美国损害他国货币主权以强化自身利益的过程。

经济全球化提高了资源的全球配置效率，为一国经济的发展提供了更多契机。而随着金融市场和金融产品的不断创新和发展，货币主权之外还有更多体现金融自主权的方面，如大宗商品定价权、在国际金融组织中的投票权等。对于中国来说，要想成为经济强国，就必须在参与经济全球化的同时，打破金融强国的金融霸权，将我国金融自主权的维护放在重中之重的位置。另外，随着我国经济对外开放的持续深入，在我国金融市场发展尚不完善的情况下，人民币国际化在提高我国国际金融话语权的同时，也增加了金融危机加速传染和资产价格异常波动等可能削弱我国货币信用的风险。

金融自主权的维护关系到国家的核心经济利益，国际政治经济的日趋复杂加大了其维护的难度。尤其是金融自主权本身具有一定的抽象性，本章试图提出量化的安全评价分析框架，识别金融全球化背景下我国金融自主权维护面临的潜在风险，建立及时反映我国金融主权的动态评估机制，这对于维护我国的经济主权和金融安全具有重大意义。

第一节　评估体系和指数构建

一、全球化背景下的金融自主权界定

目前学术上并未有规范的金融自主权定义，相对成熟的，也是最早出现的有关金融自主权的概念是货币主权，这也是源于货币是金融系统中有关主权的最早期表现形式。而随着金融市场和金融产品的不断创新，以及国际货币金融体系的不断变化，我们认为除了货币主权外，还至少要包含大宗商品定价权和一国在国际金融体系中的话语权。下面我们分别来进行阐述。

（一）货币自主权

货币主权在历史上曾被视为国家当然的权力。1929 年，国际常设法院在塞尔维亚和巴西贷款（Serbian and Brazilian Loans）案的判词中指出，国家有权对其货币进行规制是普遍承认的法则。国际常设法院的上述判词曾在有关货币主权的国际法研究中被广泛引用，并被普遍认为是对国家货币主权的内涵的界定。

齐默尔曼（Zimmermann，2013）认为国际法院的上述界定已经成为一种仅仅具有象征意义的宣言，货币主权在不同的时代背景下具有不同内涵，其概念本身是动态的。在金融全球化时代，传统货币主权的内容发生了一定的改变。比如《国际基金协定》对成员国的货币主权进行了约束和限制，要求成员国逐步放弃对经常项目的外汇管制。国家通过转移或者让渡一部分货币主权来参与到国际金融事务中，但这并未从根本上改变国家货币主权的性质[①]。

刘音（2006）认为货币主权对内包括确立本国的货币制度和名称、指定货币管理机构、颁布货币法律和法规、建立币制、保护货币价值和正常流通、禁止伪造和走私货币；对外包括建立外汇行市、维持币值稳定、进行正常的外汇交易、协调货币的国际流通、决定是否实施外汇管制和对外经济交往政策的权力。金融全球化削弱了货币主权对外的平等性。韩龙（2009）指出，一国的货币主权主要包含发行货币的权力、决定和改变币值的权力、调整一

---

① 张洪午. 金融全球化时代的国家货币主权 [J]. 贵州大学学报（社会科学版），2009（1）.

国货币或其他货币在其境内使用的权力。这三项权力在经济全球化的国际法下都受到了不同程度的限制。

总体来说，货币主权是一个随时代的变化而不断演进的概念。在经济全球化背景下，国家通过让渡一部分货币主权来获得其他经济利益，货币主权的核心始终是国家通过货币来实现的国家利益。金融全球化主要表现为外部冲击对本国货币发行和调控自主性的影响，更进一步的还有本国货币对外部的影响，因此本报告从人民币的发行权、使用权（不受外部干扰而调控本国经济波动的独立性）以及国际影响力来说明当前人民币主权的概况。

（二）大宗商品定价权

大宗商品（Bulk Stock）主要指用于工农业生产与消费的大批量买卖的物质商品，是一国经济发展所必备的物质基础，一般可以分为能源商品、基础原材料、大宗农产品及贵金属等四个类别。而所谓大宗商品定价权，就是指由谁来确定大宗商品国际贸易的交易价格，包括商品贸易中潜在的或普遍认可的定价规则和贸易双方所确定的或参考的基准价格（黄先明，2006）。

伴随着中国经济的快速发展与对外开放规模的不断扩大，中国大宗商品的消费规模已经跃居世界首位，进口对外依存度居高不下。目前中国已成为世界上最大的大宗商品消费国和进口国，在大宗商品交易市场占据重要地位。据汤珂（2014）报道，中国的铁矿石需求量占世界铁矿石需求量的66%，铜占46%，小麦占18%，大豆占一半左右。对于铅和锌的需求量，整个世界基本呈平稳的态势，但中国的需求量却上升很快。从2009年到2011年，中国工业用的大宗商品，随着中国城镇化建设和房地产开发建设步伐的加快，使用量翻了一番。因此，掌握大宗商品定价权对于我国经济发展至关重要。但是目前在国际大宗商品的定价权上，我国几无发言权，这与我国贸易大国地位极不相符。

（三）国际金融事务的话语权

随着国际性金融组织作用的显现，对外平等地参与国际金融事务是一国金融自主权的重要体现。在金融全球化背景下，各国的金融自主权，尤其是货币主权都受到了一定程度的限制和削弱，但并非属于同等程度。主要的经济强国通常也是金融强国，作为国际规则的制定者和优势竞争者，这些国家强化了它们在国际金融事务中的决策权。

国际货币基金组织（IMF）的份额确定了各成员国在国际社会的地位和拥有的投票权。美国在2010年IMF投票权改革后占有16.47%的投票权，对许多国际重大事项的决定具有一票否决权，而金砖五国的投票权加起来只有14.1%，其中中国的投票权为6.068%（见表8-1）。由IMF投票权决定的话语权并不能充分体现世界经济的发展趋势和各国经济实力，尽管美国和日本在世界GDP中占有较高比重，但对世界经济的贡献在2007—2013年却呈下降趋势，"金砖国家"对世界经济增长贡献显著，特别是中国近年来GDP占世界经济总规模的比重上升明显。对中国来说，未来人民币国际化程度的加深将有助于提升中国在全球地缘政治中的话语权。

表 8 - 1　　　　　　　　　美国、日本和金砖五国在 IMF 的投票权　　　　　　　　单位：%

国家	2008 年改革生效前	2008 年改革生效后	2010 年改革生效后
美国	16.732	16.727	16.470
日本	6.000	6.225	6.135
中国	3.651	3.806	6.068
俄罗斯	2.686	2.386	2.585
印度	1.882	2.337	2.627
巴西	1.377	1.714	2.217
南非	0.852	0.770	0.634

资料来源：国际货币基金组织（2012）。

二、指标选择

通过对金融自主权概念的分析，兼顾数据的可获得性，我们主要从以下几个方面进行评估体系的构建：一是货币自主权，这包括三方面，其一是与人民币发行权相关的货币政策独立性问题；其二是中央银行能否基于我国宏观经济调控的需要独立自主对货币供给或利率进行调节的能力；其三是人民币在全球的影响，体现在人民币国际化进程上。二是大宗商品定价权，这一点在随着国际大宗商品金融市场发展越深，我国经济对外依存度越高的情况下越发重要。三是我国在国际金融体系中处理金融事务的话语权。

（一）货币自主权

这里的货币自主权主要是指，人民币货币政策的制定和实施不受外国经济金融态势和他国货币政策"外溢效应"或"外部效应"的冲击和影响。结合我国当前经济金融现实，我们将货币自主权从货币发行、货币调控、货币的国际影响力三个角度进行阐述。

1. 货币发行自主权指标——货币替代。所谓货币替代是指在货币可自由兑换的条件下，当一国货币存在贬值预期时，由于国内公众对本币币值的稳定失去信心或者本币收益率较低时，公众减持本币增持外币的现象（Chetty，1969）。国外的早期研究（Hilbert，1964；Bergsten，1975；Frankel，1991）基本证实和支持货币替代会对一国的货币政策造成影响。

在当前美元霸权和我国对外开放程度日益提高的背景下，刑天才（2011）、李成等（2011）证实了我国货币政策和美国货币政策存在较高的联动效应，美元输入造成的货币替代会影响中国货币政策的独立性和执行效果。姜波克和李丹心（1998）、范从来和卞志村（2002）等指出我国货币政策独立性会因本国居民持有外币而受到影响。货币替代指标通常使用国内金融体系中的外币存款/国内广义货币的存量来表示。

2. 货币调控自主权指标——货币政策独立性指标。通常认为一国货币政策是政府用来宏观调控、熨平经济波动的主要工具，这也意味着货币政策是主要依据国内经济形势来对货币供给或者利率进行调整。但现实中，很少有国家的中央银行能不考虑国际金融形势，尤其是不考虑发行国际储备货币的美联储行动而完全独立执行本国货币政策的。对于 2008 年这轮次贷危机爆发前广泛存在于欧洲和美国的房地产泡沫，泰勒（2009）就指出，美联储过低的利率，以及欧洲各大央行因为要兼顾美联储的影响，也不得不执行过低的利率，是造成这轮发达国家普遍房地产泡沫的主要原因。而 Edwards（2012）则发现美国非常规货币政策对 4 个拉丁美洲国家和 3 个亚洲国家确实存在利率渗透的效果，并且资本账户管制也不能有效地将新兴经济体从国际利率波动中隔离开来。

事实上，有关货币政策相对国外的独立性，克鲁格曼提出的著名的三元悖论（The Impossible Trinity）就指出，一国不可能同时实现货币政策独立性、汇率稳定以及资本自由流动三大金融目标，只能同时选择其中的两个。中国正在进入一个"三元悖论"的时期，同时控制汇率并实行独立的国内货币政策正在变得越来越难。由于我国实行强制结售汇制度，自 2000 年以来，我国迅速增长的贸易顺差导致的国内基础货币的被动投放就被诸多学者（李斌，伍戈，2013；谭小波，张丹，2010；郝雁，2008）认为是我国货币供给内生性和通货膨胀的主要原因。随着近年来国际收支格局的改变，外汇顺差的减少，我国基础货币的被动投放在减弱。

考虑到我国自 1996 年以来，就开始不断走向利率自由化、汇率干预和资本管制不断减少的进程，而货币调控作用到实体经济最终还是要依靠利率的变化；兼顾与别国的可比较性，我们采用艾森曼、钦和伊藤（Aizenman，Chinn & Ito，2008）提出的货币独立性指标来衡量独立性。该指标主要是使用母国与基准国货币市场利率的年度相关性的倒数来刻画，值越高，表示独立性越强。

$$MI = 1 - \frac{corr(i_i, i_j) - (-1)}{1 - (-1)} \tag{8.1}$$

式（8.1）中的 i_i 和 i_j 分别是本国和基准国的货币市场基准利率。本国选择的是上海银行间同业市场拆借利率，一般基准国选择为美国，为联邦基金有效利率。

3. 货币国际影响力指标——人民币国际化指数。人民币的国际化，反映的是人民币在国际货币体系中发挥国际货币职能的程度。当前国家间竞争的最高形式表现为货币的竞争，人民币国际影响力的上升，将有利于中国获得一定程度的世界货币发行权和调节权，改变在国际货币体系中被动的地位，减少汇价风险，促进国际贸易发展，并获得一定的铸币税收入。因此人民币在国际贸易和金融结算领域的使用程度，一定程度上反映了人民币使用权和我国对外金融事务话语权的状况。

根据中国人民银行发布的《人民币国际化报告》，贸易、投资、外汇储备以及国际债务是一国货币国际化广度和深度考察的主要方面。该报告中从跨境人民币收付、人民币对外直接投资、人民币外汇储备以及人民币国际债券等几个方面阐述人民币国际化的进程。因此本书借鉴《人民币国际化报告》发布的人民币国际化指数以及人民币结算占全球支付的比重来描述人民币国际化的动态发展。本书分别以人民币结算占全球支付比重、人民币对外直接投资额占世界投资额比重、人民币外汇储备占全球外汇储备份额以及人民币发债量占全球发债量的份额描述人民币国际化的动态发展。

（二）大宗商品定价权

在国际贸易中，期货价格往往被认为是一个定价基准，这一点对于大宗商品来说尤其重要。期货市场或者其他市场规则的制定者拥有大宗商品的定价权。如果大宗商品价格能够反映合理的需求，我们就认为这一大宗商品价格是合理的，这样就不存在定价权问题。汤珂（2011，2012，2014）的研究都支持大宗商品期货定价从 2004 年以后，并没有真正反映实体经济的供给和需求。所以，争夺大宗商品的定价权很有意义。

另外，目前欧美国家的期货市场价格发现功能又是存在缺失的。在欧美期货市场之外，庞大的柜台交易市场（OTC 市场）占交易量的 80%，而 OTC 交易信息是不透明的。考虑到数据的可获得性，我们使用基于现货价格方面的数据来衡量我国的大宗商品定价权。

$$R = (PM_t/PM_{t-1})/(PW_t/PW_{t-1}) \tag{8.2}$$

指标释义：PM_t 和 PM_{t-1} 分别表示某一商品当年和上一年度的进口平均价格，PW_t 和 PW_{t-1} 分别表示该种商品当年和上一年度的国际权威价格。

经济学含义：白明（2006）从消费者剩余最大化的角度出发，把符合一国消费者剩余最大化目标的进口定价称为理想价格，高于理想价格的称为劣权定价，低于理想价格的称为优权定价。所谓国际定价权，是指一国究竟在多大程度上有能力可以使进口大宗商品价格接近理想价格。这种理想价格用世界权威价格来表示。动态比价 R 大于 1 表明中国进口价格呈现劣权化趋势，R 越大劣权化越明显；动态比价 R 小于 1 表明中国的进口价格呈现优权化趋势，R 越小优权化越明显。且动态比价波动越大，越有可能说明中国的定价权微弱从而无法维持进口价格的稳定。

评价：该指标从一国大宗商品的进口价格变化与世界市场价格变化的接近度出发，较为简单直观。但该指标只能反映一种对定价权的推测，而不一定是定价权本身。例如当国内进口价格被动接近世界平均价格时，动态比价 R 接近于 1，但其后的定价权含义并不明显。

（三）国际金融事务的话语权

1. 国际金融组织投票权。当前三大国际性金融组织——国际货币基金组织（IMF）、世界银行（World Bank）和国际清算银行（BIS）在国际金融秩序和货币金融框架，包括危机救助、贫困救助、金融监管方面都发挥着重要的角色。虽然经历了数次改革，以便让新兴国家在国际组织中拥有更大发言权，但目前这些国际组织的投票权或决策权大抵体现的仍是成立初期的利益格局。如传统上由美国主导的 IMF 和世界银行更多体现了发达国家，尤其是美国的利益诉求，而传统上由欧洲主导的 BIS 在规则制定方面也往往更多考虑的是欧美银行体系的形势。

2. 政治全球化指数。一国在国际金融事务中的话语权，除了体现在以上主要组织中的投票或决策权，还往往与其政治影响力高度相关。因此，我们还引入 Dreber（2006）提出的政治全球化指数来衡量。瑞士经济分析局每年跟踪改进该指数。截至目前，该指数是三项分指数的加权，分别是驻外使馆数量（36.5%）、参与联合国维和任务（25.7%）、参与国际组织数量（37.8%）[①]。

3. 本国持有美国国债占全部美国国债份额。美国国债作为目前世界头号强国的国家债券，也是全球最大的国债市场。虽然众多新兴国家的储备中持有美国国债也有部分迫不得已的原因，如美国作为目前最强的国际储备货币的地位，但因为美国政府的高负债，持有的美国国债份额也在一定程度上间接地增强了本国对美国的话语权。

将上述指标总结如表8-2所示，即我们提出的金融自主权评估体系。

表8-2　　　　　　　　　　　金融自主权指标体系

一级指标	二级指标	三级指标
金融自主权	货币自主权	货币替代率、货币政策独立性、货币国际化
	大宗商品定价权	现货市场动态比价指标
	国际金融事务话语权	国际金融组织投票权、政治全球化指数、持有美国国债占比

三、货币主权风险指数构建及说明

（一）数据来源和指标说明

我国金融自主权指数编制面临的较大难题为数据来源方面的限制。在指标的选取方面，舍弃了某些有重要经济含义但缺少数据的指标，如外资股权在我国金融机构中的占比、离岸人民币外汇市场交易规模占境内人民币外汇交易规模的比重、外资进入股市规模占股市规模比重等能揭示我国金融自主权风险的指标。其次，在指标时间长度的选择上，尽可能地选择了那些时间跨度相对长的指标。表8-3总结了相关指标对货币主权维护风险的影响方向，指标数据的来源、起始时间和可计算的最低频度以及相关处理说明。数据的计算起始时间都是以2000年为起点，最终指标可得数据的时间大多是在2000年之后。由于一部分指标只有年度值，因此最终指数的编制将基于年度数据，指数编制的时间区间为2000—2018年。

表8-3　　　　　　　　　　　指标及数据说明

指标	影响方向	数据来源、指标起始时间、指标最低频度	指标说明
货币替代率	—	人民银行、CEIC数据库，2000年，月度	外币存款/M_2
货币政策独立性	+	CEIC数据库，2009年，年度	$MI = 1 - \dfrac{corr\ (i_i,\ i_j) - (-1)}{1 - (-1)}$
人民币国际化	+	中国人民大学《人民币国际化指数报告》，2010年，季度	对人民币在全球范围内贸易计价、金融交易和外汇储备三个方面人民币所占份额加权

[①]　自1945年以来与他国签署的并被各国最高立法机构批准的条约。也包括存放在联合国秘书长办公室的已签署和批准的条约。

续表

指标	影响方向	数据来源、指标起始时间、指标最低频度	指标说明
现货市场动态比价	—	中国海关总署、国际货币基金组织，2004年，年度	前文公式（8.2），R 大于 1 表明中国进口价格呈现劣权化趋势，R 越大劣权化越明显；R 小于 1 表明中国的进口价格呈现优权化趋势，R 越小优权化越明显
国际金融组织投票权	+	IMF、世界银行、BIS	我国在 IMF、世界银行和 BIS 三大金融组织的投票份额占比
政治全球化	+	Dreher、Axel（2014），1970 年，年度	三项分指数的加权，分别是驻外使馆数量（36.5%）、参与联合国维和任务（25.7%）、参与国际组织数量（37.8%）
我国持有美国国债份额	+	美国财政部，2000 年，月度	我国持有美国国债/全部美国国债

（二）指数构建方法

以上数据均先同向化处理后，再用功效系数法进行标准化。

第二节 评估结果与分析

自 2001 年以来，随着我国经济发展规模的逐步增加和国际地位的稳步提升，我国金融自主权总体呈现上升趋势。这主要从三个方面体现：首先，人民币国际化程度的不断深入，增强了世界各国对人民币的信心，人民币的货币自主权较 2000 年增加了 2.82 分。其次，我国大宗商品定价权一直以来波动剧烈，这主要源于国内期货市场不完善，但是从 2011 年至今，我国大宗商品定价权逐年增加，一方面进口价格与世界平均价格的偏离逐渐减小，另一方面大部分大宗商品的世界平均价格有所降低。再者是我国国际金融话语权也平缓上升，其中在三大国际组织中中国的投票权在增加，持有美国国债份额也从 2000 年的 5.9% 上涨到 2018 年的 17.9%。

金融自主权总指数在 2018 年较 2017 年增加 0.75 个基准点，比 2015 年降低 1.6 个基准点。其中从 2016 年开始货币独立性政策指标的下降导致货币自主权指数下跌；选取的 7 种大宗商品的定价权均值在 2018 年有所增长，但 7 项大宗商品定价权有增有减，总的来看，大宗商品定价权指标持续稳步上升；我国在三大国际组织中的投票权与 2017 年相比 IMF 的投票权以及世界银行的投票权出现小幅下降，我国持有美国国债份额自 2010 年持续减少，但是因为政治全球化指数的上升，综合指标国际金融事务话语权也自 2011 年以来保持稳定，2015 年出现小幅上升趋势，近两年来虽然存在下降但波动幅度不大。中国在国际环境中的客观地位给国民经济带来强大的民族自信，但同时也要具备风险意识，认识到随着人民币开放性和独立性的深化，人民币的稳定性必将受到严峻的考验。

一、货币自主权评估与分析

(一) 货币发行自主权

按前文所述，我们构建的货币替代指标（外币存款/M_2）如图8-1所示。

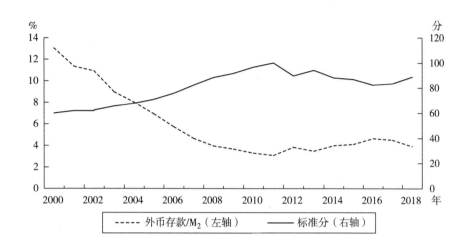

图8-1 货币替代指标（2000—2018年）

从图8-1中可以看出，我国境内外币存款占准货币的比例自2000年以来大抵呈现出下降的趋势，最高点出现在2000年约为12.5%，而最低点出现在2011年，为3.1%。此后，外币存款占比小幅攀升，到2017年达到4.56%，与2016年的4.64%基本持平，直到2018年出现小幅下降，下降到3.91%。考虑到自2000年以来我国就存在着较高的人民币升值预期，直至2008年次贷危机后，尤其是近两年，单边升值预期已经不在，转为双向波动这一背景，可以看到我国货币替代指标的变化趋势背后不仅体现了我国居民和企业对持有本币的信心，也体现了强烈的投资动机。自2015年以来美联储频繁加息导致美元持续走强，外币存款也稳步增加，其增长速度大于国内货币存量，导致近几年来货币自主权指数小幅下降。但就人民银行对于人民币发行的自主权来看，在拉美曾经出现的因高通胀而导致本国居民丧失持有本币的信心而改为持有美元的这一"货币替代"的风险在我国还不显著。相反自2000年以来，指数走势体现了境内居民和企业对人民币持有的信心。对其进行同向化处理后，用功效系数法得到的评分如图8-1虚线所示，自2000年以来，均分为80分，2018年为88.88分。

(二) 货币调控自主权——货币政策独立性指标

我们使用美国的联邦基金有效利率来表示美国的货币政策立场，使用上海银行间同业拆借利率代表中国的货币政策立场，依据前文介绍的公式（8.1）进行计算，得到货币政策独立性指标如图8-2所示。

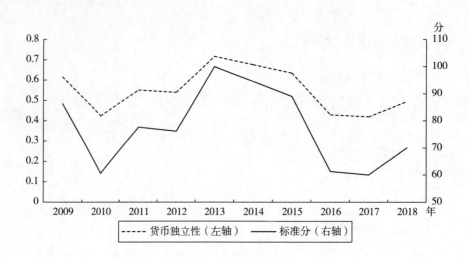

图 8 - 2 货币独立性指标（2009—2018 年）

从图 8 - 2 中可以看到，我国货币独立性指标自 2009 年以来呈现震荡波动的格局，在 2013 年达到最高点，而在 2010 年和 2017 年独立性最低，2018 年强势上升，这大抵体现了自 2004 年以来，两国货币当局都进入了紧缩周期。美国的货币政策自金融危机以来将名义利率降至零边界附近后，实行了量化宽松货币政策，一直到 2014 年停止了大规模购买计划，并在 2015 年末开始加息。我国虽然在 2008 年也实行了宽松政策，但自 2009 年以来，因为"四万亿"计划带来的市场过热，我国货币政策立场实质上进入了紧缩期，这表现为独立性指标在 2009 年至 2013 年的波动上升。直至美国于 2014 年实质上开始退出宽松立场，我国也逐渐步入宏观政策调整的敏感期，从盯住美元转变为盯住一篮子货币，力求从与美元涨幅挂钩被动的角色转化为货币独立性更高的立场。在货币国际化水平由低而高的变化中，首先面临的挑战就是汇率的波动。2015 年美联储接连几次大幅上调利率，美元逐渐走强，2016 年美联储加息一次，2017 年美联储加息三次，联邦基金利率从 2015 年首次加息前的 0.25%～0.5% 的水平快速上升至 2017 年底 1.25%～1.5% 的水平。包括人民币在内的各国货币受到美元上涨影响，在此期间的政策独立性指标大幅降低。2018 年，随着"一带一路"的不断深入，人民银行为保持我国货币市场稳定制定了更加科学的汇率指导政策，政府对于货币市场的宏观调控措施平稳实施，强化了人民币汇率的稳定表现，人民币货币独立性指标出现了明显上升。对于中国来说，经济体量已位列世界第二，目前我国经济的新矛盾是促进内需和保持经济平稳转型，我国对于货币独立的要求更为迫切，可以明确的是，虽然人民币政策在走向独立的进程中势必经受十分严峻的考验，但国家以及国民对于人民币的信心将成为国家经济的强大动力。

（三）货币国际影响力指标——人民币国际化指数

按照 Swift 的数据统计，人民币结算占全球支付货币的比重自 2011 年的 0.29% 上升到 2014 年的 2.17%。其排名在 2014 年 11 月取代加元及澳元，紧随美元、欧元、英镑和日元成为全球第五大支付货币，到 2015 年，人民币占全球支付货币的比例继续小幅上升至 2.31%。由于中国经济发展减速，人民币贬值等原因导致 2016 年人民币全球支付额持续下滑至 1.68%，已被加元超越，退居第六大支付货币。2018 年，人民币在国际支付中的占比为 2.07%，与 2017 年的 1.61% 相比出现大幅提升，成为世界第五大支付货币。由此可见，受中国移动支付的迅猛发展，人民币在数字平台上的增长势头很有希望。通过"一带一路"倡议扩大亚洲、非洲和欧洲之间的联系，也会提高人民币在全球贸易中的国际化，人民币的强势表现能够充分助力我国人民在国际生活中的各种场景，促进我国国际支付发展脚步。

我们选用中国人民大学出版的《人民币国际化报告》中的人民币国际化指数作为评分标准，根据最新报告得到 2018 年的人民币国际化指数作为基础。在用功效系数法进行标准化时，我们选择中国的进出口占全球贸易的占比作为最优值（据 WTO 的最新数据，2013 年中国的进出口贸易占全球的比重为 10.04%），其实这是一种保守的估计。例如美国在 2013 年的全球贸易中占比为 10.7%，而美元在全球支付货币中占比已超过 50%。最低值我们使用 0。计算得到的人民币国际化指数的标准分如图 8-3 所示。

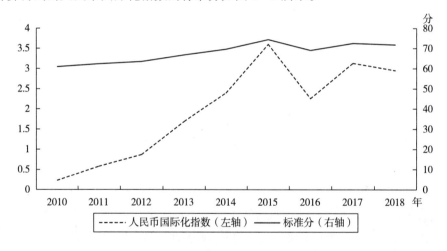

图 8-3 人民币国际化指数（2010—2018 年）

2010 年至 2015 年人民币国际化总体呈现上涨趋势，人民币国际化指数稳步上升，2016 年美元走强人民币贬值导致人民币国际化出现下滑趋势，至此，人民币国际化从高歌猛进阶段迈入 2017 年的调整巩固期。2011 年至 2015 年来，虽然人民币作为全球贸易结算货币的占比总体在提高，但从 2016 年开始受到美元持续走强的影响，在全球贸易结算货币中的占比出现了下降。说明货币的国际化更体现为作为外汇市场交易的广度和深度，而人民币在这方面目前国际化的程度还非常低。2018 年人民币国际化指数为 2.95，较 2017 年初回升了 95.8%，但较 2017 年的最终数据相对稳定。结合我国国际综合实力与国际金融环境的形势分析，未来人民币国际化的进程并不是一帆风顺的，而是在波动中呈平稳上升趋势。

将以上三个指标进行加权平均后，得到我国货币自主权指标的标准分如图 8-4 所示。可以看出，我国货币自主权自 2000 年以来，总体来说呈现出先平稳上升后剧烈下降的趋势，从 21 世纪初的 68.77 分先稳步上升至 2009 年的 79.32 分，然后震荡上升至 2013 年的 86.95 分达到目前最高分。从 2014 年开始大幅下降，其中 2016 年下降最多，从 2015 年的 83.42 分快速下降至 2016 年的 70.91 分，2017 年和 2018 年分别稳定在 71.91 分和 76.91 分，相对之前的大幅度变化表现出稳定的趋势。美联储自 2016 年连续两年上调基准利率致使美元持续走强是我国货币自主权相较 2015 年大幅下降的主要原因。2018 年，受到国际贸易环境影响，中美发生贸易摩擦，加之美元仍处加息周期，对我国货币政策独立性有一定影响。我国货币政策的独立性评分 2018 年又有大幅增长，充分说明我国的货币政策独立性并不建立在完全跟随美联储是否加息的步伐上，而是结合我国经济发展现状而制定的。但可以肯定的是，美元持续走强对我国货币政策的制定有一定影响。

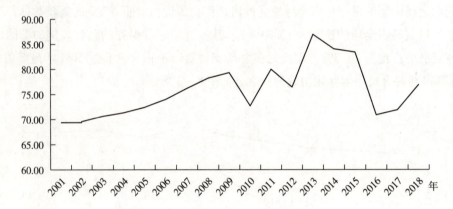

图 8 - 4　货币自主权指数（2001—2018 年）

二、大宗商品定价权评估与分析

我们首先使用白明（2006）提出的动态比价指标来衡量 2004—2018 年我国几种重要大宗商品优劣权的变化趋势，并推测其可能反映的定价权变化轨迹，所得结果如图 8 - 5 所示。

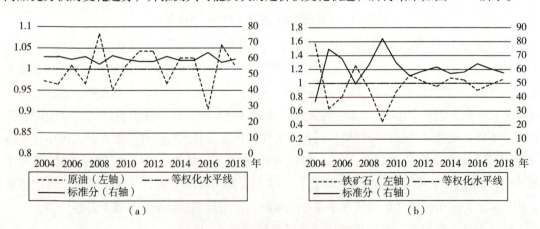

图 8 - 5　大宗商品动态比价指数

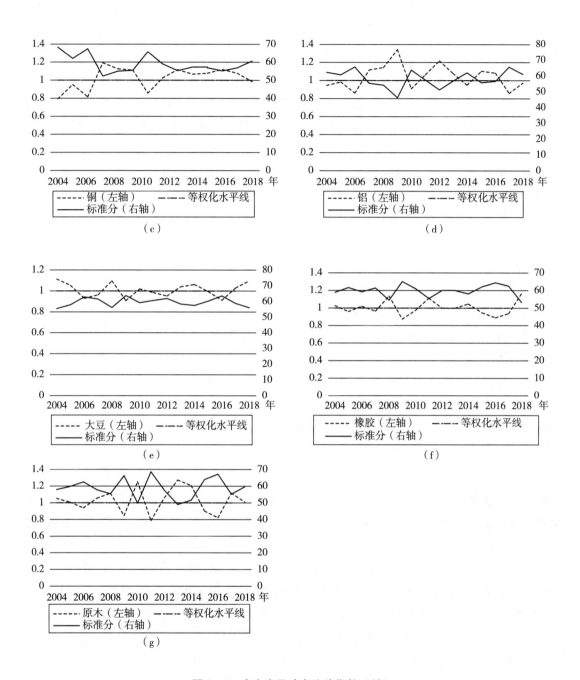

图 8-5　大宗商品动态比价指数（续）

　　如图 8-5 所示，我国进口原油动态比价在 2004 年到 2018 年整体呈现一种围绕等权化水平线（动态比价等于 1 的水平线）周期性波动的趋势，最大偏离度仅为 9%。这表明在 2004 年到 2018 年，我国进口原油价格变动一直趋近于世界价格变动趋势，没有长期偏离世界价格的情况发生。

进口铁矿石的动态比价波动明显，整体呈现出先大幅波动后小幅波动的趋势。动态比价指标的最高点在 2004 年达到 1.57，然后在下一年骤降至 0.64。从 2011 年开始，铁矿石的动态比价逐渐趋于平稳。这说明我国进口铁矿石价格相较于世界平均价格而言在 2011 年之前呈现出一种较为剧烈的波动趋势，我国铁矿石定价权较弱，无法保障国内进口铁矿石价格的稳定，世界铁矿石价格被三大矿商牢牢掌握。2018 年相对 2017 年而言，比价有所上升，定价权得分降低了 3.1 分，这说明我国对铁矿石的定价话语权有了一定上升。

进口铜的动态比价在 2006 年和 2007 年波动较为明显，但从 2010 年开始趋于平稳，波动幅度基本在等权化水平线 2% 的水平内。

进口铝动态比价的波动特点是不停小幅波动。2007 年至 2013 年铝的比价不仅波动较其他年份剧烈，而且除 2010 年外均高于等权线，2013 年以来指标趋于平稳但是数值持续高于 1，在 2017 年下降为 0.85，从以往的劣权化转变为优权化，在 2018 年上升至 0.97，与 2017 年情况大致相同，但对于小幅指数上升应保持警惕，防止越过等权线。

进口大豆动态比价的波动幅度较小，最大偏离度在 2008 年为 23%。从 2009 年开始进口大豆动态比价围绕等权线做幅度小于 10% 的上下摆动。相较于 2016 年 0.91 的优权化，2018 年指标持续上升至 1.09。进口大豆的动态比价不断波动，较难判断定价话语权。

进口橡胶动态比价在 2008 年以前小幅波动，最低在 2009 年达到 0.87，此后在 2011 年达到 1.11，大部分年份都在等权线附近，偏离较小。在 2011 年到 2016 年一直缓慢下降，2016 年达到近年来的最低点 0.89，2017 年小幅上升至 0.94，2018 年数据反映上升至 1.16。这说明我国对橡胶的话语权仍然存在一定的劣势。

进口原木动态比价总体呈现先平稳后剧烈波动的态势。最高点出现在 2013 年为 1.27，此后逐步下降至 2016 年的 0.82，2017 年上升至 1.12，2018 年下降至 1.009，如此剧烈波动的动态比价说明我国对原木的定价话语权处于劣势地位，但近年的趋势说明我国正在调整这种劣势状态。

将以上 7 个指标进行平均后，得到我国大宗商品自主权指标的标准分如图 8-6 所示。可以看出，自 2004 年以来，我国大宗商品定价权总体来说呈现震荡态势且波动幅度较大，自 2009 年以来表现出下行趋势，2013 年后稳步上升，但整体分数徘徊在 60 分左右，形势较为稳定。其中 2018 年相对 2017 年降低了 1.8 分，是一个较为明显的劣势信号。除了原油、原木和铜材的定价权有小幅上升外，其他大宗商品的定价权都出现了下降。由于未来美元仍处于加息周期，全球经济复苏面临新的不确定性，特别是新兴经济体复苏较为乏力，未来大宗商品价格缺乏持续上涨的基本面支撑，我国对大宗商品的定价权还都很弱。

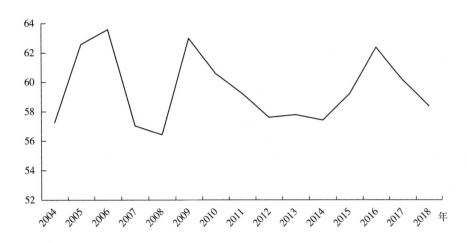

图 8 - 6 大宗商品定价权指数（2004—2018 年）

三、国际金融事务话语权评估与分析

（一）国际金融组织投票权

在三大国际金融组织中，IMF 和世界银行有明确的投票份额（voting share）。我们认为合理的份额应与一国经济在世界经济中所占份额相当，如美国在 IMF 和世界银行的投票份额在 2014 年分别为 16.5% 和 15.85%，这与美国的经济份额占全球约 16% 是相符的。因此在用功效系数法打分时，我们选择中国自 2000 年以来 GDP 占全球份额最低值（2000 年为7.35%）作为最差值，而最高值作为最优值。可以看到，我国在 IMF 和世界银行的投票权相比我国经济实力而言，还非常低。即使两大国际组织在过去的几次改革中，均提高了中国的份额，但标准分均不及格。这表明我国在 IMF 和世界银行的投票权过低，两大国际组织仍然是以美国为主导的机构。

而 BIS 则在其官方文件中说明，其决策和投票权不依据成员国的出资份额，而是由委员会决定。BIS 的委员会由 1 名主席（chairmen），6 名核心董事（ex officio directors），以及其他最多不超过 13 个人的董事组成。6 名核心董事由比利时、法国、德国、意大利、英国和美国六国的央行进行任命。由于没有明确的投票份额，我们将投票权划分为四个等级，若进入 BIS，赋级为 1，若进入董事，赋级为 2，若成为核心董事，赋级为 3，若主席由本国任命，赋级为 4。我国是于 2006 年首次出现在董事会成员中，周小川为代表。在用功效系数法打分时，将 1 作为最差值，4 作为最优值，最后得分如图 8 - 7 所示。三大组织中中国的投票额总体来说都呈现稳步上升走势，但是近几年来，增幅不明显，这与我国的经济体量和国际影响力并不相符。2016 年，除了 IMF 将中国投票份额提升至 6.394% 之外，中国在世界银行和 BIS 的投票份额没有发生重大改变，故加入 2016 年数据后，IMF 投票额有小幅上升，其他两个国际组织投票份额的图形更加趋于平稳。

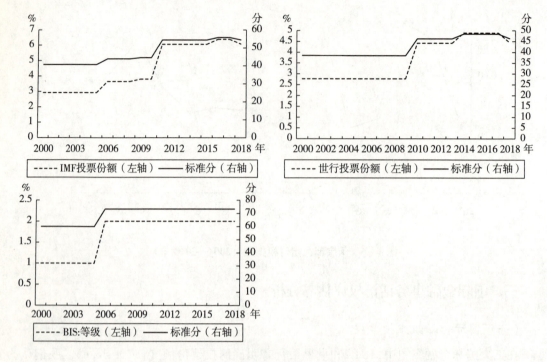

图 8 - 7 国际金融组织投票权（2000—2018 年）

（二）政治全球化指数

依前文所述，我们使用 Dreber（2006）提出的政治全球化指数来衡量。该指数是四项分指数的加权，分别是驻外使馆数量（25%）、参与国际组织数量（27%）、对联合国安全理事会的人均贡献（22%）、国际条约（26%）。该指数越大，表明全球化程度越高。最小为0，最大为100。目前，瑞士经济分析局对最新的全球化指数更新了计算规则。政治化指数变更为三项分指数的加权，分别是驻外使馆数量（36.5%）、参与联合国维和任务（25.7%）、参与国际组织数量（37.8%）。可以看出，经修正政治化指数的变量及其权重后，中国的政治化指数仍是呈逐年上升，且在 2004 年超越日本和俄罗斯，但与德国、美国仍有较小差距。

图 8 - 8 给出了中国自 2001 年以来的指数，为了便于国际比较，我们同时画出了美国、俄罗斯、德国和日本的全球化指数变化趋势图。可以看出，我国的政治全球化指数自 2001年以来，从 85 逐步上升至 2015 年的 91，这一变化与我国过去十几年来的经济影响力与日俱增相一致。但与一些发达国家相比，还有一定差距，如美国、德国自 2001 年以来均达到 95以上[①]。

---

① 该指数最新公布到 2015 年，但与去年的版本比较，变量个数与权重出现了一些变化，俄罗斯和日本的历史值出现了一些变化，我们此次以最新公布的版本为准。在涉及对中国的指数进行评分时，中国的值有一定变化，但总体趋势不变，因此对最终指数的影响较小。

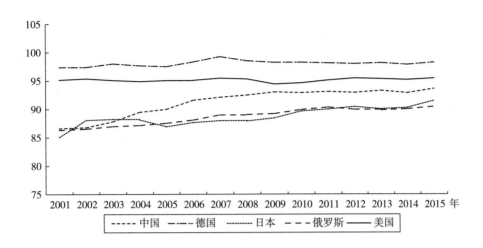

图 8-8 政治全球化指数（2001—2015 年）

（三）中国持有美国国债占全部美国国债份额

图 8-9 给出了我国自 2000 年以来，持有美国国债的份额。可以看出，我国持有的美国国债份额占美国全部国债的比重在 2000 年为 5.9%，之后的十年显著上升至 26.2%，最近五年则呈小幅下降趋势。这一倒 V 形走势与我国过去十几年的经济增长方式（尤其是 2000—2008 年以出口拉动为主）、外汇制度与资本账户管制情况是一致的。2008 年次贷危机以来，国际上对美元储备货币地位的质疑声渐大，2010 年以来持有美国国债份额的下降也可以看作是我国主动改变外汇持有结构，减小对美元依赖的一种方式。持有美国国债份额也在一定程度上间接地增强了本国对美国的话语权，因而仍以份额的变动来近似代理。可以看出，自 2010 年至今我国持有美国国债的份额逐步减少，其中 2016 年为17.6%，比 2015 年减少了 2.7 个百分点，同年 10 月被日本超越，成为美国第二大债主。2017 年下半年，我国又加大了对美国国债的购买力度，持有美国国债的份额为 18.9%，2018 年受到美元贬值的影响，中国持有美国国债份额下降至 17.9%，仍然是美国第一大债主。可以看出我国正处于调整外汇结构的变革阶段，一方面自身国际影响力逐步增加，另一方面改变了以往的盯住美元的汇率政策，再者，我国通过汇率政策获得国际影响力的需求也在逐渐减少。以历史值的最大值和最小值分别作为功效系数法的最优值和最差值，该指标的标准分在 2000 年时为 60 分，2018 年为 83.6 分。

将以上 5 个指标进行加权平均后，得到我国国际金融事务话语权指标的标准分如图 8-10 所示。可以看出，自 2000 年以来，国际金融事务自主权指数呈现出总体上升的趋势，自 2010 年以来稳定在 66 分左右。这与我国在三大国际金融组织中的投票权以及政治全球化指数提高相关，但与我国经济实力相比，话语权还偏低。

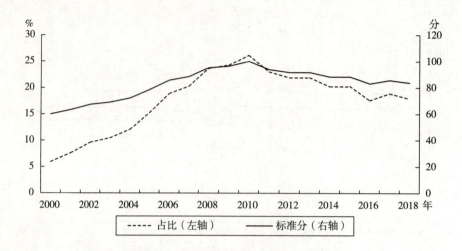

图 8 - 9　持有美国国债份额（2000—2018 年）

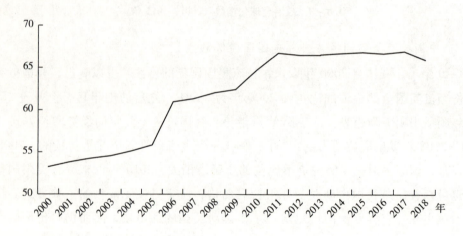

图 8 - 10　国际金融事务自主权指数（2000—2018 年）

第三节　结论与展望

一、主要结论

将三大类指标综合起来，我国总体金融自主权得分如图 8 - 11 所示。应该看到，在过去 17 年里，货币自主权呈现先大幅上升后急剧下降的趋势，大宗商品定价权一直在震荡徘徊，国际金融事务自主权缓慢上升。总的来看，金融自主权呈现缓慢上升趋势，从 2000 年的 60.8 分上升到 2018 年的 67.08 分，但与我国经济总体实力相比，仍然有很大的提升空间。

分指标来看，主要可以总结为以下三点。

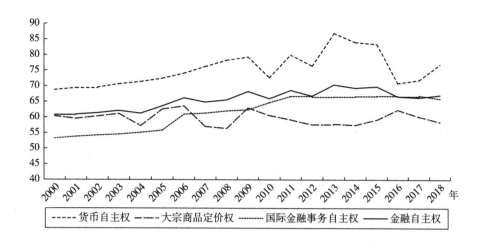

图 8 – 11　金融自主权得分（2000—2018 年）

（一）当前我国货币主权风险总体可控

2000 年以来，我国货币替代率整体不断减小，体现了居民持有人民币的信心增强。自 2015 年以来，美联储频繁加息，导致美元持续走强，我国外币存款稳步增加，其增长速度大于国内货币存量的增长速度，导致 2015—2017 年货币自主权指数小幅下降。这段时期，国内居民为避免损失，可能会减少本币持有量，增加外币持有量，这种货币替代效应的存在会使人民币汇率发生波动，进而使得国内对人民币的需求偏离正常值。2018 年《政府工作报告》首次取消了 M_2 的增长目标，从数据上看，我国外币存款持有绝对量相较 2017 年降低，另外由于 2018 年人民币对美元汇率小幅上升，增强了境内居民和企业对人民币持有的信心，所以 2018 年我国"货币替代"的风险有所下降。

2018 年，货币政策在调控上的独立性总体在 70 分左右，相较 2017 年，情况有所好转，这体现出中国人民银行为保持我国货币市场稳定制定了更加科学的汇率指导政策，其中最重要的一项内容就是货币政策调控要逐渐转向以价格型调控为主。政府对于货币市场的宏观调控措施平稳实施，强化了人民币汇率的稳定表现，虽然美元加息推高了利率和美元汇率，导致金融环境收紧，引来了更多的经济和贸易阻力，但加息并不一定影响我国货币政策的独立性。

人民币在 2018 年的国际化指数为 2.95，较 2017 年的最终数据小幅下降。当前，外部经济环境严峻，全球增长放缓，保护主义上升。特朗普政府掀起全球贸易摩擦，这种摩擦和竞争可能从贸易领域蔓延到金融、政治、科技等方方面面，可以看出，人民币国际化进程并不是一帆风顺的，未来如何提升自身的国际经济金融话语权，对于人民币国际化发展至关重要。

综上，我国货币自主权自 2000 年以来，总体来说呈现出先平稳上升后剧烈下降的趋势，从 21 世纪初的 68.77 分先稳步上升至 2009 年的 79.32 分，2017 年和 2018 年分别稳定在 71.91 分和 76.91 分，相比之前的大幅度变化表现出稳定的趋势，我国货币主权风险总体可控。

（二）大宗商品定价权仍然较弱

中国作为世界大宗商品市场上占据重要分量的出口方或进口方，却并没有因为占据的份额而享受应有的定价权利，国内多种大宗商品均面临着定价权缺失的局面，整体上我国大宗商品定价权现状不容乐观。

根据之前的分析可得，大宗商品动态比价 R 大于 1 表明中国进口价格呈现劣权化趋势，R 越大劣权化越明显；动态比价 R 小于 1 表明中国的进口价格呈现优权化趋势，R 越小优权化越明显。且动态比价波动越大，越有可能说明中国的定价权微弱从而无法维持进口价格的稳定，2018 年，我国铜材和铝材的动态比价 R 小于 1，在 7 类大宗商品中定价权表现良好，其他 5 项大宗商品（原油、原木、铁矿石、大豆、橡胶）的定价权劣势明显。与 2017 年相比，除了原油、原木和铜材的定价权有小幅上升外，其他大宗商品的定价权出现了不同程度的下降，这主要来源于不景气的市场表现。美联储频繁变化的货币政策致使国际大宗商品价格明显波动，全球经济复苏面临新的不确定性，特别是新兴经济体复苏较为不力，未来大宗商品价格缺乏持续上涨的基本面支撑，现货市场和期货市场发展的诸多不足也制约着我国增强自身国际大宗商品定价权的步伐。

（三）国际金融话语权较为稳定，但与我国经济整体实力严重不对等

2018 年国际金融话语权得分与 2017 年相比出现了小幅下降，自 2010 年以来，该指数稳定在 66 分左右。虽然按照我国目前 GDP 购买力平价计算，已排名世界第一，也是全球第二大经济体，并且政治影响力也在提升，但我国在国际金融事务中的话语权并不乐观。尤其是在目前重要的三大国际金融组织——IMF、世界银行、BIS 中，我国的话语权得分都不高。IMF 和世界银行基本上还是以美国为主导的机构，美国在两个国际组织中都拥有一票否决权，而我国的利益诉求还无法从现有的投票权中得到体现。

但可以看到，我国在 2018 年中有诸多推进国际金融话语权的行动。主要体现有：

1. 亚洲基础投资银行（以下简称亚投行）的发起和成立。2015 年 12 月 25 日，亚投行正式成立，全球迎来首个由中国倡议设立的多边金融机构；2016 年 1 月 16 日至 18 日，亚投行的开业仪式暨理事会和董事会成立大会在北京举行。亚投行的成立对中国具有重要战略意义，中国拥有约 26% 的投票权，成为亚投行第一大股东，拥有绝对的主导力量。但目前亚投行的组织架构，包括未来的实际管理、运营对于中国来说仍具挑战。

2. 人民币被 IMF 纳入特别提款权（SDR）。人民币 2016 年 10 月 1 日加入 SDR，人民币将成为与美元、欧元、英镑和日元并列的第五种 SDR 篮子货币。人民币将占 10.92% 的权重，排第三位。同时，美国国会批准 IMF 改革方案，中国在 IMF 的投票权份额将升至 6.394%，仍旧排名第三。人民币加入 SDR 既是 IMF 对人民币国际化进程的认可，也是中国对继续推动包括资本账户开放在内的金融改革的承诺。

3. 2016 年 9 月 4—5 日，二十国集团（G20）领导人峰会在杭州举行。G20 成立的宗旨是为推动已工业化的发达国家和新兴市场国家之间就实质性问题进行开放及有建设性的讨论

和研究，以寻求合作并促进国际金融稳定和经济的持续增长。

4. 2017 年 9 月 3—5 日，金砖峰会在厦门举行。中国邀请墨西哥、埃及、泰国、几内亚、塔吉克斯坦等五国领导人参与新兴市场国家与发展中国家对话，探索"金砖+"的拓展模式，正是此次金砖国家领导人厦门会晤的一大亮点。会晤在金砖经济务实合作、全球经济治理、国际和平与安全、加强人文交流合作等方面达成共识。为加强金砖伙伴关系、深化各领域务实合作规划了新蓝图。

5. 2018 年，特朗普政府采取了一系列"逆全球化"行动。2018 年 3 月 8 日，美国总统特朗普签署命令，决定将对进口钢铁和铝产品全面征税，税率分别为 25% 和 10%。7 月 6 日，美国不顾多方面反对，对中国 340 亿美元输美产品加征 25% 关税。8 月 23 日，美国对另外 160 亿美元中国输美产品加征关税。中国政府为维护正当权益，及时采取了相应的反制措施。2018 年底在布宜诺斯艾利斯举行的 G20 峰会上，中美两国元首同意停止相互加征新的关税，并设下自当年 12 月 1 日开始的为时 90 天的宽限期，中美贸易摩擦得到一定的缓解。这种压力打破了固有的美元机制和政经关系，致使全球范围内出现一股去美元化浪潮，越来越多的国家和地区将人民币纳为官方储备并成为国际使用货币的选项之一，为人民币国际化提供了新的机会。

6. 2018 年，"一带一路"已提出五周年，全年又有 60 多个国家和国际组织与中国签署"一带一路"合作文件，签署文件总数达到近 170 个。五年来，中资银行参与"一带一路"建设项目 2 600 多个，累计发放贷款 2 000 多亿美元，涉及交通基础设施、能源资源和装备出口等多个领域。"一带一路"金融服务体系不断完善，中国倡导并推动成立了亚投行、丝路基金、亚洲金融合作协会等机构，为"一带一路"建设夯实了融资基础，国际金融合作呈现新局面。在各方支持下，"一带一路"精神被写入联合国、中非合作论坛、上海合作组织、亚欧会议等重要国际机制成果文件，中巴经济走廊、中老铁路、中泰铁路、匈塞铁路、雅万高铁等一大批标志性项目稳步推进，多个发达国家主动与中国开展三方合作，"一带一路"国际商事争端解决机制启动建立。

二、未来展望

虽然目前我国金融自主权总体在提高，但在当前全球经济金融一体化逐步加深的背景下，仍面临着很多调整，未来随着人民币国际化进程的推进，我国资本项目的进一步开放，我国经济金融开放程度将得到持续提升。金融自主权的维护必然面临更多来自国际合作框架和自身利益方面的冲突。

（一）适应市场化的调控机制，增强货币政策自主性

长期以来，我国基于外汇占款的货币发行机制是一种被动的货币发行机制，货币供给具有较强的内生性。美联储逐步退出 QE 引发的货币政策变化将会影响包括中国在内的全球货币金融周期的变化，人民币资产和货币扩张的内外环境正在发生趋势性改变，利用中美利

差、人民币即期远期汇率测算的无风险套利空间显著收窄，外汇占款可能在未来会持续下降。如今美联储为资金回流频繁加息，必定会导致国内货币利率被动抬升，外汇储备减少。要走出被美元左右的困境，如果没有长效的基础货币发行方式，货币当局将缺乏调节流动性进而调节通胀和经济增长等的货币政策工具。因此必须扭转我国货币发行的机制，完善货币政策工具体系，特别是完善公开市场操作，建立常规手段和非常规手段相结合的公开市场操作工具体系。目前存贷款基准利率已放开，传统的信贷规模调控方式也在逐步转向以公开市场操作为主的市场化调控方式，但是面对商业银行的不断创新以及监管套利的动机，如何提高我国货币政策调控的自主性、有效性仍面临诸多挑战。在对外汇储备管理机制进行调整的同时还需与其他金融改革措施协调推进，提高我国货币政策的自主性。

（二）审慎有序推进人民币国际化，维护金融体系安全

货币国际化是维护我国货币主权的必然选择，人民币国际化最终要实现人民币的自由进出，尤其是目前人民币已纳入 SDR，这意味着我国在人民币国际化的道路上已经没有回头路。而目前中国的汇率仍未实现完全的市场化，金融体系逐步开放的过程中也将面临一系列风险。随着对外开放的广度和深度的不断提高，金融危机加速传染和资产价格波动的风险将因海外大规模流转的人民币而增大。因此货币的国际化应有序推进，应注重我国金融体系安全的维护，完善金融调控和监管，建立和健全危机和资产价格异常波动的早期预警信息系统，并加强与其他国际货币发行国的合作，建立外部金融安全网，保障我国货币主权安全。

（三）加快推进我国期货市场的建设进程

我国期货市场国际定价权缺失是导致我国大宗商品定价权缺失的核心原因。要提升我国大宗商品定价权，必须加快推进我国期货市场的建设进程。首先，应当注重对国内期货交易所交易规则的改进，完善制度设计，更加注重公平性、公正性和公开性，充分发挥市场功能，减少行政干预色彩。其次，应当加深国内期货市场的对外开放程度，逐步允许更多的国际投资者进入国内市场，同时开放国内机构参与国际市场的期货交易。再次，应加快新期货品种上市的速度，逐步完善期货结构。最后，还要注重培育机构投资者和各类期货人才，增强国内参与者参与国际期货交易的实力，保障国内期货市场在开放程度扩大后的自主权。

（四）改善国际金融组织格局，继续提升国际话语权

经济全球化折射出的国家货币主权与限制问题值得关注。在美元霸权的国际货币体系中，美国作为主要货币发行者本应增强美元的货币责任意识，防止滥用货币发行权。但按照习惯国际法，美国一般情况下不需要因其币值改变而承担国际法的国家责任。当前的 IMF 条约并未能对作为国际储备货币发行国的货币行为建立有效约束，这加大了对别国货币主权的损害。美国在 IMF 占有最大份额，对许多国际重大事务具有一票否决权，直接阻碍了 IMF 的改革，中国应充分发挥自身影响力，积极推动 IMF 改革，争取更多的国际话语权来维护自身利益。值得注意的是，我国已牵头成立亚投行，试图打破美国主导的国际金融格局，但是如何有效利用，并避免风险是需要进一步深入研究的。

主要参考文献

［1］ Allen, F. and D. Gale. Financial Contagion ［J］. Journal of Political Economy, 2000, 108（1）: 1 − 33.

［2］ Ashcraft, A. , et al. Precautionary Reserves and the Interbank Market ［J］. Journal of Money, Credit & Banking, 2011, 43（7）: 311 − 348.

［3］ Atalay, E. and M. L. Bech. The Topology of the Federal Funds Market ［J］. Physica A: Statistical Mechanics and Its Applications, 2008, 389（22）: 5223 − 5246.

［4］ Baxter, M. , and R. G. King. Measuring Business Cycles: Approximate Band—Pass Filters for Economic Time Series ［J］. Review of Economics and Statistics, 1999（81）: 575 − 593.

［5］ Bech, M. L. and K. Bonde. The Topology of Danish Interbank Money Flows ［J］. Banks and Bank Systems, 2009, 4（4）: 48 − 65.

［6］ Beyeler, W. E. , R. J. Glass, M. Bech, and K. Soramäki. Congestion and Cascades in Payment Systems ［J］. Physica A: Statistical Mechanics and Its Applications, 2007, 384（2）: 693 − 719.

［7］ Degryse, H. and G. Nguyen. Interbank Exposures: an Empirical Examination of Systemic Risk in the Belgian Banking System ［J］. International Journal of Central Banking, 2007, 3（2）: 123 − 171.

［8］ Docherty, P. and Wang, G. Using Synthetic Data to Evaluate the Impact of RTGS on Systemic Risk in the Australian Payments Systems ［J］. Journal of Financial Stability, 2010, 6（2）: 103 − 117.

［9］ Engle, R. F. , K. Sheppard. Theoretical and Empiri cal Properties of Dynamic Conditional Correlation Multivariate GARCH ［Z］. UCSD Working Paper, 2001.

［10］ King, M . , and S . Wadhwani. Transmission of Volatility between Stock Markets ［J］. Review of Financial Studies, 1990（3）: 5 − 33.

［11］ Nieh, C. C. and C. F. Lee. Dynamic Relationship Between Stock Prices and Exchange Rates for G − 7Countries ［J］. Quarterly Review of Economics and Finance, 2001, 41（4）, 477 −

490.

[12] Freixas, X., B. Pargi and J. C. Rochet. Systemic Risk, Interbank Relations, and Liquidity Provision by the Central Bank [J]. Journal of Money, Credit and Banking, 2000, 32 (3): 611 – 638.

[13] Gai, P. and S. Kapadia. Contagion in Financial Networks [J]. Proceedings of the Royal Society A: Mathematical, Physical and Engineering Sciences, 2010, 466 (2120): 2401 – 2423.

[14] Nier, E., J. Yang, T. Yorulmazer and A. Alentorn. Network Models and Financial Stability [J]. Journal of Economic Dynamics and Control, 2007, 31 (6): 2033 – 2060.

[15] Soramäki, K. et. al. The Topology of Interbank Payment Flows [J]. Physica A: Statistical Mechanics and Its Applications, 2007, 379 (1): 317 – 333.

[16] Soramäki, K. and S. Cook. SinkRank: An Algorithm for Identifying Systemically Important Banks in Payment System [J]. Economics: the Open – Access, Open – Assessment E – Journal, 2013 (7): 2013 – 2028.

[17] Upper, C. Simulation Methods to Assess the Danger of Contagion in Interbank Markets [J]. Journal of Financial Stability, 2011, 7 (3): 111 – 125.

[18] 黄聪, 贾彦东. 金融网络视角下的宏观审慎管理——基于银行间支付结算数据的实证分析 [J]. 金融研究, 2010 (4): 1 – 14.

[19] 贾彦东. 金融机构的系统重要性分析——金融网络中的系统风险衡量与成本分担 [J]. 金融研究, 2011 (10): 17 – 33.

[20] 马君潞, 范小云, 曹元涛. 中国银行间市场双边传染的风险估测及其系统性特征分析 [J]. 经济研究, 2007 (1): 68 – 78.

[21] 童牧, 何奕. 复杂金融网络中的系统性风险与流动性救助——基于中国大额支付系统的研究 [J]. 金融研究, 2012 (9): 20 – 33.

[22] 童牧, 何奕. 系统外部效应与流动性救助策略: 大额支付系统中的系统风险 [J]. 系统管理学报, 2012 (5): 619 – 628.

[23] 张兵, 范致镇, 李心丹. 中美股票市场的联动性研究 [J]. 经济研究, 2010 (11).

[24] 李红权, 洪永淼, 汪寿阳. 我国 A 股市场与美股、港股的互动关系研究: 基于信息溢出视角 [J]. 经济研究, 2011 (8): 15 – 25, 35.

[25] 李志辉, 王颖. 中国金融市场间风险传染效应分析——基于 VEC 模型分析的视角 [J]. 现代财经: 天津财经大学学报, 2012 (7): 20 – 27.

[26] 袁晨, 傅强. 我国金融市场间投资转移和市场传染的阶段时变特征——股票与债券、黄金间关联性的实证分析 [J]. 系统工程, 2010 (5).

［27］刘湘云，陈洋阳．金砖国家金融市场极端风险的净传染效应：基于空间计量分析［J］．国际经贸探索，2015（3）．

［28］宫晓琳．宏观金融风险联动综合传染机制［J］．金融研究，2012（5）：56－69．

［29］费兆奇．国际股市一体化与传染的时变研究［J］．世界经济，2014（9）：173－192．

［30］王晓枫，廖凯，亮徐金．复杂网络视角下银行同业间市场风险传染效应研究［J］．经济学动态，2015（3）．